Melisa Schwermer
Der Tod uns scheidet

AF177884

Das Buch

Sie würde ihre Strafe noch bekommen. Und er würde dafür sorgen, dass sie wusste, was sie getan hatte.

Nur knapp überlebt Jasmin Berger ihre eigene Geburtstagsfeier. Nach einem Streit endete die Party mit einem grausamen Mord. Jasmins Freund Markus ist tot, sein Bauch wurde aufgeschlitzt. Jasmin selbst wird schwerverletzt ins Krankenhaus gebracht.

Die Ermittler der Kripo Frankfurt konzentrieren sich bei der Suche nach dem Täter zunächst auf die anwesenden Partygäste und stoßen bei ihren Befragungen auf eine interessante Spur. Jasmin hatte in ihrer Funktion als Betreuerin beim Jugendamt eine Affäre mit dem Vater eines Klienten. War Eifersucht das Tatmotiv? Nur wer war bereit, deshalb zu töten? Und ist der Racheakt bereits zu Ende oder hat er gerade erst begonnen?

Die Autorin

Melisa Schwermer, geboren 1983 in Offenbach, hat Germanistik und Philosophie studiert. Sie lebt mit ihrem Lebenspartner im hessischen Rödermark. Mit ihren Psychothrillern ist sie regelmäßig in der Kindle-Bestsellerliste vertreten. Neben dem Lesen und Schreiben zählen die Rock- und Punkmusik zu ihren Leidenschaften, zudem engagiert sie sich aktiv im Tierschutz. Mehr über die Autorin finden Sie unter www.melisa-schwermer.de.

MELISA SCHWERMER

DER TOD UNS SCHEIDET

THRILLER

Deutsche Erstveröffentlichung bei
Edition M, Amazon Media EU S.à r.l.
5 Rue Plaetis, L-2338 Luxembourg
November 2018
Copyright © der deutschsprachigen Ausgabe 2018
By Melisa Schwermer

Umschlaggestaltung: bürosüd⁰ München, www.buerosued.de
Umschlagmotiv: © Andrea Geiss / Shutterstock; © Thirteen / Shutterstock;
· © vitdes / Shutterstock
Lektorat: Cathérine Fischer
Korrektorat: Manuela Tiller/DRSVS
Gedruckt durch:
Amazon Distribution GmbH, Amazonstraße 1, 04347 Leipzig /
Canon Deutschland Business Services GmbH, Ferdinand-Jühlke-Str. 7,
99095 Erfurt /
CPI books GmbH, Birkstraße 10, 25917 Leck

ISBN: 978-2-91980-313-2

www.edition-m-verlag.de

PROLOG

Da stand sie, an den Fensterrahmen gelehnt, blickte hinaus in die Dunkelheit. Konnte sie ihn sehen? Er hielt den Atem an. Vermutlich nicht, die Blätter des Busches und die Schatten der Bäume verbargen ihn. Außerdem lag ein Lächeln auf ihrem Gesicht. Wenn sie wüsste, dass ihr das gleich vergehen würde … Endlich waren alle Gäste verschwunden, nur eine Freundin und ihr Freund waren noch da. Die Freundin hatte sich im Nebenzimmer hingelegt und schlief ihren Rausch aus, das hatte er gerade überprüft. Er hatte ihr Schnarchen durch das offene Fenster gehört, als er sich an die Hütte heranschlich. Vermutlich war sie sturzbesoffen, von ihr ging also keine Gefahr aus.

Hinter ihm knackte es im Geäst. Er fuhr herum und suchte den Waldrand ab, konnte allerdings nichts erkennen. Vermutlich nur ein Tier. Hier draußen gab es ständig irgendwelche Geräusche und wegen der Dunkelheit nahm man sie noch intensiver wahr. Als er sich umdrehte, war sie vom Fenster verschwunden. Anscheinend hatte auch sie das Geräusch gehört. Er nahm sich eine Zigarette aus der zerdrückten Schachtel in seiner Hosentasche, wandte sich von der Hütte ab und zündete sie an. Nur einen Moment später wurde das Fenster geschlossen. Hatten sie ihn entdeckt?

Der Rauch der Zigarette in seinem Mundwinkel stieg nach oben und brannte in seinen Augen. Genervt nahm er sie aus dem Mund und schlich sich etwas näher zur Hütte. Durch das Fenster erkannte er die beiden. Sie standen in der Mitte des Raumes, er hielt zärtlich ihr Gesicht in seinen Händen. Sie lächelte ihn an, als wäre sie verliebt in ihn.

»Jetzt tu doch nicht so«, flüsterte er. »Du und ich wissen es besser. Er ist dir scheißegal. So wie dir alle anderen Menschen außer dir selbst egal sind.«

Wut kochte in ihm hoch. Genau das Gefühl, das er jetzt brauchte. Er drückte die Glut der Zigarette an der Sohle seines Schuhs aus und steckte die Kippe in die Hosentasche zu den anderen. Nur keine Spuren hinterlassen. Dann nahm er die Handschuhe und streifte sie sich über. Zuletzt zog er die Sturmmaske, die er sich aus einem schwarzen Beanie gebastelt hatte, über sein Gesicht und zupfte die Löcher für die Augen zurecht, sodass er gut sehen konnte.

Schließlich zückte er das Messer, umklammerte den Griff. Es hatte schon einmal gute Dienste geleistet und würde ihn nicht enttäuschen, da war er sich sicher. Jetzt war es so weit. Sein Herz schlug schneller, als er auf die Tür zuging. Er atmete noch einmal tief durch, legte seine Hand dann auf die Klinke und trat mit dem Fuß die Tür auf.

1. Kapitel

Vierzehn Stunden zuvor

Der Ventilator an der Decke von Helgas Schlafzimmer brummte und verteilte die schwüle Luft. Helga lag nackt auf dem Bett und lauschte dem Rauschen der Dusche, während sie sich durch das Fernsehprogramm zappte. Samstagsmorgens um diese Uhrzeit kam auch wirklich gar nichts außer langweilige Reportagen und das sogenannte Hartz-IV-TV – Sendungen mit furchtbar schlechten Laienschauspielern und noch schrecklicheren Storys. Am Schlimmsten fand Helga die Sendung *Auf Streife mit den Cops in Gelsenkirchen*, in der ein Polizeialltag völlig hanebüchen dargestellt wurde. Die Protagonisten waren allesamt Volltrottel und arbeiteten völlig unprofessionell. Kein Wunder, dass die Leute die Achtung vor der Schutzpolizei verloren und die Uniformierten immer öfter im Dienst angegriffen wurden. Damals, als Helga beschlossen hatte, Polizistin zu werden, hatte man auf der Straße noch einigermaßen Respekt vor den Polizeibeamten gehabt. Das sah mittlerweile ganz anders aus.

Da sie nichts anderes fand, blieb sie schließlich beim Hessenfernsehen hängen, auf dem die Lokalnachrichten vom Vortag wiederholt wurden. Danach kündigte die Vorschau die NDR-Talkshow mit Barbara Schöneberger an. Auf die blonde Moderatorin stand Helga insgeheim und schaute gern Sendungen mit ihr. Immerhin hatte die ordentlich was im Kopf – im Gegensatz zu manch anderem Blondchen, das über die Mattscheibe des deutschen Fernsehprogramms hüpfte.

»So wenige Sendungen muss man erst mal im Programm haben, dass man die alten Nachrichten aufwärmen muss«, murmelte Helga und nahm sich die Kaffeetasse, die Anna ihr auf den Nachttisch gestellt hatte, bevor sie ins Bad gegangen war. Eigentlich hatten sie gestern abgemacht, heute gemütlich im Bett zu frühstücken. Helga hatte allerdings vergessen, nach dem Feierabend noch einkaufen zu gehen, weswegen ihr Kühlschrank nur mit einem alten Bund Radieschen, einer Packung Milch und ein paar Erdbeerjoghurts gefüllt war. Anna hatte, nachdem es ihr heute Morgen aufgefallen war, natürlich aus einer Mücke einen Elefanten gemacht, sich dann motzend ins Bad begeben, um zu duschen und danach in den Supermarkt zu fahren.

Helga fragte sich, ob die Sache mit dem Frühstück im Bett noch immer galt, wenn sie einfach liegen blieb, bis Anna zurück war. So wie sie deren Launenhaftigkeit einschätzte, glaubte sie jedoch eher nicht daran.

Das Wasser im Bad wurde abgestellt und Helga hörte das Rascheln des Duschvorhangs. Kurz darauf ging der Föhn an. Anna hatte die miese Angewohnheit, ihren ganzen Körper, egal zu welcher Jahreszeit, trocken zu föhnen, statt das Handtuch zu benutzen. Es sei besser für ihre Haut, behauptete sie und ignorierte dabei geflissentlich Helgas Einwände wegen der Höhe der Stromrechnung.

Ein Foto im Fernsehen erregte Helgas Aufmerksamkeit und sie drehte den Ton lauter, damit sie über den Föhn hinaus etwas verstehen konnte. Das Bild zeigte den Zuhälter Dejan Jasari, den Helga vor ein paar Monaten verhaftet hatte. Er hatte einige seiner Mädchen, die aus dem Business hatten aussteigen wollen, aufs Übelste zugerichtet. Zunächst hatte er ihnen die Finger abgeschnitten, danach den Verstand herausgeprügelt und schließlich ihre Vaginas mit Pfefferspray verätzt, bloß weil sie nicht mehr für ihn hatten anschaffen wollen. Zwei der Frauen waren infolge ihrer Verletzungen gestorben, die dritte hatte sich mit letzter Kraft in ein Krankenhaus geschleppt. Diese Woche war der Prozess wohl zu Ende gegangen. Helga musste das völlig verdrängt haben. Normalerweise erkundigte sie sich bei allen Fällen, in denen sie ermittelt hatte, wie sie ausgingen.

Jetzt konnte sie nicht fassen, was die Nachrichtensprecherin da von sich gab. Jasari hatte einen Freispruch erhalten und als freier Mann das Gericht verlassen. Wie so oft zuvor in seiner Karriere. Doch dieses Mal, da war sie sich sicher gewesen, hatte sie ihn mit der Aussage der Zeugin festgenagelt. Wie konnte man ihn wieder auf freien Fuß setzen, nachdem die Frau über seine Machenschaften ausgepackt hatte?

... die einzige Belastungszeugin in dem Fall hat ihre Aussagen vor der Verhandlung zurückgezogen und war nicht bereit, sie vor Gericht zu wiederholen. Somit belief sich das Verfahren auf einen reinen Indizienprozess, bei dem laut Pressesprecher der Staatsanwaltschaft Dejan J. nichts nachgewiesen werden konnte. Der stadtbekannte Frankfurter Zuhälter wurde umgehend auf freien Fuß gesetzt. Zurück ins Studio ...

Helga schaltete den Fernseher aus. Die Lust auf die blonde und immer gut gelaunte Barbara war ihr vergangen. Das war doch einfach nicht zu fassen. Stundenlang hatte sie mit dem überlebenden Opfer im Vernehmungszimmer gesessen und sich die Abscheulichkeiten angehört, die dieser Mann ihr angetan hatte. Wie konnte die Frau jetzt so einfach ihre Aussage zurückziehen und dadurch dafür sorgen, dass der gesamte Prozess platzte? Dejan musste sie mit irgendwas bedroht haben, anders konnte Helga sich das nicht erklären.

Die Badezimmertür öffnete sich und Anna kam nur mit einem Handtuch bekleidet heraus. Um ihren Körper vor Helga zu verhüllen, war das Frottee wohl immer noch gut genug, nicht aber um sich abzutrocknen. Helga fragte sich, wann sie eigentlich das letzte Mal Sex gehabt hatten. Sie konnte es nicht sagen.

»Na, hast du wieder dafür gesorgt, dass unser Stromanbieter nicht pleitegeht?«, stichelte Helga. Sie wusste genau, dass ihre Zickigkeit von der Nachricht über Jasaris Freispruch herrührte, doch sie konnte sich einen bissigen Kommentar einfach nicht verkneifen.

Anna warf ihr einen giftigen Blick zu. »Und du hast es mal wieder geschafft, einen gemütlichen Start ins Wochenende zu versauen, weil du dir nicht mal eine Kleinigkeit merken kannst. Was ist so schwer daran, im Supermarkt vorbeizuschauen?«

Wochenende. Was hieß das schon? Helga hatte Rufbereitschaft, was bedeutete, dass sie jeden Moment einen Anruf bekommen konnte und ausrücken musste, und das wusste Anna ganz genau. Außerdem fand Helga es unerträglich, dass Anna ständig ihre beiden Verfehlungen gegeneinander aufwiegen musste. »Fängst du etwa schon wieder an? Das mache ich im Gegensatz zu dir bestimmt nicht mit Absicht. Und entschuldigt habe ich mich auch«, giftete Helga zurück.

»Aber auf die Idee, aufzustehen und es heute Morgen zu erledigen, bist du auch nicht gekommen.«

»Weil du es ja nicht abwarten kannst, bis ich aufstehe, und vorgeprescht bist, als ginge es hier um einen Olympiasieg im Frühstückholen. Tut mir leid, dass ich morgens etwas langsamer bin, wenn ich mal freihabe. Kann ja nicht jeder ein früher Vogel sein. Davon abgesehen solltest du mich nach drei Jahren wohl gut genug kennen.« Helga verschränkte die Arme vor der Brust, während Anna ihr den Rücken zudrehte, das Handtuch von sich warf und sich ihre Unterwäsche überstreifte.

»Es geht nicht darum, dass ich dich nicht kennen würde«, sagte Anna, nachdem sie auch ein T-Shirt übergezogen hatte. »Aber wenn man in einer Beziehung lebt, dann passt man sich manchmal ein wenig an, geht Kompromisse ein. Man versucht, Macken abzulegen, die den anderen nerven.«

»Ah, ich verstehe. So wie du mit dem Föhn«, provozierte Helga weiter. Anna hatte es mit ihrem Gemotze geschafft. Jetzt war sie richtig in Streitlaune und nicht bereit, sich unterbuttern zu lassen. Wenn Anna von ihr erwartete, dass sie sich änderte und irgendwelche Zugeständnisse machte, dann musste sie bei sich selbst anfangen. So etwas beruhte nämlich auf Gegenseitigkeit.

»Du kannst es einfach nicht sein lassen, oder?«, keifte Anna und starrte sie wütend an.

»Du doch auch nicht.«

»Gott!« Anna schnaufte genervt durch die Nase. Sie riss eine Jeansshorts aus dem Schrank und stieg hinein. »Ich bin hier wohl im Kindergarten. Dass du auch immer das letzte Wort haben musst. Ich gehe jetzt irgendwo ins Café frühstücken. Was du machst, ist mir scheißegal, wirklich.«

Helga nickte. Sie hätte lügen müssen zu behaupten, dass sie traurig über diesen Abgang war. In letzter Zeit stritten sie viel zu häufig und die Beziehung war einfach nur noch anstrengend. Gute Momente gab es kaum noch zwischen ihnen. Anna war mittlerweile aus dem Schlafzimmer gestürmt. Helga hörte ihren Schlüssel im Flur klappern. »Bringst du mir ein Croissant auf dem Rückweg mit?«, rief sie. Es war eigentlich als Witz gemeint, doch dafür klang es viel zu ernst.

»Leck mich«, rief Anna, dann knallte die Wohnungstür.

Helga seufzte. Das würde ja ein wahnsinnig entspanntes Wochenende werden.

2. Kapitel

»Schieb mal die Tasche da rüber«, presste Markus hervor. Jasmin drängte sich an ihm vorbei und zerrte an der Tüte mit den Einkäufen. Nachdem sie sie rausgenommen hatte, ließ Markus stöhnend das Bierfass in den Kofferraum fallen. Sie hatte ihm gleich gesagt, dass sie einen Wagen nehmen sollten, doch er war mal wieder zu stolz gewesen. Dieses kleine Fässchen, das würde er locker schaffen, hatte er geprahlt. Das hatte er jetzt davon.

»Was denn? Bringt etwa dein tägliches Pumpen in der Muckibude nichts?«, stichelte Jasmin.

Mit einem genervten »Sehr witzig« rieb sich Markus den Rücken. »Du musstest ja unbedingt offen fahren, damit der Scheißkofferraum noch mit dem Dach zugepackt ist. Blöder Mini, hätten wir lieber meinen Wagen genommen.« Er wischte sich den Schweiß von der Stirn.

»Bei dem Wetter nicht offen zu fahren wäre Verschwendung«, sagte Jasmin. Den gesamten Sommer hatte die Sonne vergessen, was ihre Aufgabe war, nur um ihnen jetzt im August plötzlich Temperaturen von über dreißig Grad zu bescheren. Was allerdings nicht die schlechtesten Voraussetzungen für die Geburtstagsparty in der Waldhütte waren.

Jasmin zupfte an seiner Unterhose, die ihm feucht von Schweiß am Hintern klebte. »Mann, das muss wohl echt Schwerstarbeit für dich gewesen sein.«

»Komm her, du freches Ding«, sagte er, drehte sich um und schlang seine Arme um ihre Hüften.

»Gegen mich kommst du sowieso nicht an«, rief sie und schälte sich aus seinem Griff. »Ich bin sogar noch schwerer als ein Fass Bier.«

»Aber wesentlich ansehnlicher und handlicher«, entgegnete Markus und ließ demonstrativ seine Augen über ihre Rundungen wandern. »Bei dir schlitzt man sich nicht beinahe die Finger an den scharfen Kanten auf.«

»Ach, du willst mir also sagen, ich wäre nicht scharf.« Jasmin schaute an sich herab, drückte die Schultern durch und knickte die Hüfte etwas ein, sodass ihr Hintern zur Geltung kam. Markus hatte ihr eine ganze Weile nicht mehr derartige Komplimente gemacht und sie genoss seine Zuwendung in letzter Zeit sehr. »Für fünfunddreißig finde ich mich ziemlich heiß.«

»Mindestens so heiß, wie es heute ist.«

Jasmin lachte und ging zur Beifahrertür. »Du fährst«, rief sie und warf Markus die Schlüssel zu, die er mit einer lockeren Handbewegung auffing. Dann schloss er den Kofferraum und stieg auf der Fahrerseite in den Wagen. Mit seinen langen Beinen klemmte er sich hinter das Lenkrad und betätigte den Riegel unter dem Sitz, um ihn nach hinten zu schieben. »Ich komme mir vor wie ein Klappmesser.«

Jasmin sah ihm belustigt dabei zu, wie er sich bemühte, seine Beine unterzubringen. »Du übertreibst wie immer.«

»Was brauchen wir überhaupt noch?«

»Nur ein bisschen Grillzeug vom Metzger. Salate bringen die Gäste mit und Sandra wollte einen Nachtisch machen.

Thomas besorgt Cevapcici und sein geliebtes Ajvar. Ach, vielleicht sollten wir noch beim Bäcker halten und etwas Baguette holen.«

»Gut.« Markus startete den Motor, setzte den Wagen zurück und fuhr vom Parkplatz. Während der Fahrt lehnte Jasmin sich im Sitz zurück und genoss den Windzug. Im Kopf ging sie noch einmal durch, ob sie wirklich an alles gedacht hatten. Ihr Handy vibrierte und ein leichter Stich fuhr ihr ins Herz. Sie entsperrte das Display und lehnte sich leicht nach rechts, sodass Markus nicht draufschauen konnte. Die Nachricht war von Sandra.

Fahre in einer Viertelstunde los. Sehen uns dann gleich bei der Hütte.

»Wer schreibt?«, fragte Markus und linste neugierig zu Jasmin rüber.

»Sandra«, antwortete sie gereizt, obwohl sie eigentlich keinen Grund dazu hatte. In letzter Zeit hatte sie das Gefühl, dass er bezüglich ihres Handys besonders neugierig war. Sie hatte sogar schon ihren Code für das Entsperren des Displays geändert. Nur für den Fall, dass er auf die Idee kam, ihr hinterherzuspionieren und heimlich ihre Nachrichten zu lesen. Ob er etwas ahnte?

Jasmin tippte eine schnelle Antwort und schaute dann auf. Gerade war Markus im Begriff, an der Bäckerei vorbeizufahren.

»Stopp, ich hab doch gesagt, wir brauchen noch Brot«, rief sie.

»Da darf ich nicht parken.«

»Du sollst ja nur mal kurz anhalten. Ich spring schnell rein und bin in zwei Minuten wieder da, in der Zeit wird schon kein Ordnungsamt vorbeikommen.« Sie bemerkte, wie angespannt sie klang, und bemühte sich um ein Lächeln. Sie wollte heute auf gar keinen Fall einen Streit anfangen.

»Ja gut, dann beeil dich.« Er lenkte den Wagen an den Bürgersteig direkt vor dem Schaufenster der Bäckerei. Dabei schaute er nervös wie der Fluchtwagenfahrer bei einem Raubüberfall in den Rückspiegel.

Jasmin tätschelte ihm den Oberschenkel. »Geht doch. Du kommst nicht ins Gefängnis dafür, mach dir nicht ins Höschen.« Damit stieg sie aus.

Das war ihr Streitthema Nummer eins: Markus hielt sich eben gern an Regeln, selbst wenn es in dem Moment nicht sinnvoll erschien. Jasmin hingegen war eher bereit, fünfe gerade sein zu lassen, und sah nicht immer alles so bierernst wie Markus. Im Endeffekt war er selbst dran schuld, dass er ihr in den letzten Monaten wie ein Langweiler vorgekommen war. Auch wenn er deswegen die Sache mit Christian noch lange nicht verdient hatte, da musste sie Sandra recht geben.

Die Schlange war lang und es dauerte eine gefühlte Ewigkeit, bis sie mit einer Tüte voll Baguettes wieder rauskam.

»Von wegen zwei Minuten«, brummte Markus, als sie wieder einstieg und die Brote auf die Rückbank warf.

»War die Polizei schon da? Werden wir verhaftet?«, witzelte sie und schnallte sich an.

»Sehr komisch. Es wird schon seinen Grund haben, warum hier absolutes Halteverbot ist.«

»Und dennoch ist rein gar nichts passiert. Kein Haus ist abgebrannt, weil die Feuerwehr nicht an dir vorbeikam, und niemand ist an einem Herzinfarkt gestorben, weil der Krankenwagen keinen Parkplatz gefunden hat. Dein Karma wird es also verkraften.«

Markus startete den Wagen. »Du siehst heute echt sexy aus«, wechselte er das Thema und fuhr los.

Sie knuffte ihn in die Seite. »Danke.« Ihr Handy klingelte und wieder schielte Markus auf ihr Display. Zum Glück war es wieder nur Sandra.

Jasmin nahm den Anruf an. »Hey Süße«, rief sie fröhlich. »Ach, du bist schon da? Ja, wir holen noch schnell Grillzeug beim Metzger und fahren zu Hause vorbei. Kannst ja schon mal gucken wegen Deko und so. Nee, das kann Markus ruhig machen. In einer halben Stunde sind wir da. Okay. Bis dann.«

»Was wollte sie denn?« Markus bog auf den Parkplatz der Metzgerei ein. Redete sie sich das nur ein oder klang er in letzter Zeit misstrauisch, wenn er sie über ihre Telefonate ausfragte? Das war sonst so gar nicht seine Art, in der Regel wollte er nicht mal wissen, mit wem sie gesprochen hatte. Ganz anders war da sein Verhalten in der letzten Zeit. Ob Sandra doch nicht dichtgehalten hatte?

»Kennst sie ja«, sagte Jasmin schließlich und winkte ab. »Sie ist wie immer überpünktlich gewesen und wollte wissen, wann wir kommen und ob sie schon mal irgendwas erledigen kann in der Zwischenzeit.« Jasmin schnallte sich ab und schob ihr Handy in die Hosentasche ihrer Short. »Kommst du mit rein?«

»Muss ich?« Markus hasste einkaufen, das wusste sie. »Ich hab keinen Bock, eine Ewigkeit hinter Frau Müller warten zu müssen, die noch zwanzig Gramm davon und vierzig Gramm hiervon haben will. Mach du das lieber schnell alleine, ich warte hier.«

Im Gegensatz zur Bäckerei war der Laden erfreulich leer und nach zehn Minuten war Jasmin mit einem Berg Fleisch zurück am Wagen. Sie verstaute die Tüte neben dem Fass und setzte sich wieder auf den Beifahrersitz.

»Ob wir auch wirklich an alles gedacht haben?«, fragte Jasmin auf dem Weg zu ihrer gemeinsamen Wohnung in Sachsenhausen.

»Du wolltest ja keine To-do-Liste machen, wie ich es dir geraten habe«, sagte Markus und schnalzte tadelnd mit der Zunge. Seitdem sie vor fünf Jahren zusammengezogen waren, versuchte er unablässig, Jasmins chaotischer Art etwas Struktur zu geben. Dabei kam sie ja nicht mit Absicht ständig zu spät oder vergaß Dinge. Eigentlich konnte er froh darüber sein, denn diese Eigenschaft an Jasmin hatte sie überhaupt zusammengebracht. Kennengelernt hatten sie sich bei einem Konzert in der Batschkapp, einer kleinen Konzertlocation. Eine Indieband hatte ein Konzert gegeben, das Markus mit einer guten Freundin besucht hatte. Jasmin und Sandra waren neben ihm auf- und abgehüpft, wobei Jasmin aus Versehen ihren halben Becher Bier auf ihn geschüttet hatte. Das versprochene Bier als Wiedergutmachung am Ende des Konzertes hatte sie dann glatt vergessen und war einfach verschwunden. Als er sie am nächsten Wochenende auf der Tanzfläche der Batschkapp wiedersah, hatte sie ihr Versprechen doch noch eingelöst und ihm außerdem ihre Telefonnummer gegeben.

Als sie an dem Supermarkt vorbeifuhren, in dem sie vorhin bereits das Fass gekauft hatte, rief Jasmin: »Halt!«

Markus stieg vor Schreck auf die Bremse, der Wagen hinter ihnen hupte und zog links an ihnen vorbei. »Scheiße, erschreck mich doch nicht so. Was ist denn?«

»Ich muss hier noch mal raus. Mir ist noch was eingefallen. Martina ist doch schwanger und ich hatte versprochen, ihr einen alkoholfreien Sekt zu kaufen.«

»Sie ist was?«

»Hab ich dir doch erzählt.« Markus merkte sich auch überhaupt nicht, was in ihrem Freundeskreis so los war. Was er sich nicht in irgendwelche Terminplaner und To-do-Listen eintragen konnte, war für ihn nicht erinnernswert.

Markus sagte nichts weiter dazu, setzte den Blinker und fuhr zurück auf den Parkplatz des Supermarkts.

Etwa fünfzehn Minuten später parkte er endlich den Wagen in ihrer Straße. Während Jasmin die Tür aufschloss, nahm er das Fleisch aus dem Kofferraum. Er bestand darauf, es noch einmal in den Kühlschrank zu legen, während sie schnell duschte. Schwitzend stieg sie vor Markus die Stufen bis zum obersten

Stock hinauf, in dem ihre Wohnung lag. Altbau. Saniert mit schönen hohen Decken, sauteuer, aber ihrer beider Traum.

»Ich bin fix im Bad. Kannst du schon alles in der Küche einpacken? Ich habe da einen Korb hingestellt. Saucen und der Whiskey stehen im Kühlschrank. Salate auf der Anrichte.«

»Wir sollten vor zehn Minuten an der Hütte sein. Hast du Sandra vergessen?«

Jasmin zog ihre Short nach unten und sprang in Unterwäsche in Richtung Bad. »Die ist das gewohnt«, rief sie aus dem Bad. »Du solltest auch noch duschen, so geschwitzt, wie du hast.«

»Na? Wie findest du es?« Sandra breitete die Arme aus und ein breites Grinsen umspielte ihre Lippen. Sie hatte eine Herzlichen-Glückwunsch-Girlande aufgehängt und auf den Tischen in der Hütte kleine Schälchen mit Oliven und Käsestangen bereitgestellt. Markus schleppte das Bierfass in die Küche.

»Oh, wie cool. Wir sind schon wieder so spät dran. Markus musste unbedingt noch duschen«, schob Jasmin ihre Unpünktlichkeit auf ihren Freund, obwohl Sandra vermutlich genau wusste, was Sache war. »Ohne dich hätten wir überhaupt nicht alles geschafft in der Zeit. Du bist echt die beste Freundin, die es gibt.« Jasmin fiel Sandra in die Arme und küsste sie auf die Wange.

»Die dir alles verzeiht«, murmelte Markus, als er an ihnen vorbei zurück zum Wagen ging, um den Rest der Einkäufe auszuräumen.

»Ich finde, wir sollten jetzt schon mal anstoßen«, sagte Sandra, und als Markus außer Hörweite war, fügte sie leise hinzu: »Etwas Mut antrinken, was meinst du?«

»Den kann ich in der Tat gebrauchen«, flüsterte Jasmin und kicherte. Dann ging sie in die Hütte und holte eine Flasche Sekt und zwei Gläser.

»Markus, jetzt hör mal auf, auszuräumen. Deine Freundin hat Geburtstag«, sagte Sandra und setzte sich auf eine Bank, die vor der Hütte stand.

»Das Fleisch wird schlecht, wenn wir es noch länger im Kofferraum lassen«, sagte er.

»Dann leg es eben in den Kühlschrank und stoß danach mit uns an.« Jasmin setzte sich neben ihre Freundin. Wenn Markus jetzt schon so mies drauf war, wie sollte dann erst der restliche Abend verlaufen?

3. KAPITEL

»Wieso verbindet sich das Scheißteil nicht mit eurer verdammten Anlage?« Thomas schwankte durch den Raum und hielt das Handy in die Luft, als würde er nach Empfang suchen. Dabei wischte er genervt über das Display und sorgte so dafür, dass die Bluetooth-Koppelung durch sein Herumdrücken ständig wieder abbrach.

Jasmin beobachtete, wie Markus auf ihn zuging. Er war schon den gesamten Abend furchtbar bemüht, dass alles perfekt verlief, und so griff er auch jetzt ein. »Lass mal sehen«, bot er dem Betrunkenen seine Hilfe an.

»Das ist echt Schrott, das Ding. Mein nächstes Handy wird wohl doch ein iPhone«, murrte Thomas und leerte den Rest seines Bechers, den er danach einfach auf den Boden warf. Er hatte eindeutig schon ein paar Drinks zu viel, denn dann wurde er reizbar und unleidlich. Vorhin hatte Jasmin Whiskey mit Cola ausgeschenkt. Davon hatte Thomas bereits drei Gläser getrunken und sein Stand war alles andere als sicher. Jasmin würde ihren Kopf darauf verwetten, dass Thomas es auch war, der auf dem Klo einen ordentlichen Strahl danebengepinkelt hatte.

»Ich muss erst mein Smartphone vom Bluetooth abmelden. Dann kannst du deine Helene Fischer hören.« Markus war anzusehen, wie genervt er war. Schon den ganzen Abend hatte er versucht, auf Jasmin zuzugehen, doch sie hatte immer wieder eine Ausrede gefunden. Sie wusste, dass sie es nicht verhindern konnte, aber sie fühlte sich alles andere als bereit. Seit sie durch Sandra von seinem Plan erfahren hatte, machte sie sich Gedanken über eine passende Antwort, doch je näher der Termin gerückt war, desto unsicherer wurde sie sich.

»Sag nichts gegen Helene Fischer«, lallte Thomas, fuchtelte mit dem Zeigefinger in Markus' Richtung und schwankte dabei gefährlich.

»Hab ich gar nicht, keine Sorge.« Markus holte sein Handy aus der Hosentasche und schaltete offensichtlich seine Bluetooth-Verbindung aus, denn die Musik verstummte und ein Murren ging durch die Anwesenden.

»He, was soll das denn?«

»Mann, spinnst du? Mach die Musik wieder an«, beschwerten sich die Frauen lautstark, die gerade zu Justin Timberlake die improvisierte Tanzfläche erobert hatten.

Schnell nahm Markus Thomas dessen Telefon aus der Hand und verband es mit der Anlage. Es dauerte keine dreißig Sekunden, bis die nervtötende Stimme von Helene Fischer aus den Boxen schallte.

»Thomas hat halt keine Ahnung von Technik. Wenn er gesoffen hat, ist es besonders schlimm. Da verliert er nahezu seine gesamte Männlichkeit«, lästerte Dagmar, Thomas' langjährige Freundin, durch die Musik hindurch. Der Kommentar sorgte für allgemeines Gelächter, bloß Thomas' Miene verfinsterte sich.

»Hast du das gehört? Warte mal noch zwei Jahre, und deine Alte redet auch so über dich. Wenn Frauen sich erst zu sicher fühlen, ist es mit dem Respekt vorbei«, erklärte Thomas und legte Markus seinen Arm um die Schulter. Der hatte allerdings offenbar wenig Lust darauf, sich mit dem betrunkenen Thomas zu solidarisieren, und entwand sich seinem Griff, als dieser gerade lautstark »Atemlos« in den Raum grölte.

»Die Helene würde ihren Mann niemals so behandeln«, hörte Jasmin ihn noch schimpfen, während Markus auf sie zukam. Sie saß auf der Eckbank an einem Tisch, der vollgestellt war mit Flaschen, Gläsern und einigen Tellern mit Fleisch- und Salatresten darauf. Eine heruntergefallene Schale mit Chips lag davor auf dem Boden, die er aufsammelte und zurück auf den Tisch stellte.

»Die beiden, wie immer ein Herz und eine Seele«, sagte Jasmin und zwinkerte Markus zu. Angespannt beobachtete sie, wie er in seine Hosentasche griff. Er wollte doch nicht etwa jetzt … »Kümmer dich mal darum, dass es nicht eskaliert«, forderte Jasmin ihn schnell auf. Obwohl es keinen Grund dafür gab, schnürte sich ihre Kehle zu. Sie konnte das jetzt nicht.

Markus seufzte und schaute sie fragend an. »Wie soll ich das denn machen? Du kennst das doch. Wenn Dagmar erst mal in der richtigen Stimmung zum Lästern ist, gibt es für sie kein Halten mehr.«

»Lass dir was einfallen. Tanz doch ein bisschen mit ihr, frag, wie es auf der Arbeit läuft. Hauptsache sie ist abgelenkt und lässt Thomas in Ruhe. Ihren Streit können sie zu Hause fortführen, aber nicht hier.«

Markus seufzte abermals und schlenderte dann zu Dagmar hinüber.

»Wollen wir tanzen?«, hörte Jasmin ihn fragen und schmunzelte über Dagmars entsetzten Blick.

»Spinnst du? Ich tanze doch nicht zu der Scheiße.«

»Du bist ja bloß eifersüchtig, weil du nicht so eine Schnitte bist wie die Helene«, rief Thomas aus der Mitte des Raumes.

»Ich hab lieber Kurven, als so ein blondes Geripperippe mit nichts als Luft im Kopf zu sein«, konterte Dagmar.

»Wer Millionen mit seiner Stimme scheffelt, kann so blöd nicht sein.«

Thomas schwankte mit mürrischem Blick zur Bank bei Jasmin und ließ sich schnaufend darauf fallen. Kein Wunder. Dagmar übertrieb es einfach. Manchmal hatte Jasmin das Gefühl, dass die beiden eigentlich gar nicht mehr zusammen sein wollten. Bei jeder Gelegenheit schien Dagmar nach einem wunden Punkt bei Thomas zu suchen, in dem sie herumstochern konnte. Meist überging Thomas ihre Spitzen und wehrte sich kaum, wenn Dagmar einen über den Durst getrunken hatte und ihn vor versammelter Mannschaft als Deppen dastehen ließ. Das war sonst so gar nicht seine Art, nur bei Dagmar zog er jedes Mal den Schwanz ein. Ausgerechnet heute stichelte er ständig zurück und zog die Stimmung ihrer Party runter, worüber Jasmin in diesem Moment nicht mal so sauer war, wie sie es eigentlich sein sollte.

»Thomas, wie wäre es, wenn du hier mal für Nachschub an Getränken sorgst? Ich hätte gerne etwas Prickelwasser in meinem Glas«, forderte Dagmar, die Thomas mit ihren Blicken gefolgt war.

»Ich hab mich doch gerade hingesetzt.«

»Seht ihr? Das meine ich. Der sitzt nur rum und lässt sich bedienen. Dass er mal von selbst aufsteht und was macht, kommt nicht infrage. Gentleman geht anders. Ich weiß echt nicht, was ich mit dem noch soll.«

»Wie wäre es, wenn du dir selbst was holst? Du hast schließlich zwei gesunde Beine«, schlug Thomas vor.

»Da habt ihrs. So geht das jedes Mal. Anstatt einfach mal etwas Nettes zu machen …«

Markus stand auf, nahm eine Flasche Sekt in die Hand und machte sich daran, sie zu öffnen.

»Echt nett von dir, aber lass das mal bleiben, Markus«, zischte Dagmar und deutete auf Thomas. »Der kann ruhig über seinen Schatten springen.«

Innerlich grinste Jasmin, während sie den Schlagabtausch zwischen ihren Freunden beobachtete. Auch wenn der Gedanke vermutlich ziemlich mies war, beruhigte es sie doch irgendwie, dass andere noch größere Probleme hatten als sie und Markus. Dagmar merkte einfach nicht, wenn sie dabei war, eine Grenze zu überschreiten. Die anderen Gäste am Tisch waren mittlerweile verstummt und schauten peinlich berührt in der Gegend herum, einige von ihnen hatten die Flucht ergriffen und waren nach draußen gegangen, um eine zu rauchen.

Stöhnend stand Thomas auf, warf seiner Freundin noch einen grimmigen Blick zu und nahm Markus die Flasche ab. Der warf Jasmin einen Hilfe suchenden Blick zu. Sie zuckte nur mit den Schultern, was so viel heißen sollte wie *lass ihn doch*.

»Dieser Kinderkram geht mir ja so was von auf die Nerven«, murmelte Dagmar, während Thomas sich an der Sektflasche zu schaffen machte.

»Dann verstehe ich aber nicht, warum du noch mit ihm zusammen bist«, sagte Markus. Der Korken ploppte aus der Flasche. Im Hintergrund trällerte Helene Fischer den nächsten Song vom Album.

Dagmar nahm ihr Glas und hielt es Thomas entgegen. »Keine Ahnung. Weil es eben schon so lange so ist«, sagte sie achselzuckend.

Thomas überhörte ihr Gespräch. Er schenkte seiner Freundin etwas Sekt ein und drehte sich dann fragend zu den anderen Gästen.

»Jetzt schau nicht so schockiert. Du wirst das doch auch kennen. Man ist so lange zusammen und irgendwie ist man zu faul, etwas zu ändern.«

Markus nickte schwach, was Jasmin mit einem Stich im Herzen beobachtete. In letzter Zeit war es ihr viel zu häufig so gegangen.

»Hey Dagi, auch noch einen?«, rief Jasmin, schnappte sich die Flasche Jack Daniels und wedelte damit in die Richtung ihrer Freundin, um sich abzulenken und sich noch etwas Mut anzutrinken. Das konnte heute Nacht auf keinen Fall schaden.

4. Kapitel

Durch die dünnen Scheiben der Waldhütte drangen die wummernden Bässe der Musik. Ein paar der Gäste tanzten, andere standen einfach an den Stehtischen und unterhielten sich. Die Stimmung war gut, die meisten lachten und grölten, stießen immer wieder miteinander an. Er hatte nicht genau mitbekommen, wie viel Alkohol wirklich geflossen war, aber dem Verhalten nach zu urteilen, waren die meisten schon ziemlich betrunken. Die Ersten würden bestimmt bald das Handtuch werfen und sich nach Hause verabschieden.

Die Stimmen der Feiernden vermischten sich mit der Musik und kamen draußen als ein akustischer Einheitsbrei an. Er stand im Dunkeln, den Rücken in einen Busch gedrückt, sodass ihn niemand entdeckte, wenn jemand zufällig aus dem Fenster schaute oder nach draußen kam, um zu rauchen, was immer mal wieder passierte. Auch sie war schon mal rausgekommen, wenngleich sie sich keine Zigarette angezündet hatte. Stattdessen hatte sie mit ihrem Freund geknutscht, als wäre nie etwas gewesen. Wenn der wüsste, wie sie wirklich war, er würde sie vermutlich nie wieder auch nur anschauen. Aber das hatte sich ja zum Glück bald erledigt.

Er machte das Display seines Handys an, um auf die Uhr zu sehen. Halb zwei. Jetzt stand er schon geschlagene zwei Stunden in diesem verdammten Busch rum, war viel zu früh auf die Isenburger Schneise gekommen. Aber er hatte es zu Hause einfach nicht mehr ausgehalten. Es war immer noch besser, hier zu warten, bis endlich alle gegangen waren, als zu spät zu kommen und festzustellen, dass auch die Gastgeber bereits verschwunden waren. Eine bessere Gelegenheit als heute würde so schnell nicht wiederkommen. Hier draußen würde es keine Zeugen geben, niemand konnte die Hilfeschreie hören und er konnte danach einfach unbemerkt wieder verschwinden.

Schweiß trat ihm auf die Stirn. Würde er überhaupt das Zeug dazu haben, es wirklich durchzuziehen? Er griff in seine Hosentasche, zog das Messer mit der Lederscheide heraus. Es war schwer und lag gut in der Hand. Der Griff war aus weichem Holz, in das Ornamente eingeschnitzt waren. Nahe der Klinge war ein Stück vom Griff abgeplatzt. Niemand hatte es je repariert, denn niemand durfte wissen, dass er es hatte. Das Messer hatte seinem Vater gehört.

Ein Mann braucht ein gescheites Messer, hatte er damals gesagt und ihm versprochen, dass er ein eigenes haben würde, wenn er alt genug war. Jetzt verstand er, dass sein Vater recht gehabt hatte. Mit einem solchen Prachtstück in der Hand fühlte man sich männlicher, stark und irgendwie ein wenig unbesiegbar. Und genau dieses Gefühl bestärkte ihn wieder in seinem Entschluss. Natürlich konnte er es schaffen.

Er nahm das Messer aus der Scheide, betrachtete die Klinge, in der sich das Licht aus der Hütte spiegelte. Zum Test fuhr er ein paar Mal damit durch die Luft, hackte dabei einen kleinen Ast des Busches ab. Ja, es war scharf genug. Beim Schleifen hatte er sich besondere Mühe gegeben. Hatte extra im Internet nachgesehen, wie man es richtig machen musste, damit er nicht aus Versehen die Klinge zerstörte.

Mit geschlossenen Augen atmete er tief durch. Die letzten Zweifel wichen. Ja, er war bereit. Heute Abend würde er es beenden und danach würde alles anders werden.

5. Kapitel

Später am Abend, als die Flasche Whiskey fast leer war, bereute Jasmin, so früh damit angefangen zu haben. Sie war betrunkener, als sie geplant hatte, und musste sich zusammenreißen, nicht zu lallen. Unter den Gästen war mittlerweile eine hitzige Diskussion über Politik entbrannt. Jasmin sah verstohlen rüber zu Markus. Er stand mit hängenden Schultern wie ein Trauerkloß am Rande und beobachtete die Diskussion. Beinahe tat er Jasmin leid. Nach den ständigen Zickereien von Thomas und Dagmar war zumindest seine Stimmung merklich gesunken und sein Plan kam ihm plötzlich ziemlich bescheuert vor.

»Ich habe nichts gegen die Ausländer, und es ist völlig klar, dass wir Menschen vor Verfolgung schützen müssen. Aber kann mir mal einer erklären …«, brüllte Thomas plötzlich, der während der Diskussion immer lauter geworden war, als würde er damit seinen Standpunkt zur Flüchtlingsdebatte nachvollziehbarer machen.

»Ja, klar. Es kommt immer ein Aber. Das sind mir die Liebsten. Hast wohl auch die AfD gewählt, weil du mit den etablierten Parteien so unzufrieden bist«, schimpfte Jasmin dazwischen.

»Als ob der Ahnung von Politik hätte«, sagte Dagmar kichernd. »Auf der Arbeit liest er zum Frühstück die BILD, das wars mit dem Interesse am Tagesgeschehen.«

»Können wir uns nicht über etwas anderes unterhalten? Oder wie wäre es, wenn wir ein Partyspiel machen?«, versuchte Markus, vom Thema abzulenken. Zu gut kannte er Jasmins Einstellung zu dem Thema und ahnte vermutlich, dass sie nicht aufhören würde, mit Thomas zu diskutieren.

»Also ich finde auch, dass das Thema nicht hierhergehört«, pflichtete Sandra ihm bei. Jasmin warf ihr einen giftigen Blick zu. Stellte sie sich jetzt auf Markus' Seite? Dabei hatte sie Sandra vorhin noch anvertraut, dass sie Angst vor dem Moment hatte.

»Warum nicht? Muss man immer der Gutmensch sein? Was ist denn mit uns? Müssen wir uns von denen später den Arsch abwischen lassen? Oder noch besser, müssen wir das machen, wenn die alt sind?« Thomas hatte sich in Rage geredet.

»Nenn diese Menschen nicht ›die‹, Thomas«, forderte Jasmin ihn auf. Sie konnte nicht fassen, dass sich einer ihrer Freunde tatsächlich als ein rassistisches Arschloch herausstellte. So konnte man sich in Menschen täuschen.

»Wieso nicht? Was soll ich sonst sagen? Meinst du, sie würden uns in ihrem Land aufnehmen, wenn hier die Kacke am Dampfen wäre?« Thomas stand auf. »Sie würden vermutlich von uns verlangen, dass die Frauen verhüllt rumlaufen und wir in ihre Kirche müssen. Das ist gerecht, oder was?« Seine Stimme wurde mit jedem Satz lauter.

»Thomas, setz dich. Wir wechseln jetzt mal das Thema.« Markus berührte seinen Freund an der Schulter, aber der schlug ihm die Hand zur Seite, schob seinen Stuhl nach hinten und ging bedrohlich auf ihn zu.

»Warum dürfen wir darüber nicht reden? Kann man unter Freunden nicht auch die Meinung der anderen akzeptieren?«

»Du hast zu viel getrunken. Ich mach dir jetzt einen Kaffee.«

Thomas hob die Hände nach oben. »Ja, wir sind ja alle so gut. Nicht mal drüber reden darf man. Sonst ist man ja direkt ein Nazi. Ihr kotzt mich echt so an. Wir werden doch alle verarscht. Merkt ihr das nicht?«

Dagmar war mittlerweile verstummt und man konnte ihr ansehen, wie unangenehm ihr der Auftritt ihres Freundes war. So langsam wurde es auch Jasmin zu viel. So betrunken wie Thomas war, konnte sie einfach keine Diskussion mit ihm führen. Jedes Wort war vergebene Liebesmüh. Sie warf Markus einen eindringlichen Blick zu, der ihm sagen sollte, dass er sich darum zu kümmern hatte.

Der wagte einen Schritt auf Thomas zu. »Komm, wir gehen mal raus an die Luft, bevor wir alle noch Sachen sagen, die wir später bereuen.«

Thomas streckte den Arm in Richtung Markus aus und erwischte ihn dabei unsanft an der Brust, sodass der das Gleichgewicht verlor und rückwärtstaumelte. Mit der Hand stützte er sich auf der Tischkante ab. Der klapprige Tisch kippte durch die plötzliche Belastung und die Bierflaschen fielen gemeinsam mit den Gläsern zu Boden. Markus stürzte hinterher. Es klirrte und der Inhalt einiger halb leerer Becher ergoss sich über Markus.

Keiner sagte ein Wort, nur die Musik dudelte weiter leise vor sich hin.

Markus rappelte sich aus den Scherben hoch und schaute auf seine Handinnenfläche. Eine Scherbe hatte einen blutenden Schnitt hinterlassen. Jasmin nahm sich eine Serviette, trat neben ihn und wickelte seine Hand darin ein.

»Nur ein kleiner Schnitt, alles gut.« Markus ballte eine Faust. Dann ging er energisch auf Thomas zu.

»Sieh zu, dass du hier verschwindest«, sagte er, nahm das Handy vom Tisch und trennte das Gerät von der Anlage. Dann drückte er es Thomas in die Hand. »Du bist eindeutig einen Schritt zu weit gegangen.«

»Ihr bekommt noch alle einen Orden, echt«, lallte Thomas. »Ich geh nirgendwohin. Wegen so einer dummen Sache willst du mich rauswerfen? Mein Gott, du hast dich halt blöd abgestützt.«

»Er musste sich stützen, weil du ihn geschubst hast, du Idiot!« Dagmar hatte ihre Stimme wiedergefunden.

»Thomas, ich meine es ernst. Geh jetzt.« Markus ging auf ihn zu und schob ihn zur Tür.

»Wenn ich jetzt gehe, dann war's das mit unserer Freundschaft.« Thomas schwankte im Türrahmen und hielt sich an der Zarge fest.

»Schlaf deinen Rausch aus, Kumpel.« Markus schob Thomas raus und kühle Nachtluft strömte in die Hütte. Jasmin ging ihnen hinterher. Nicht dass sich die beiden draußen weiterprügelten. Auf dem Vorplatz der Hütte war kaum etwas zu erkennen. Nur die ersten Baumreihen, die am Haus standen, wurden durch die Scheiben angeleuchtet. Markus schaltete die Taschenlampenfunktion an seinem Handy ein und leuchtete zu seinem Auto.

»Ich fahr dich zum Taxistand in Neu-Isenburg.«

»Ich kann noch fahren.«

»Nein, kannst du nicht.«

»Du auch nicht«, warf Jasmin ein und erntete dafür einen bösen Blick von Markus. Davon ließ sie sich jedoch nicht beirren. Er hatte zwar am wenigsten von allen getrunken, doch die letzten zwei Runden Whiskey hatte auch er nicht mehr ausgeschlagen.

»Leck mich doch. Ich laufe lieber, bevor ich mit dir zusammen in einem Auto sitze«, übernahm Thomas die Entscheidung. Er schwankte voraus, blieb dann an einem Strauch stehen, öffnete die Knöpfe seiner Jeans und pinkelte los. Markus schaltete das Licht aus, zog seine Zigaretten aus der hinteren Hosentasche und zündete sich eine an. Rauchend ging er zur Hütte zurück, lehnte sich an die Wand und starrte in den dunklen Wald hinein, während Jasmin beobachtete, wie Thomas schwankend seine Blase entleerte. Was für ein Scheißabend.

»Alles gut?«, fragte Sandra, die mittlerweile auch nach draußen gekommen war und sich neben Jasmin stellte.

»Wir sind gerade alleine, da wollte ich schnell etwas mit dir besprechen. Es geht um Markus und … Du weißt schon.«

Jasmin blickte sich um. Sandra hatte recht, Markus war nirgends zu sehen. »Dann schnell …«

6. Kapitel

Die Buchstaben der Nachricht verschwammen vor Jasmins Augen. Das letzte Glas Whiskey hätte wirklich nicht mehr sein müssen. In ihrem Kopf drehte sich alles und sie wünschte sich, zumindest etwas nüchterner zu sein. Das würde morgen einen ganz schönen Kater geben. Mit dem Handy in der Hand stand sie an den Fensterrahmen gelehnt, atmete die kühle Nachtluft ein und hoffte, dass Markus nicht nachfragte, wer ihr geschrieben hatte. Wie kam Christian überhaupt auf die Idee, ihr um diese Uhrzeit eine Nachricht zu schicken? Er wusste doch genau, dass sie den ganzen Abend über vermutlich keine Sekunde allein sein würde.

Ich kann nicht schlafen und muss die ganze Zeit an dich denken. Hoffe, du hattest einen schönen Geburtstag. Vermisse dich. Schlaf gut nachher.

Sie konnte nicht behaupten, dass sie sich darüber freute. Eigentlich hatte sie ihm unmissverständlich klargemacht, dass sie das alles nicht mehr wollte. Es war eine dumme Idee gewesen und sie bereute, sich jemals darauf eingelassen zu haben. Nicht dass Christian die treibende Kraft gewesen wäre, sie hatte genauso ihren Anteil daran. Aber das war jetzt vorbei und das würde er akzeptieren müssen. Sie atmete tief durch und löschte die Nachricht.

In der Nähe des Fensters ertönte ein lautes Knacken, als wäre jemand auf einen trockenen Ast getreten, und Jasmin wich einen Schritt zurück.

»Ich verstehe einfach nicht, wie er dir deine Party so versauen kann«, sagte Markus mit schwerer Zunge. Jasmin durchfuhr ein kalter Schauer, bevor sie verstand, dass er natürlich gar nicht von Christian sprach. »Wegen so einem Unsinn, an dem wir alle gar nichts ändern können, so einen Streit anzufangen …«

Es knackte erneut vor dem Fenster.

»Pst, sei mal leise.« Jasmin starrte in die Finsternis des Waldes. »Ich glaube, da war gerade was.«

Markus trat neben sie und legte seinen Arm um ihre Hüfte. Zärtlich küsste er ihren Nacken, sodass sie eine Gänsehaut bekam. »Ein Reh?«, fragte er und lachte, als hätte er einen furchtbar komischen Witz gemacht. Obwohl er versprochen hatte, sie am nächsten Morgen nach Hause zu fahren, hatte auch er ordentlich einen über den Durst getrunken.

»Nein, da ist jemand gelaufen oder hockt im Busch oder so. Ich hab Schritte gehört.« Jasmin hätte am liebsten das Fenster zugemacht, doch sie traute sich nicht. Mit einem Mal fühlte sie sich wie ein Kind, das in der Nacht hinter jedem Schatten ein Monster vermutete.

»Du schaust zu viele Horrorfilme. Vielleicht irrt Thomas immer noch besoffen durch den Wald und sucht den Weg zu seinem Auto.« Wieder lachte er, doch es klang schon etwas unsicherer.

Gemeinsam beobachteten sie angespannt die Dunkelheit vor dem Fenster. Es regte sich nichts mehr. »Ich mach mal hier zu«, sagte Markus trotzdem und schloss zu Jasmins Erleichterung das Fenster. Dann stellte er sich vor sie und nahm ihr Gesicht in seine Hände. Seine Berührung tat gut. Zum ersten Mal seit vielen Monaten fühlte sie sich wieder von ihm angezogen.

»Hey, schau mich mal an«, sagte Markus mit gesenkter Stimme. »Trotz allem fand ich den Abend sehr schön mit dir. Hauptsache, wir sind zusammen, oder?«

»Mhm.« Jasmin nickte, seine Hände an ihren Wangen folgten ihrer Bewegung. Wenn er wüsste, wie sie ihn die letzten Wochen hintergangen hatte. Hoffentlich würde er das nie herausfinden.

»Du, eigentlich wollte ich dir das schon die ganze Zeit sagen, aber bisher hat sich der richtige Moment nicht ergeben.«

Plötzlich flog die Tür hinter ihnen auf und krachte gegen die Holzwand, sodass ein Beben die Hütte erschütterte.

Bevor Jasmin überhaupt realisierte, was geschah, wurde sie umgestoßen. Eine dunkel gekleidete Person war in die Hütte gestürmt und hatte sie umgerannt. Sie strauchelte, versuchte das Gleichgewicht zu halten, doch der Alkohol tat sein Übriges und sie fiel hin. Mit den Händen fing sie ihren Sturz ab. Ein unangenehmer Schmerz zog sich durch ihr Handgelenk.

»Scheiße, Mann, was soll das?«, rief Markus, der ebenfalls zur Seite gestoßen worden war.

Die Person stand nun breitbeinig über Jasmin. Sie trug eine schwarze Skimaske, die ihr Gesicht verbarg. Dann entdeckte Jasmin das Messer. Augenblicklich fühlte sie sich nüchtern. Panisch trat sie nach dem Angreifer, während sie versuchte, von ihm wegzurobben. Ihr Fuß verfehlte nur knapp das Knie. Der Fremde hieb mit dem Messer nach ihr.

Markus stürzte sich auf den Angreifer, riss ihn um und fiel mit ihm auf die Dielen. Jasmin robbte nach vorne, griff nach dem Messer, erwischte aber nur die Klinge, die sich tief in ihre Handfläche bohrte. Vor Schmerz schrie sie auf. Der Angreifer zog die Waffe von ihr weg und stach nun damit auf Markus ein. Eine warme Flüssigkeit besprenkelte Jasmins Haut. Es war Blut.

Sie brüllte aus voller Kehle, sprang dem schwarzen Mann auf den Rücken und schlug mit der unverletzten Hand auf ihn ein. Er warf sie ab und sie landete hart mit der Schulter auf dem Boden.

»Hilfe«, kreischte Jasmin. Sandra fiel ihr ein. Die hatte sich ins Nebenzimmer verzogen, um ein wenig zu schlafen. Die musste sie doch hören.

Der Angreifer ging weiterhin unerbittlich auf Markus los. Eine Blutlache breitete sich auf dem Boden aus. Jasmin versuchte, nach ihm zu schlagen, doch sie spürte ihre rechte Hand kaum noch. Ein tiefer Schnitt klaffte in der Innenseite. Sie rollte sich ein Stück zur Seite und trat nach dem Kerl, erwischte ihn an der Schulter. Er stöhnte auf und ließ von Markus ab, zog das Messer aus dessen Brust. Blut lief daran herab.

»Bitte«, wisperte Jasmin. »Bitte tu das nicht. Lass uns in Ruhe.«

Der Angreifer schnaufte unter der Maske. Langsam kroch er auf sie zu. Jasmin blickte panisch zu Markus. Er lag regungslos auf dem Boden, röchelte. Hinter ihm war die geöffnete Tür. Ihre einzige Chance. Sie musste raus hier, in den Wald. Dort in der Dunkelheit zwischen den Bäumen könnte sie dem Angreifer entkommen. Sie sprang auf und rannte los, schaffte es bis zur Tür. Sie griff nach der Klinke, drückte mit ihrer Hand gegen das Holz. Der schwarze Mann packte sie am Bein, umklammerte ihren Knöchel und zerrte sie zurück. Sie stürzte kopfüber auf Markus. Dann spürte sie, wie das Messer in ihre Hüfte fuhr. Ihre Chance war vertan.

7. Kapitel

Nein, nicht die Augen aufmachen.

Aber dieser nervige lang gezogene Signalton bohrte sich in ihren Schädel. Sandra griff nach dem Handy, das direkt neben ihrem Kopf lag, und wischte mit geschlossenen Augen darauf herum, bis der Alarm verstummte. Ihr Mund war trocken und der Geschmack erinnerte sie an den Alkohol, den sie gestern in einer wilden Mischung in sich hineingeschüttet hatte. Das Handy piepte gnadenlos weiter, also öffnete sie schließlich die Augen. Es war hell. Sie lag auf dem Bauch auf einem Feldbett, den linken Arm abgeknickt unter ihrem Kopf, da sie kein Kissen hatte. Das lag vor ihr auf dem Boden. Als sie danach griff, fühlte sich ihre linke Hand taub an, da sie vermutlich die ganze Nacht den Arm angewinkelt gehabt hatte. Ihrem Nacken hatte die Schlafposition ebenfalls nicht gutgetan, er schmerzte bei jeder Bewegung. Sie fuhr sich mit der Hand über das Gesicht. Ihre Wange war feucht. Hatte sie sich etwa vollgekotzt?

Angeekelt richtete sich Sandra auf und roch an der Hand. Nein. Keine Kotze. Vermutlich einfach nur Sabber.

Sie lauschte in die Hütte, hörte jedoch nichts. Markus und Jasmin waren anscheinend noch nicht auf den Beinen. Komisch, es war bereits nach zehn. Eigentlich hatten die beiden gestern Nacht nur noch ein wenig klar Schiff machen wollen, um sie dann zu wecken, damit sie gemeinsam nach Hause fahren konnten. Ihr war schlecht gewesen, weshalb Jasmin ihr angeboten hatte, sich so lange hinzulegen, bis die beiden fertig waren. Das war das Letzte, an das Sandra sich erinnerte, danach musste sie in einen tiefen Schlaf gefallen sein. Die beiden hatten sie doch nicht hier vergessen?

Sandra stand mühsam auf. Noch immer fuhr ihr Kopf ein wenig Karussell und sie schwankte mehr, als sie ging. Als sie beim Fenster angekommen war, lehnte sie ihren Kopf gegen die kühle Scheibe und schaute nach draußen. Ein Glück, das Auto von Markus war noch da.

Sie drehte sich um und ging zurück zu dem Feldbett, wo sie sich die Wasserflasche griff, die Jasmin ihr anscheinend noch gebracht hatte. Gierig trank sie die halbe Flasche leer, schraubte den Verschluss zu und stellte sie wieder auf den Boden.

Sie musste dringend auf die Toilette. Hoffentlich hatten Jasmin und Markus die schon sauber gemacht, denn in Sandras Erinnerung war sie in einem unbenutzbaren Zustand gewesen. Kein Wunder, einige der anderen Gäste hatten wesentlich mehr getrunken als Sandra. Thomas zum Beispiel. Unter Fremdschämen erinnerte sie sich an sein Gelaber über den angeblich richtigen Umgang mit Flüchtlingen, das selbst einen Seehofer beeindruckt hätte. Nach dem Verhalten, das er anschließend an den Tag gelegt hatte, war in jedem Fall eine Entschuldigung an Markus nötig.

Sandra zog ihre Strickjacke an, die sie mit dem Kissen ebenfalls neben das Feldbett befördert hatte, und ging in den Hauptraum. Jasmin und Markus hatten offensichtlich auf Isomatten ihr Nachtlager in diesem Zimmer aufgeschlagen und schliefen noch. Sandras schlechtes Gewissen meldete sich. Bloß weil sie gestern Abend zu tief ins Glas geschaut hatte, musste Jasmin die Nacht nach ihrem Geburtstag auf dem Boden verbringen. Die beiden hätten doch ruhig auch nach nebenan kommen können.

»Achtung, ich geh kurz hier durch. Mir platzt sonst die Blase«, murmelte sie für den Fall, dass sie die beiden aufweckte. Sie wankte zur Toilettentür, die etwas schwer aufzuziehen war und dabei ein lautes Ächzen von sich gab. Sandra zog daran, bis die Tür endlich nachgab und nach außen über den Boden schabte. Sie schlüpfte in den engen Raum, klappte den Sitz nach unten und rümpfte die Nase. Natürlich hatte noch niemand die Toilette geputzt. Zu Hause musste sie dringend duschen. Sie drehte sich um, zog die Hose mit Schlüpfer gleichzeitig runter und hockte sich so über den Rand des Klos, dass ihr Hintern die Schüssel nicht berührte. Ihr Blick fiel durch einen schmalen Spalt nach draußen. Sie sah die Beine von Markus und Jasmin. Beide trugen noch ihre Schuhe. Anscheinend waren sie letzte Nacht vor Müdigkeit buchstäblich umgefallen. Dabei hatte Jasmin noch betont, wie fit sie noch sei und dass sie unbedingt noch alles schaffen wolle. Dafür müsste es eigentlich schon viel besser hier drin aussehen. Es war nämlich noch ziemlich dreckig, und das nicht nur im Bad. Direkt um Markus' Bein herum war ein dunkler Fleck auf dem Holzboden zu erkennen und auf den ersten Blick beim Durchhuschen hatte es auch nicht sonderlich aufgeräumt da drüben ausgesehen. Hoffentlich schafften sie das alles noch, bevor der Vermieter den Schlüssel abholte. Sie meinte sich zu erinnern, dass Jasmin etwas von elf Uhr erzählt hatte. Ihnen blieb nicht mal mehr eine Stunde, sie mussten sich also beeilen. Bevor sie nach drüben ging, wusch sie sich noch schnell die Make-up-Reste vom Gesicht und spülte den Mund mit etwas kaltem Wasser aus, damit dieser ekelhafte Geschmack endlich verschwand. Dann drehte sie sich um und drückte die Tür auf.

»Zeit zum Aufstehen, Leute, das schaffen wir sonst niemals«, rief sie und klatschte in die Hände. Ihr Blick wanderte vom

Bein auf den Rest von Markus, der ohne Decke oder Ähnliches auf dem Boden lag. Der Fleck, den sie von der Toilette aus gesehen hatte, war dunkelrot und zog sich vom Bein bis hoch zu den Schultern. Das Hemd an Markus' Bauch war aufgerissen und eine riesige Wunde klaffte darin. Sandra schrie auf. Auch Jasmin war über und über mit Blut besudelt. Sie stürzte auf ihre Freundin zu und fiel vor ihr auf die Knie.

Jasmin starrte mit aufgerissenen Augen an die Decke. Ihre Lippe war aufgeplatzt und über ihre Hand zog sich ein langer Schnitt.

»Oh Scheiße. Verfluchte Scheiße! Jasmin!«

8. Kapitel

Helga fuhr sich über die Haare und ärgerte sich insgeheim über die Friseurin, die sie ihr viel zu kurz geschnitten hatte. Ja, sie hasste lange Haare an sich selbst, aber das, was ihr dieser beknackte neue Laden an der Hauptwache da gezaubert hatte, glich eher einem Bürstenschnitt statt einer gut gemachten Kurzhaarfrisur. Sie stand mit dem Hintern an die alte Kommode in ihrem Schlafzimmer gelehnt und beobachtete Anna dabei, wie sie mit ernster Miene ihre Klamotten in eine viel zu kleine Reisetasche stopfte.

»Du weißt, dass das mit uns nicht mehr funktioniert, Helga«, sagte Anna und griff an Helga vorbei nach einem Stapel Unterhosen, den sie dort abgelegt hatte. Der Geruch von ihrem Lieblingsparfüm wehte ihr dabei um die Nase und sie hätte Anna jetzt gern in ihre Arme gezogen und sie einfach nur gehalten. Aber Helga tat nichts.

»Mhm«, sagte sie nur, und dann, nach einem unendlichen Moment des betretenen Schweigens: »Du hast es so entschieden, weil ich vergessen habe, einzukaufen. Dann ist es wohl so. Meine Meinung willst du nicht hören, was soll ich also dazu sagen?«

»Um das bescheuerte Einkaufen geht es überhaupt nicht, aber das kannst du in deinem Sturkopf nicht verstehen. Das ist nur der Tropfen auf dem heißen Stein.«

Helga sparte es sich, sie in der falschen Verwendung dieses Sprichwortes zu korrigieren, und nickte stattdessen.

Anna blieb stehen, packte sie unsanft am Oberarm und schaute ihr fest in die Augen. »Deine Arbeit ist dir immer wichtiger, ständig geht dieser oder jener Fall vor. Manchmal habe ich das Gefühl, dass du die Überstunden mit Absicht machst, um die Zeit nicht mit mir verbringen zu müssen.«

Auch hier schluckte Helga den Einwand hinunter, dass es sehr wohl wichtiger war, Mörder oder Vergewaltiger zu schnappen, anstatt ein ruhiges Wochenende zu verbringen. Anna hatte sich entschieden und daran würde auch keine Rechtfertigung etwas ändern.

»Und deine Meinung will ich nicht hören, weil ich Angst habe, dass du mich wieder umstimmen könntest. Hörst du? Ich will nicht die x-te Chance vergeben. Irgendwann ist es zu viel.«

»Mhm.«

»Ja, da ist es wieder, dieses Mhm. Genau das meine ich.«

»Ach, komm schon. Als hätte ich dir irgendwas angetan, dass du hier von Chancen redest. Ist ja nicht so, als hätte ich dich betrogen oder sonst wie hintergangen.«

»Es muss auch nicht immer der große Vertrauensbruch sein. Dir ist unsere Beziehung doch scheißegal. Ich brauche nicht andauernd Blumen oder ein nettes Abendessen, aber ich brauche den Halt meiner Partnerin und wenigstens hin und wieder etwas Aufmerksamkeit.«

»Ich fand den Sex immer klasse«, bemerkte Helga und grinste. Eigentlich war ihr nicht nach Späßen zumute, aber sie würde den Teufel tun und das vor Anna zeigen.

Anna rollte mit den Augen und sah das Bild an, das auf der Kommode stand und das die beiden zu besseren Zeiten glücklich lachend zeigte. Anna nahm es und steckte es in die Reisetasche. Vermutlich war sie scharf auf den goldenen Rahmen.

»Welche Bilder willst du noch mitnehmen, um sie anschließend wie ein beleidigter Teenager zu zerreißen oder zu verbrennen?«, fragte Helga. »Vielleicht das, auf dem wir zusammen Zuckerwatte auf der Dippemess essen? Oder das vom CSD?« Hoffentlich nahm Anna nicht das Bild mit, als sie zusammen die Fahrt mit dem Ausflugsdampfer nach Mainz gemacht hatten. Das war der Tag, an dem sie zusammengekommen waren. Vor etwa drei Jahren. Oder waren es schon vier? Helga war schlecht darin, sich Daten zu merken. Zumindest, wenn es dabei um ihr Privatleben ging. Da hatte Anna schon irgendwie recht. Die Arbeit kam für Helga an erster Stelle. Sie war nun mal mit Leib und Seele Polizistin.

»Wenn ich einen Bad Boy gebraucht hätte, wäre ich nicht lesbisch, Helga.« Anna riss das Bild wieder aus der Tasche und tippte mit dem Zeigefinger darauf. »So wie es damals war. Als du mich noch rumkriegen wolltest. Diese Helga habe ich geliebt. Ich weiß nicht, was mit dir passiert ist in der Zwischenzeit, aber momentan habe ich einfach nur einen riesengroßen Hass auf dich.« Anna warf das Bild auf den Boden und wischte sich übers Gesicht. Waren das Tränen? Wenn es ihr so schwerfiel, warum ging sie dann?

Das war eigentlich der Moment, in dem Helga auf sie zugehen müsste. Sie einfach in den Arm nehmen und trösten müsste. Aber Helga blieb stehen. Ihr wollten einfach nicht die passenden Worte einfallen. Bisher hatte sie Anna nur noch wütender gemacht, egal, was sie gesagt hatte. Außerdem fand sie es ungerecht, die ganze Schuld auf sie abzuwälzen. Anna machte es sich damit ziemlich leicht. Sie hatte von Anfang an gewusst, auf was sie sich einließ. Klar hatte Helga sich zu Anfang der Beziehung mehr bemüht, so war es doch immer. Aber Helga hatte auch nie einen Hehl daraus gemacht, dass sie für Kuschelrock, Wein und romantische Abende zu zweit nicht zu haben war.

Anna musterte sie aus ihren hellgrauen Augen, wischte sich eine blonde Strähne aus dem Gesicht und bückte sich, um die Reisetasche hochzunehmen. Gerade sah sie ein bisschen aus wie Barbara Schöneberger. Warum war Helga das vorher noch nie aufgefallen? Leider hatte sie nicht denselben Humor wie die Moderatorin, sonst wäre sie wohl besser mit Helgas Art zurechtgekommen und hätte nicht ständig versucht, sie zu verbiegen.

»Tja. Dann verschwinde ich wohl mal.« Anna ging einen Schritt auf Helga zu. Zögerlich streckte sie ihre Arme aus, um sie zu umarmen, machte dann aber einen Rückzieher und stapfte in Richtung Flur.

»Ich kann dich also nicht zu heißem Abschiedssex überreden?« Helga wollte es kurz und schmerzlos machen. Sie hatte nicht mal gefragt, wo Anna überhaupt hinwollte, damit sie nicht in einer schwachen Minute auf die Idee kam, dort vorbeizufahren und Anna anzubetteln, zu ihr zurückzukommen. Vermutlich hatte sie ihren Auszug ohnehin schon länger geplant und den gestrigen Streit nur zum Anlass genommen, sich endlich aus dem Staub zu machen. Zumindest wollte Helga sich das so einreden. Warum sollte ihr Anna in guter Erinnerung bleiben?

Das Beste wäre, wenn Anna sich ganz schnell eine neue Freundin suchen würde. Eine, die besser zu ihr passte. Ihren Anforderungen entsprach. Und die akzeptierte, dass die Stromrechnung bei knapp einhundertzwanzig Euro lag, weil Madame sich zu fein dafür war, Handtücher zu benutzen.

Anna seufzte. »Nein, kannst du nicht.«

»Ach komm. So schlecht war ich auch nicht.« Helga versuchte zu lachen, aber es kam nur ein leises Krächzen dabei raus. In ihrer Kehle wurde es eng.

Jetzt bloß nicht heulen wie ein kleines Mädchen, sagte sie sich und drückte die Schultern nach hinten durch.

Anna hingegen hielt sich weniger zurück, denn ihre Augen füllten sich mit Tränen. Helga wandte sich ab, hob das Bild vom Boden auf und legte es auf die Kommode. Dabei hörte sie, wie Anna aus dem Schlafzimmer ging. An der Tür verstummten die Schritte. »Den Schlüssel habe ich dir ans Brett gehängt. Die anderen Sachen hole ich irgendwann ab, wir finden sicher einen Termin.«

Helga sagte nichts, sondern wartete ab, bis die Tür hinter ihrer nun Exfreundin ins Schloss fiel.

Dann ging sie ins Wohnzimmer und ließ sich aufs Sofa fallen. Sie nahm eins der Kissen, das Anna gekauft hatte, und vergrub ihr Gesicht darin. Sie war nicht der Typ, der rumheulte, doch gerade ging es ihr richtig mies. Das hier war doch völlig bescheuert. Wenn es ihnen beiden so schwerfiel, warum trennten sie sich dann? Warum versuchten sie es nicht noch einmal und Helga bemühte sich einfach, an all die Kleinigkeiten zu denken, auf die Anna solchen Wert legte, und sie würde im Gegenzug endlich den Föhn entsorgen und etwas mehr Verständnis für Helga zeigen.

Ja, sie hatte sich ihrer Freundin gegenüber oft einfach nur egoistisch verhalten. Während die immer ein offenes Ohr für Helga gehabt hatte, waren Annas Probleme oft zweitrangig. Was schon an der wenigen Zeit lag, die die beiden gemeinsam zur Verfügung hatten. Helga hatte ihren Job immer als wichtiger empfunden als Annas Dienst im Altenpflegeheim. Dennoch hatte Anna ihr das nie zum Vorwurf gemacht. Aber irgendwann reichte auch die größte Liebe nicht mehr aus, um Wunden zu heilen. Das musste Helga wieder einmal schmerzlich am eigenen Leib erfahren.

Helga sog den Geruch des Kissens ein. Es war beinahe, als würde sie in Annas Armen liegen, und sie wusste, dass sie Anna schmerzlich vermissen würde. Auch wenn sie das niemals so offen zugeben würde.

Vorher hatte sie sich nie bewusst Gedanken darüber gemacht, aber jetzt, nachdem Anna weg war, fiel ihr auf, dass die Beziehung für sie zu ihrem Leben dazugehört hatte. Sie waren so lange zusammen gewesen, dass sie Anna wohl als selbstverständlich hingenommen hatte. So selbstverständlich, dass sie geglaubt hatte, es würde einfach für immer so bleiben. Eine erstaunliche Entwicklung, wenn man bedachte, dass alles eigentlich mit einem One-Night-Stand angefangen hatte.

Helga erinnerte sich zurück an den Abend, als sie sich kennengelernt hatten. Damals in der Bar. Helga wollte aufregenden Sex haben und allerhöchstens am nächsten Morgen einen Kaffee mit der sexy Blondine trinken, aber aus einem One-Night-Stand war ein wirklich heißes Wochenende im Bett geworden. Und dann hatte Anna sich klammheimlich in ihr Herz geschlichen.

Das Summen ihres Handys verdrängte schlagartig jegliche Erinnerung an die damals wirklich tolle Anfangszeit mit Anna. Helga nahm den Anruf entgegen, nicht ohne sich vorher zu räuspern.

»Kannengießer«, sagte sie.

»Guten Morgen, Walter«, ertönte die Stimme des homophoben Schwachkopfes, der sich Polizeihauptkommissar schimpfte. Ihr Kollege und Ermittlungspartner hatte es sich zum Spaß gemacht, sie mit immer wechselnden Männernamen anzusprechen, seit er sie und Anna mal in einem Restaurant getroffen und so herausgefunden hatte, dass sie auf Frauen stand. Sie sei doch wohl eindeutig der männliche Part in der Beziehung, hatte er sie aufgezogen und ließ sich seitdem nicht davon abbringen, bei jeder Gelegenheit auf ihrer sexuellen Orientierung herumzureiten. »Ich hoffe, du hast deine Zunge gerade nicht in irgendeiner Muschi vergraben.«

»Doch, nämlich in der von deiner Frau.«

Darauf wusste Dieter nichts zu sagen. Der Typ war so ein Weichei. Aber leider ihr Partner.

»Warum störst du mich?«

»Also entschuldige mal, ist ja nicht so, als hättest du heute deinen freien Tag. Wir haben einen Mord, vielleicht ist das Grund genug für dich, deine Rufbereitschaft auch ernst zu nehmen.«

Helga biss sich auf die Lippe. Eigentlich war sie ganz froh, dass Dieter sich meldete, so musste sie wenigstens nicht alleine mit ihrem Selbstmitleid auf dem Sofa abhängen und sich einen Film reinziehen. »Wo muss ich hin?«

»Isenburger Schneise. Die Jagdhütte. Mit Navi nicht zu verfehlen. Ein toter Mann, eine schwer verletzte Frau, die bereits in die Unfallklinik geflogen wurde.«

»Ich schätze mal, der Täter ist nicht mehr am Tatort.«

Dieter lachte heiser. So ein Affe. Als wäre ihre Frage so blöd gewesen. Es hätte immerhin sein können, dass es sich um eine Tat im Affekt handelte und der Täter direkt festgesetzt werden konnte. Sie war erst vor wenigen Monaten in die Mordkommission in Frankfurt versetzt worden, vorher hatte sie im K60, dem Bereich für Drogendelikte, gearbeitet. Im Gegensatz zu Dieter, der nur noch ein paar Jahre bis zu seiner Pensionierung hatte, war sie also der Grünschnabel der Abteilung. Genau deswegen hatte sie der Kommissariatsleiter Peitsch auch gemeinsam in ein Team gesteckt. Weil sie als *Jungspund* von dem erfahrenen Ermittler noch viel lernen könne, hatte er gesagt. Helga hoffte, er würde recht behalten. Bisher war sie eher damit beschäftigt, sich gegen Dieter zu behaupten. Sei es, weil sie keine Eier zwischen den Beinen hatte oder weil sie neu im Team war, ihr alternder Kollege tat sich jedenfalls schwer, ihre Arbeit anzuerkennen.

»Kein Täter hier, aber auch immer noch keine Helga Kannengießer. Wie wär's, wenn du dich jetzt mal von deiner Alten löst und dich auf den Weg machst?«

Helga antwortete nicht, sondern legte einfach auf. Bevor sie aus dem Haus ging, schaute sie noch im Bad vorbei und kontrollierte ihr Aussehen. Keine Spur von verheulten Augen. Glück gehabt. Sie hatte wenig Lust, sich von Dieter irgendwelche Sprüche darüber anzuhören. Schnell warf sie sich diensttaugliche Kleidung über und machte sich auf den Weg.

Als sie auf die Straße trat, zündete sie sich eine Zigarette an und ging zu ihrem nostalgisch aussehenden Käfer, den sie vor einigen Jahren von einem Schrotthändler gerettet und gemeinsam mit ihrem Vater restauriert hatte. Anna hatte sich immer über das Auto lustig gemacht, aber Helga liebte es, weil sie so viele Erinnerungen damit verknüpfte. Ihre Mutter hatte eine Vorliebe für dieses Auto gehabt. Gemeinsam hatten sie in Helgas Kindheit unzählige Male den Film Herbie gesehen.

Helga verdrängte die Erinnerung an ihre Kindheit, nahm noch einen tiefen Zug von ihrer Zigarette und warf den übrig gebliebenen Stummel auf den Boden, den sie mit ihrem Schuh zerdrückte.

Über eine halbe Stunde später parkte Helga den Käfer am Ende einer langen Schlange aus Autos, die den Waldweg belagerten. Kreuz und quer standen einige Zivilfahrzeuge, ein Polizeiauto, ein weißer Van und ein Leichenwagen, an dem zwei Kerle standen und rauchten. Sie kannte die beiden. Die Bayer-Brüder. Waren eigentlich sympathische Jungs, nur manchmal etwas wortkarg.

Mir würde es auch die Sprache verschlagen, wenn ich jeden Tag mit Leichen zu tun hätte, dachte Helga und grüßte die beiden mit einem Kopfnicken. Die Lichtung war weiträumig mit rot-weißen Flatterbändern abgesperrt, um die Lokalpresse und selbst ernannte Instagram-Reporter davon abzuhalten, Bilder vom Tatort zu machen. Zwei Beamte standen am Eingang zur Lichtung herum und machten sich wichtig, indem sie jedem, der sich dem Band näherte, strafende Blicke zuwarfen. Dieter kam aus der Hütte, die Hände tief in den Hosentaschen vergraben. »Hey Bernd! Da bist du ja endlich«, rief er und kam mit einem süffisanten Grinsen im Gesicht auf sie zu. Helga zündete sich eine Zigarette an und blieb stehen.

»Erspar mir die dummen Sprüche, Joachimstaler«, sagte sie und zog betont gelassen an ihrer Zigarette. Dieter beugte sich vor und verzog den Mund, sodass sich die Nase kräuselte. »Du kannst dir ja selbst die Lunge verpesten, aber warum müssen auch andere darunter leiden? Ich warte jetzt seit einer geschlagenen Stunde hier, vielleicht bequemst du dich mal zum Tatort, anstatt gemütlich eine zu rauchen.«

»Die Leiche wird uns schon nicht davonlaufen, oder?« Helga schnippte etwas Asche von ihrer Kippe, zog noch einmal daran, drückte sie dann in einem Handaschenbecher aus und steckte sie ein. Sie durfte den Tatort nicht mit ihrem Laster verunreinigen.

Dieter hob kapitulierend die Hände nach oben. »Die Leiche vielleicht nicht, aber mir läuft der Schweiß. Davon abgesehen herrscht bei der Trockenheit akute Waldbrandgefahr, du sollest also mit deinen Zigaretten besser aufpassen.«

»Gehen wir einfach an die Arbeit.«

»Du hast recht. Streiten können wir später immer noch.«

»Also? Was erwartet mich dadrin?«

»Es gibt zwei Opfer. Jasmin Berger und ihr Lebensgefährte Markus Esche. Sie wurden mit einem Messer angegriffen. Er hat es nicht geschafft, sie ist schwer verletzt, wurde in die Berufsgenossenschaftliche Unfallklinik gebracht. Es wurde mehrmals auf die beiden eingestochen. Der Kerl wurde nahezu abgeschlachtet und dementsprechend sieht auch die Hütte aus. Kein schöner Anblick. Hoffentlich kannst du das ab.«

»Ich werde schon meinen Mann stehen«, sagte Helga und zwinkerte.

»Chapeau, mein lieber Frank«, sagte Dieter und deutete eine Verbeugung an.

»Todeszeitpunkt?«, fragte sie und setzte sich in Bewegung.

»Zwischen zwei und vier Uhr morgens laut Gerichtsmedizin. Näheres erfahren wir nach der Obduktion.«

»Gibt es Zeugen?«, fragte sie fest und wich einem weißen Geist, wie sie die Männer der Spurensicherung insgeheim nannte, aus.

»Nur indirekt. Die Tat hat niemand beobachtet außer dem überlebenden Opfer. Sie ist allerdings noch nicht vernehmungsfähig. Hat es wohl ziemlich heftig erwischt. Außerdem die junge Frau, die die beiden heute Morgen gefunden hat. Sie schlief im Nebenzimmer, als der Angriff stattfand, und hat nichts mitbekommen. Laut ihrer Aussage waren alle anderen Gäste bereits gegangen, als sie sich hingelegt hat.«

»Also gut, dann wollen wir mal.« Helga blieb stehen und nahm die Szenerie in sich auf. Eine Girlande mit dem Schriftzug *Herzlichen Glückwunsch* hing am Fenster gegenüber der Tür und wirkte angesichts der Umgebung wie die reine Ironie. Der Tisch in der rechten Ecke war halb abgeräumt, einige Flaschen waren umgekippt. Es roch nach Bier und Hochprozentigem, außerdem Blut sowie einem Hauch von Erbrochenem. Auf dem Boden direkt am Eingang war eine riesige dunkle Lache von geronnenem Blut, die teilweise verschmiert war. Wahrscheinlich hatten die Opfer verzweifelt um ihr Leben gekämpft. Blutige Fußabdrücke zogen sich in einem wirren Muster durch den gesamten Bereich und im hinteren Teil des Raumes gab es eine weitere Stelle mit Blutspuren. Ein roter Handabdruck zeichnete sich auf dem Holz der Tür ab, ein weiterer daneben.

Anscheinend hatte einer der beiden verzweifelt versucht, dem Mörder zu entkommen, war aber nur bis vor die rettende Tür gekommen, wo der Täter sie erwischt hatte.

»Die Leiche wurde gerade erst abgeholt, du dürftest den Bayers noch auf dem Weg begegnet sein«, erklärte ihr Dieter. Er tippte sich mit dem Zeigefinger auf die Nase. »Wir konnten sie bei den Temperaturen einfach nicht noch länger hier liegen lassen. Kannst dir ja nachher die Fotos anschauen, um dir ein Bild von der Lage zu machen. Zum Tatablauf kann ich dir noch nicht viel sagen, dafür müssen wir erst mit dem zweiten Opfer sprechen.«

»Mhm«, machte Helga. Dieter sollte zwar ihr Mentor sein, aber er musste sie deswegen nicht so behandeln, als wäre sie gestern erst von der Polizeischule gekommen.

»Sieht für mich danach aus, als wäre der Kampf dort hinten ausgebrochen.« Er deutete zum Tisch auf der rechten Seite. Wenn man genau hinsah, erkannte man ein paar Scherben darunterliegen. Danach wies er auf den riesigen Blutfleck, der sich nur wenige Schritte entfernt vom Eingang der Hütte befand. »Könnte mit einer Schlägerei gestartet haben, die eskalierte. Die Zeugin, die die beiden heute Morgen gefunden hat, sagte etwas von einem Streit unter den Gästen. Vorne vor der Tür hat sich dann der ganze Rest abgespielt. Vielleicht hat sich der Täter ein Messer aus der Schublade geholt und die beiden angegriffen, als sie nicht mehr damit gerechnet haben.«

Helga streifte sich Handschuhe über und ging zu der schmalen Küchenzeile. In der obersten Schublade fand sie einige Steakmesser, ein Kneipchen zum Kartoffeln schälen und ein rostiges Brotmesser. Sie waren allesamt sauber und wirkten nicht so, als könnte man mit ihnen jemanden töten. Danach sah sie sich den Tisch genauer an. Auf dem Boden waren nicht nur Scherben. Unter der Eckbank lagen zwei Bierflaschen, eine davon war auf dem Dielenboden ausgelaufen. Helga bückte sich. Neben den Scherben waren einige Blutstropfen sowie ein größerer Fleck zu erkennen.

»Beide Opfer lagen vor der Tür?«

»Genau. Direkt hier vorne. Am besten veränderst du nichts, Drosten muss mit dem Team erst noch durch. Dank der Sanis wurden uns ohnehin schon genug Spuren zerstört.«

Helga fragte sich, ob es Dieter lieber gewesen wäre, wenn gar keine Sanitäter notwendig gewesen wären, sagte aber nichts. Die Stimmung zwischen ihnen war auch so schon angespannt genug.

»Ist die Zeugin noch da?«

»Sitzt vor der Tür. Ihr Name ist Sandra Drechsler, siebenunddreißig Jahre alt, wohnt in Neu-Isenburg in der Bahnhofstraße. Die Verletzte heißt Jasmin Berger. Sie hat hier gestern ihren Fünfunddreißigsten gefeiert. Aber wie gesagt, Frau Drechsler hat rein gar nichts von der Tat mitbekommen, ich habe schon kurz mit ihr gesprochen.«

»Kurz?«, fragte Helga, die sich unter dem Tisch wieder nach oben aufrappelte und ihren Hosenbund wieder über die Speckröllchen an der Hüfte ziehen musste. Sie atmete hörbar schwer aus und zupfte das T-Shirt über den Bund ihrer Jeans.

»Du solltest mehr Sport treiben und auf die Zigaretten verzichten, Martin«, sagte Dieter mit einem belustigten Schmunzeln auf den Lippen. Fehlte nur noch, dass er ihr in den Hüftspeck kniff und daran herumschwabbelte.

»Haben wir schon eine Liste der Personen, die auf dieser Party waren?«, fragte Helga, ohne auf seinen spitzen Kommentar einzugehen. Sie musste sich vor ihm für gar nichts rechtfertigen. Erst recht nicht für ihren Lebensstil.

Dieter räusperte sich. »Liste haben wir, ja. Wir sprechen zuerst noch mal mit der Zeugin, die die beiden gefunden hat, und picken uns nach ihrer Aussage die interessanten Personen raus. Den Rest der Gäste können dann die anderen abklappern.«

»Kann ich das erledigen?«, fragte Helga. Sie brauchte jetzt erst mal ein wenig Ruhe von Dieter und seinen blöden Sprüchen.

Er nickte mit dem Kopf nach draußen. »Tu dir keinen Zwang an. Drosten hat sie schon auf Spuren hin überprüft. Sieht nicht so aus, als hätte sie die beiden abgestochen. Dafür ist sie zu sauber. Sie sitzt jetzt auf der Bank vor der Hütte und raucht eine Zigarette nach der anderen. Ihr würdet euch sicher prächtig verstehen bei dem Nikotinkonsum.«

Helga verdrehte die Augen. Er ließ sich wirklich keine Gelegenheit für einen Spruch entgehen. »Sie sitzt also da draußen und kontaminiert uns die Umgebung des Tatortes?«

Dieter zuckte mit den Schultern. »Willst du einer unter Schock stehenden erwachsenen Frau das Rauchen verbieten? Wir wissen ja, wo sie gesessen hat. Sollte sich wirklich ausgerechnet dort etwas finden, wird die Spurensicherung eben ein bisschen was zu tun haben.«

»So was nennt sich professionelle Polizeiarbeit«, murmelte Helga und verließ die Hütte. Wie angekündigt saß Sandra Drechsler mit einer Zigarette in der Hand auf der Bank.

»Frau Drechsler?« Helga setzte sich neben sie. Sandra zuckte erschrocken zusammen, ließ die Zigarette zu Boden fallen und drückte sie aus. »Mein Name ist Kannengießer und ich bin die ermittelnde Kommissarin. Denken Sie, dass Sie mir ein paar Fragen zum gestrigen Abend beantworten können?«

»Ja, Sandra Drechsler. Die bin ich«, antwortete die junge Frau geistesabwesend, ohne auf Helgas weitere Fragen einzugehen.

Helga reichte Sandra die Hand und zog damit ihre Aufmerksamkeit auf sich. Die junge Frau schaute sie einen Moment verwirrt an und ergriff dann Helgas Hand.

»Entschuldigen Sie. Ich bin völlig durch den Wind. Ich kann noch nicht fassen, dass Jasmin … Glauben Sie, sie wird das überleben? Es sah so schrecklich aus, den Anblick werde ich mein Leben lang nicht mehr aus dem Kopf bekommen.« Sandras Bein wippte auf und ab. Ihre Augen füllten sich mit Tränen. »Es war doch ihr Geburtstag. Wie kann ein Geburtstag mit so einem Massaker enden? Das ergibt überhaupt keinen Sinn.«

»Sie sind mit Frau Berger und ihrem Lebensgefährten gut befreundet?«, fragte Helga.

»Ja, das bin ich.« Sandra schluckte und zog ihre Unterlippe zwischen die Zähne. »War, muss man wohl jetzt sagen. Markus ist … Das ist zu viel für mich!«

»Es tut mir sehr leid, dass Sie so etwas Schreckliches erleben mussten. Aber wir brauchen so schnell wie möglich Informationen, damit wir mit der Suche nach dem Täter beginnen können.«

»Eigentlich hab ich Ihrem Kollegen schon alles gesagt.«

»Aber Sie haben noch nicht mit mir gesprochen, und es ist wichtig, dass ich mir mein eigenes Bild mache. Wie kam es dazu, dass Sie Ihre Freunde heute Morgen hier gefunden haben?« Helga nahm die Schachtel Zigaretten aus der Hosentasche und reichte Sandra eine, die beherzt zugriff und sie sich mit zittrigen Händen anzündete.

»Danke«, sagte sie, nachdem sie einen tiefen Zug genommen hatte. »Ich habe keine Ahnung, was passiert ist. Gestern Abend ging es mir nicht gut, also habe ich mich im Nebenraum auf eins der Feldbetten gelegt und bin eingeschlafen. Jasmin und Markus wollten noch etwas aufräumen, damit wir heute nicht mehr so viel machen müssen. Als ich heute Morgen aufgewacht bin, bin ich auf die Toilette gegangen.« Sie verzog das Gesicht bei der Erinnerung. »Ich bin einfach an ihnen vorbeigelaufen. Wie konnte ich nicht sehen, dass … Vielleicht hätte ich ihn noch retten können.«

Helga ließ ihr einen Moment, um sich zu fangen. »Die Leiche und all das Blut sind Ihnen nicht aufgefallen?«, fragte sie dann und rief sich den Grundriss der Hütte ins Gedächtnis. Es war fast unmöglich, dass Sandra die beiden nicht gesehen hatte.

»Ich musste total dringend und mir ging es nicht so gut. Ich wollte einfach nur schnell dadurch, ohne die beiden zu wecken.«

»Viel getrunken gestern, was?«

Sandra lächelte, zog an der Zigarette und blies den Rauch in die andere Richtung. »Ja. Jedenfalls fiel mir auf dem Klo ein, dass Jasmin etwas davon gesagt hatte, der Vermieter käme um elf, um die Schlüssel zu holen. Da es schon nach zehn war, wollte ich die beiden dann auf dem Rückweg wecken und habe mich noch gewundert, warum sie einfach so auf dem Boden geschlafen haben. Erst dann hab ich gesehen … Oh Gott!« Sie vergrub ihr Gesicht in den Händen.

Helga wartete erneut ab, bis Sandra sich wieder etwas beruhigt hatte. Sie hätte ihr gerne ein Taschentuch gereicht, aber so was trug Helga nie bei sich. Handtaschen waren nur ein lästiges Anhängsel, das einem ständig im Weg war. Was sie brauchte, verstaute sie in ihren Hosentaschen, und Taschentücher gehörten definitiv nicht dazu.

Sandra wischte sich mit den Handflächen die Tränen vom Gesicht, atmete tief ein und erzählte weiter. »Ich bin natürlich erst zu Jasmin. Sie ist doch meine beste Freundin. Ihre Augen … Der Blick wird mich immer verfolgen. Sie hatte solche Angst. Und all das Blut. Ich dachte, sie wäre tot!«

»Ich weiß, das ist ziemlich schwierig für Sie. Denken Sie lieber nicht darüber nach, was Ihre Freundin in diesem Moment gefühlt hat. Unser Gehirn sorgt in der Regel dafür, dass wir die größten Schmerzen überhaupt nicht mitbekommen.« Helga dachte zurück an ihre Kindheit, als sie im Alter von fünf Jahren vom Motorrad ihres Vaters gefallen war. Sie hatte einen offenen Bruch am Oberarm gehabt, doch Schmerzen hatte sie so gut wie keine gespürt. Erst im Krankenhaus war das Gefühl so langsam in ihren Körper zurückgekehrt.

Sandras Blick ging ins Leere.

»War Ihnen irgendwas aufgefallen, nachdem Sie Ihre beiden Freunde gefunden hatten?«

»Nein. Eigentlich habe ich mich vorher nur gewundert, warum sie kaum noch aufgeräumt haben, nachdem ich mich schlafen gelegt hatte. Im Endeffekt sah es fast schlimmer aus, als ich in Erinnerung hatte, dabei wollten sie bis zum Morgen alles erledigt haben.«

Helga nickte. Der Täter war also vermutlich kurz, nachdem Sandra sich hingelegt hatte, in die Hütte eingedrungen. »Erinnern Sie sich noch, wie viel Uhr es war, als Sie sich hingelegt haben?«

Sandra zuckte mit den Schultern. »Vielleicht halb zwei? Viel später glaube ich nicht.«

»Haben Sie letzte Nacht, als Sie im Nebenraum lagen, irgendwelche auffälligen Geräusche gehört? Das, was Ihren Freunden angetan wurde, ging ja vermutlich nicht geräuschlos vonstatten.«

»Genau das frage ich mich auch schon die ganze Zeit. Wie konnte ich das nicht mitbekommen? War ich wirklich so betrunken? Und was wäre passiert, wenn ich es gehört hätte und nach drüben gegangen wäre? Würde Markus jetzt noch leben oder wäre ich auch … tot?« Sandra rang die Hände und griff dann nach einer neuen Zigarette, die sie mit zitternden Fingern anzündete.

»Gut, Sie haben also nichts mitbekommen. Haben Sie eine Idee, wer einen Grund haben könnte, die beiden anzugreifen?«

Sandra schüttelte den Kopf. Sie verknotete ihre Finger auf dem Schoß miteinander, wich Helgas Blick aus. Da war anscheinend etwas, das sie nicht sagen wollte.

»Ich weiß nicht«, sagte sie schließlich, nachdem Helga nicht reagierte.

»Auf der Party ist also nichts Außergewöhnliches passiert?«

Sandra nahm einen tiefen Zug von der Zigarette. »Ich erinnere mich wirklich nur bruchstückhaft. Es tut mir so leid.«

»Machen Sie sich keine Vorwürfe, das kommt vielleicht wieder. Momentan stehen Sie noch unter Schock. Es ist gut möglich, dass Sie sich später an mehr Einzelheiten erinnern. Gehen wir doch einfach mal den Abend durch, soweit Sie es zusammenbekommen.«

Sandra Drechsler erzählte Helga davon, dass sie noch vor Jasmin und Markus bei der Hütte angekommen war, um zu dekorieren. Bis es an den Schnaps gegangen war, war ihre Erinnerung noch vorhanden, erst danach wurde ihr Bericht lückenhafter, bis sie sich schließlich doch noch an etwas erinnerte.

»Halt«, rief sie. »Da war doch etwas. Jetzt kommt es langsam zurück. Thomas!«

»Sehr gut«, sagte Helga und lächelte sie ermutigend an. »Was war mit Thomas?«

»Na ja, es war seltsam. Eigentlich ist er so ein Typ, der bei seiner Freundin nichts zu melden hat. Bis gestern Abend. Da hat er sich plötzlich gegen ihre Sticheleien gewehrt. Ich weiß nicht mehr genau, wie es dazu kam, aber es endete in einem Riesenstreit mit Markus. Ja, warten Sie. Er wurde dabei glaube ich sogar verletzt.«

Helga horchte interessiert auf. »Ach? Wer jetzt genau? Thomas oder Markus? Kriegen Sie noch etwas präziser zusammen, was passiert ist?«

»Thomas war schon ziemlich angetrunken und pöbelte wie gesagt rum. Erst gegen seine Freundin und irgendwann gegen alle. Ich glaube, er und Jasmin haben sich gestritten. Ja, so war es! Als Markus ihn rauswerfen wollte, hat Thomas ihn geschubst und er ist mitsamt der Tischplatte auf dem Boden gelandet. Eine Scherbe hat ihn dabei in die Hand geschnitten.«

»Was ist dann passiert?«

»Das weiß ich nicht mehr. Ich glaube, ich bin zu Jasmin gegangen, um sie zu beruhigen. Immerhin war es ihre Geburtstagsfeier. Thomas ist auf jeden Fall gegangen.«

»Und er ist nicht wiedergekommen?«, fragte Helga.

Sandra kniff die Augen zusammen und massierte ihre Augenbrauen. »Nicht dass ich es mitbekommen hätte. Ich denke, der ist wohl zu den Taxiständen am S-Bahnhof gelaufen und heimgefahren. Sie glauben doch nicht etwa, dass er …«

»Auf dem Gelände steht nur noch ein Wagen. Das wäre demnach seiner?«

»Nein, das ist der Mini von Jasmin. Ich bin mit der Bahn gekommen, weil ich eigentlich mit den beiden nach Hause fahren wollte.«

»Möglicherweise ist Thomas zurückgekommen, um seinem Ärger Luft zu machen, und anschließend mit dem Wagen gefahren«, äußerte Helga ihren Verdacht.

»Das kann ich mir nicht vorstellen. Thomas hat sich mit Sicherheit an der frischen Luft beruhigt und ist abgezogen. Er ist eigentlich ein völlig verträglicher Typ. Fragen Sie doch mal seine Freundin Dagmar. Vielleicht ist sie mit seinem Wagen gefahren.«

Helga machte sich eine Notiz im Kopf. Selbst der nach außen hin ausgeglichenste Typ konnte einen brutalen Mord begehen, den ihm niemand zugetraut hätte. Man konnte niemandem hinter die Stirn sehen. Helga fummelte eine Karte aus ihrer Hosentasche und reichte sie Sandra.

»Wenn Ihnen noch etwas einfällt, rufen Sie mich bitte an. Hier«, sie deutete auf ein kleines Handyzeichen, »finden Sie meine Mobilnummer.«

»Mache ich.« Sandra nahm die Karte und steckte sie in ihre Tasche.

»Bitte halten Sie sich außerdem für weitere Fragen zur Verfügung.« Helga stand auf und gab Sandra die Hand, die sitzen blieb.

»Ja, natürlich. Bitte finden Sie denjenigen schnell, der Jasmin und Markus das angetan hat.«

In dem Moment kam Dieter aus der Hütte.

»Hey Andreas. Das solltest du dir vielleicht ansehen.«

9. KAPITEL

Genervt beobachtete Helga, wie Dieter breitbeinig wie ein Cowboy im Besprechungsraum auf dem Kommissariat auf und ab ging und währenddessen seine Theorien zu ihrem Fall zum Besten gab. Seine kurzen Beine steckten in beigefarbenen Chinos, die ihm zu lang waren und die er umgekrempelt hatte.

Vermutlich hat ihn seine Mama als Baby zu heiß gebadet, dachte sie und musste selbst über diesen Witz schmunzeln. Seine fehlende Größe versuchte Dieter stets mit niemals versiegenden Machosprüchen zu kompensieren.

Der Kommissariatsleiter Thorsten Peitsch lehnte mit dem Hintern an der Fensterbank und lauschte mit unbeeindruckter Miene Dieters Ausführungen.

Nachdem Dieter geendet hatte, wandte er sich erwartungsvoll an seinen Chef.

»Tja, was soll ich sagen? Sie haben mit einer Zeugin gesprochen und wollen den Fall bereits gelöst haben? Klingt so, als könnten wir schon den Abschlussbericht tippen.«

»So schwer war das nun wirklich nicht. Ein feuchtfröhlicher Abend, ein Streit eskaliert. Bevor wir unsere Zeit mit etlichen Befragungen verschwenden, sollten wir uns an diesen Thomas Pfeiffer wenden. Ich wette, ich brauche keine zehn Minuten mit dem Kerl und schon habe ich ein lupenreines Geständnis«, antwortete Dieter, da er den ironischen Unterton in Peitschs Stimme anscheinend überhört hatte. Helga zog verstehend die Augenbrauen nach oben, als Peitsch ihr einen vielsagenden Blick zuwarf.

»Helga, wie ist Ihre Meinung dazu?«

Sie zuckte mit den Schultern. »Also ich finde es ehrlich gesagt weniger eindeutig als mein werter Herr Kollege. Solange wir nicht noch mehr über den Abend wissen, würde ich mich nicht zu sehr auf Thomas Pfeiffer einschießen.«

»Nun, wie ich schon sagte. Zehn Minuten mit ihm und ich wette …«

»Wir sind hier aber nicht bei *Wetten, dass*«, sagte Helga und schaute ihn ernst an.

Dieter baute sich vor ihr auf. »Bloß weil du ein persönliches Problem mit Männern hast, musst du das nicht auf die Arbeit tragen. Ich weiß, du willst immer deine Frau stehen, beweisen, dass du besser bist als jemand, der ein paar Eier zwischen den Beinen hat. Aber im Gegensatz zu dir bin ich jetzt dreißig Jahre dabei und auf meine Spürnase konnte ich mich bisher immer verlassen, ob dir das nun passt oder nicht.« Er schnaufte wie ein wütender Bulle und Helga stellte sich vor, wie er jeden Moment Anlauf nahm, um dann mit gesenktem Kopf auf sie zuzustürmen.

»Herr Joachimstaler, es reicht. Verschonen Sie uns bitte«, fuhr Peitsch dazwischen.

»Ist doch wahr. Frau Kannengießer steckt doch fest in ihrer Welt voller Antipathien.«

»Klar, und deswegen kann ich natürlich auch gar nicht mehr objektiv sein, weil ich Männer so sehr hasse. Du solltest dich mal selbst hören. Wenn dem so wäre, dann müsste ich doch mehr als einverstanden sein mit deiner Theorie. Immerhin ist der Täter ein Mann, und den will ich sicherlich hinter Gittern sehen, hm?«

»Gerade geht es ja um deine persönliche Abneigung gegen mich. Du hättest wohl lieber eine *Partnerin*, wie es aussieht, und deshalb tust du alles, um mich wie einen Vollidioten dastehen zu lassen, obwohl du diejenige bist, die noch grün hinter den Ohren ist.«

»Also, jetzt reicht es aber. Bin ich denn hier in einem Kindergarten?«, polterte Peitsch und schlug mit der flachen Hand auf die Fensterbank.

Helga wollte etwas erwidern, doch ihr Chef brachte sie mit einer Geste sofort zum Schweigen.

»Sie beide werden sich ab sofort zusammenreißen, haben Sie das verstanden? Das Leben ist kein Ponyhof und man kann sich seine Kollegen nicht aussuchen. Sehen Sie zu, dass Sie irgendwie miteinander klarkommen. Ich weiß nicht genau, auf wessen Seite hier das Problem liegt, aber machen Sie das privat bei einem Bier unter sich aus. Hier haben wir es mit einem Fall zu tun und den werden Sie beide«, dabei warf er Dieter einen eindringlichen Blick zu, »professionell bearbeiten. Das heißt, Sie führen all die langweiligen Befragungen durch, checken Alibis, warten ab, was die Spuren vom Tatort ergeben, bevor Sie zu sehr in eine Richtung denken. All die zeitraubende Arbeit, auf die Sie anscheinend so wenig Lust haben. Dreißig Jahre Berufserfahrung machen einen noch lange nicht zum Hellseher. Und Sie«, jetzt wandte er sich an Helga, »versuchen einfach mal, Ihr Mundwerk zu zügeln, auch wenn es Ihnen noch so schwerfällt. In dem Punkt hat Joachimstaler recht. Er ist erfahren und hat ein gutes Näschen.«

Dieters Gesichtsfarbe wechselte von blass zu leicht rosa und färbte sich dann rot. Helga musste sich eingestehen, dass sie es beide etwas übertrieben hatten. Aber was sollte sie machen, wenn er ihr so eine Steilvorlage gab? Alles musste sie sich schließlich auch nicht gefallen lassen. Am liebsten hätte sie das auch so gesagt, aber das würde nur zu noch mehr Streit führen und Peitsch wirkte nicht so, als würde er das dulden. »Verstanden«, murmelte sie also und senkte den Kopf. Gerade wünschte sie sich, einfach wieder mit ihren alten Kollegen von der Drogenkriminalität zusammenzuarbeiten. Dort hatte es diese Machtkämpfe nie gegeben.

»Alles klar, Chef«, sagte auch Dieter, klang dabei allerdings weniger kleinlaut.

»Können wir jetzt eine kleine Pause einlegen? Ich brauche dringend eine Kippe.« Helga musste raus hier. Die stickige Luft in dem Büro mit den hohen Glasfenstern raubte ihr den Atem und sie konnte nicht mehr klar denken. Peitsch nickte, und sie wandte sich zur Tür, stürmte hinaus auf den Flur, wo sie ungeduldig die Taste für den Aufzug drückte. Sie hoffte, dass sie zumindest im Hinterhof einen Moment für sich hatte. Als sie unten ankam, sah sie bereits durch die milchige Glastür eine schemenhafte Gestalt im Hof stehen. Sie hielt einen Moment inne, entschied sich dann aber doch, hinten rauszugehen. Sie musste sich ja nicht zwingend unterhalten, der Innenhof war schließlich groß genug, um sich dort aus dem Weg zu gehen. Helga drückte die Tür auf und die Person drehte sich um.

»Horst«, rief sie erleichtert dem Hausmeister des Kommissariats zu, der gerade dabei war, sich eine Zigarette anzuzünden. Sie mochte den Mann, unterhielt sich gern mit ihm. Er schien einer der wenigen auf dem Kommissariat zu sein, der entweder keine Vorurteile gegenüber Homosexualität hatte oder sich bemühte, in ihrer Anwesenheit zu zeigen, für wie normal er sie hielt.

Meine Nachbarin ist übrigens auch eine Lesbe. Letztens waren wir zusammen essen in diesem veganen Restaurant. Wir kommen total gut klar, ich hab echt nichts gegen Leute wie euch.

Du bist also der männliche Part in der Beziehung, oder warum hast du sonst so kurze Haare?

Wird das nicht langweilig, wenn man immer mit dem gleichen Geschlecht … du weißt schon. Aber es ist toll, dass so was heutzutage möglich ist. Kann ja jeder ausleben, was ihm gefällt.

Kommentare, als wäre Helga eine Aussätzige. Manchmal fragte sie sich, was sich erst ein schwuler Mann im Polizeidienst anhören musste. Die waren ja bekanntlich in gewissen – besonders männlichen – Gesellschaftsbereichen noch weniger akzeptiert. Sie schnaufte durch die Nase und Horst sah sie mit hochgezogenen Augenbrauen an. Damit er ihre Laune nicht auf sich bezog, bemühte sie sich um ein Lächeln. »Wir haben uns ja schon lange nicht mehr gesehen.« Sie fischte sich eine Zigarette aus der Packung und ließ sich von ihm Feuer geben.

»Das klingt ja geradezu so, als hättest du mich vermisst«, sagte er und lachte polternd drauflos.

»Könnte man meinen, ja«, sagte Helga und nahm einen tiefen Zug von der Zigarette. Das Nikotin verteilte sich sofort in ihren Lungen und gab ihr das Gefühl, sich zu entspannen. »Bei den Vollidioten, von denen man da drinnen manchmal umgeben ist, kein Wunder.«

»Ach, ich bin also das kleinere Übel, wie?«

»Du weißt, dass es so nicht gemeint war«, sagte sie und zwinkerte ihm zu.

»Klar weiß ich das. Gab's mal wieder Stress mit Dieter, dem Knallkopf?«

»Da sagst du was. Knallkopf ist genau der richtige Ausdruck für ihn. Am liebsten hätte ich ihm mit meinem Kopf eine geknallt.«

»Mein Gott. Warum setzt euch der Peitsch eigentlich immer wieder zusammen an irgendwelche Fälle? Ihr seid bestimmt an der Sache mit der Waldhütte dran, hm?«

Horst war schon Hausmeister in der Adickesallee gewesen, als Helga ihren Dienst bei der Drogenkriminalität aufgenommen hatte, und er kannte fast jeden, der hier arbeitete. Wann immer Helga einen schwierigen Fall mit ihrem Team gelöst hatte, gingen die beiden gemeinsam ein Bier trinken. Und auch zwischendurch. Eigentlich war Horst im Laufe der Jahre zu einer Art Kumpel für sie geworden.

Helga bemerkte Horsts fragenden Blick und ihr fiel ein, dass sie noch gar nicht auf seine Frage geantwortet hatte. »Sorry. Ja, Waldhütte. Ein furchtbares Massaker, das da angerichtet wurde. Ein Opfer ist tot, niedergemetzelt, eine schwer verletzte Frau. Es war ihr Geburtstag. Hoffentlich überlebt sie.«

Horsts Miene verfinsterte sich. »Üble Sache. Schon Hinweise auf den Täter?«

»Wenn es nach Dieter geht, hat er den Fall im Schlaf gelöst. Er muss nur noch mal fünf Minuten mit seinem Verdächtigen reden und zack, das wars.«

»Dabei ist nicht immer alles so, wie es scheint.«

»Genau das habe ich auch gesagt«, rief Helga atemlos. Sie merkte, wie die Wut auf ihren Kollegen wieder in ihr hochkochte. »Aber dann heißt es ja nur, dass ich als Lesbe generell nicht mit Männern zurechtkomme und lieber mit einer Frau zusammenarbeiten würde. So was Engstirniges habe ich selten erlebt.«

»Harter Tobak. Hätte nicht gedacht, dass man sich Derartiges in unserer Zeit noch anhören muss. Tut mir leid für dich. Aber das ist nicht alles, was dir auf der Seele brennt, oder? Du siehst müde aus und irgendwie traurig.«

Helga schaute ihn verwundert an. War sie wirklich so ein offenes Buch für ihre Umgebung? Sie drückte ihre aufgerauchte Zigarette in dem bereitgestellten Aschenbecher aus. »Anna«, sagte sie nach einer kurzen Pause und Horst nickte mitfühlend. Sie hatte ihm schon öfter ihr Leid geklagt, wenn sie mal wieder

Stress mit Anna gehabt hatte, und er wusste, dass Helga ihrer Exfreundin nicht das geben konnte, was sie sich wünschte. Sie zuckte mit den Achseln. »Die wird schon eine finden, die sich besser zu benehmen weiß als ich.«

Horst erwiderte nichts und das brauchte er auch nicht, denn Helga fischte nie nach Komplimenten. Im Gegenteil. Mit netten Worten konnte sie in der Regel nicht besonders gut umgehen, geschweige denn, sie für sich annehmen.

»Lass uns das Thema wechseln, in Ordnung? Eine Kippe gönne ich mir noch, bevor ich zurück in die Höhle des Löwen verschwinde.«

»Weiter Dieter davon überzeugen, dass sein Täter eine Luftnummer ist?«

»Das weiß ich ja nicht wirklich. Natürlich ist der Typ verdächtig, er hatte am Abend Streit mit einem der Opfer. Aber es klingt für mich zu einfach. Zudem war er nach Aussage der Zeugin sehr betrunken und ich weiß nicht, ob er tatsächlich in der Lage gewesen wäre, so eine Tat zu begehen. Es waren zwei gegen einen und einen Volltrunkenen hätten die beiden vermutlich überwältigen können. Außerdem sollte man sich einfach nicht zu früh festlegen.«

»Was ist denn genau passiert?«

»Wie gesagt, eines der Opfer hatte gestern Geburtstag und an der Isenburger Schneise eine Waldhütte für die Feier gemietet. Nachdem vermeintlich alle Gäste verschwunden waren, kam es zum Angriff. Der war ziemlich heftig, den Spuren in der Hütte nach zu urteilen.«

»Klingt eher nach der klassischen Beziehungstat. Eifersucht«, sagte Horst und legte die Stirn in Falten. »Vielleicht erweiterter Selbstmord? Ein eskalierter Streit zwischen den Liebenden?«

»Das muss man zumindest in Betracht ziehen, bevor man den Krawallmacher einfach vorverurteilt.« Helga zog an ihrer Zigarette und lehnte sich mit dem Rücken an die Hauswand.

»Außerdem wäre da noch eine Zeugin, beste Freundin der Verletzten. Ich werde das Gefühl nicht los, dass sie mir etwas verheimlicht.«

»Vielleicht ist sie die Täterin? Stach auf die Frau ein, weil sie den Mann für sich alleine wollte, und als er sie verteidigt hat, hat deine Zeugin rotgesehen.«

Helga nickte und blies den Rauch aus. »Womit wir wieder beim Thema Beziehungstat wären. Vielleicht stand sie auf den Toten, war eifersüchtig.« Sie sah auf ihre Uhr und stieß sich von der Wand ab. »Ich muss los. Wir sehen uns.«

»Weißt du Helga, wir sollten dringend mal wieder zusammen einen trinken gehen.«

Eigentlich hatte Helga keine Lust. Sie wollte sich lieber zu Hause vergraben und in Erinnerungen an ihre Ex schwelgen, aber dann seufzte sie, zuckte mit den Schultern und nickte. Etwas Ablenkung war vielleicht gar nicht so verkehrt. »Warum nicht?«

»Heute vielleicht?«

»Lieber morgen. Keine Ahnung, wie lange mich heute die Arbeit festhält.« Sie lächelte ihm zu und zog dann die Milchglastür auf.

10. Kapitel

Pling.

Schon wieder eine Mail. Bestimmt war seinem Chef noch etwas eingefallen. Christian atmete zweimal tief ein und aus und öffnete dann sein Mailprogramm.

Neue Nachricht von Herrmann Hellweg.

Er hatte sich nicht getäuscht. Am liebsten würde er ihm eine saftige Antwort schreiben. Es war nicht auf seine Arbeit zurückzuführen, dass diese verdammten Container nicht den Normen entsprachen, er hatte die Bestellung schließlich nicht disponiert. Der Fehler war nun mal passiert und nicht rückgängig zu machen, auch nicht, wenn er sich auf den Kopf stellte und mit den Beinen wackelte. Genau das hatte er seinem Chef auf seine letzte Nachricht geantwortet. Zumindest so ähnlich, das mit dem Kopf hatte er selbstverständlich weggelassen.

Ich betreibe hier keine Ursachenforschung. Mir ist egal, wer der Disponent war, sehen Sie zu, dass Sie die Sache geradebiegen, lautete nun die knappe Anweisung von Hellweg.

Einen Moment malte Christian sich aus, was er seinem Chef alles an den Kopf werfen würde, dann schrieb er jedoch lediglich, dass es ihm leidtäte, wenn die Lieferung sich deshalb verzögere, und er sich darum kümmern würde, dass die Kontrollen über den Mangel hinwegsehen. Christian würde damit mal wieder den Kopf für den Fehler eines anderen hinhalten, der für den Mist, den er verzapft hatte, niemals belangt würde. Weil sein Chef zu faul war, auch nur eine Minute in die Papiere zu schauen und so den Schuldigen zu finden.

Christian konnte nur hoffen, dass seine duckmäuserische Haltung zumindest endlich mal zu einer Gehaltserhöhung führte. Schon drei Jahre arbeitete er für das große Chemieunternehmen in Ludwigshafen, ohne auch nur einen Cent mehr in der Tasche zu haben. Stattdessen hatte es sein Chef als großes Entgegenkommen dargestellt, dass Christian seit sieben Monaten die meiste Zeit im Homeoffice arbeitete. Nur noch selten fuhr er zu irgendwelchen Meetings in die Firma, den Rest der Zeit hockte er in der kleinen Abstellkammer, die sie zu seinem Büro umfunktioniert hatten, während seine Frau ihre ach so wichtigen Aufgaben im Haushalt erledigte. Obwohl sie keine eigenen Kinder hatten, ging Marianne nicht arbeiten. Sie wollte sich voll und ganz um den Haushalt kümmern und Christian verdiente in ihren Augen schließlich genug. Dass sie seit Jahren nicht mehr im Urlaub gewesen waren, störte sie anscheinend nicht.

Auch jetzt, wo sie ein Pflegekind bei sich aufgenommen hatten, das zusätzliches Geld kostete, war sie nicht bereit, auch nur einen Nebenjob anzunehmen. Immerhin brauchte Leon besondere Aufmerksamkeit wegen seiner schwierigen Vergangenheit. Dass er bis meist sechzehn Uhr in der Schule war, somit mehr als genug Zeit wäre, zumindest einen Halbtagsjob anzunehmen, ließ sie als Argument nicht gelten. Des lieben Friedens willen akzeptierte Christian ihre Einstellung, obwohl er es nicht selten mehr als anstrengend fand, den gesamten Tag mit ihr zu verbringen.

Zumindest mittlerweile. Am Anfang war es zu Hause sogar noch schön gewesen. Er hatte mehr Zeit für die Familie, konnte sich den Tag selbst einteilen. Aber mehr und mehr spürte er die Sehnsucht nach seinem alten Arbeitsplatz, Kollegen und der Freiheit, die er für zehn Stunden am Tag genossen hatte.

Er tippte den letzten Punkt, noch einen knappen Gruß, streckte sich in seinem durchgesessenen Bürostuhl und stand auf. Er brauchte dringend einen Kaffee und etwas frische Luft. Seufzend öffnete er die Bürotür und trat in den Flur, ging am Wohnzimmer vorbei, aus dem ihm *Detektive im Einsatz* entgegenplärrte. Marianne stand am Bügelbrett und starrte in das Fernsehgerät. Christian schlich sich an ihr vorbei in Richtung Küche, aber sie musste ihn aus den Augenwinkeln gesehen haben.

»Schatz«, rief sie und zog den Stecker des Bügeleisens am Kabel aus der Dose. Wie oft hatte er ihr schon gesagt, sie sollte nicht so daran ziehen? Kein Wunder, dass die Dinger ständig einen Wackelkontakt hatten. Müde wandte er sich zu ihr. Marianne erschien im Türrahmen. Sie trug eine ausgewaschene Leggings und ein schlabberiges Tank-Top ohne BH. Zu Hause sah sie ja niemand, so ihre Einstellung. Anscheinend war er auch nur noch ein Niemand für sie und es war nicht nötig, sich für ihn auch nur etwas mehr Mühe mit dem Aussehen zu geben. Mit ernster Miene blickte sie ihn an.

»Hast du heute schon die Nachrichten gesehen?«, fragte sie.

Statt einer Antwort schüttelte Christian nur den Kopf und schaltete die Kaffeemaschine ein. Sie glaubte wohl immer noch, dass er nur ins Büro flüchtete, um nutzlos im Internet herumzusurfen, anstatt zu arbeiten.

»Du wirst nicht glauben, was passiert ist!« Ihre Stimme klang alarmiert.

»Hat Jens Spahn schon wieder über die Armen gelästert?«, fragte er mit einem ironischen Unterton. »Oder hat Trump irgendeinen Schrott über die globale Erwärmung getwittert?«

»So ein Unsinn. Vorhin haben sie im Radio gesagt, dass an der Isenburger Schneise jemand umgebracht wurde.«

Christian spürte, wie ihm das Blut ins Gesicht schoss. »An der Isenburger Schneise? Das ist ja schrecklich. Wo denn da?«

»In einer der Hütten, wo wir auch schon unseren Hochzeitstag gefeiert haben. Schrecklich, die Vorstellung, dass so etwas Furchtbares so nah bei uns passiert, oder?«

Mehr als ein Nicken brachte Christian nicht zustande. Sein Mund war plötzlich ausgetrocknet und er hatte das Gefühl, kaum atmen zu können. »Gestern Abend?«, fragte er heiser.

»Ja, da war wohl eine Geburtstagfeier, auf der ein Streit eskaliert ist. Zwei Opfer. Eins davon hat gerade so überlebt.«

Christian schluckte, versuchte aber, sich nichts anmerken zu lassen. Er nahm sein Handy aus der Hosentasche und öffnete Google.

»Gut, dann unterhalten wir uns eben nicht darüber. Nicht nur, dass du schon wieder sonntags vor deiner blöden Kiste sitzt, um deinem Chef in den Hintern zu kriechen, jetzt hast du nicht mal mehr fünf Minuten, um dich mit deiner Frau zu beschäftigen.«

Sie dampfte ab ins Wohnzimmer, während Christian die Suchergebnisse durchforstete. Erleichtert atmete er auf, als er auf der Nachrichtenseite des Hessischen Rundfunks las, dass eines der Opfer ein Mann gewesen war, das andere, eine Frau, habe schwer verletzt überlebt.

Jasmin war also nicht tot. Er las den Artikel zu Ende, doch es gab noch keine weiteren Erkenntnisse zu dem Fall. Ein Täter konnte bisher nicht gefasst werden und aus ermittlungstechnischen Gründen wollte die Polizei auch noch keine weiteren Angaben dazu machen. Anscheinend, so mutmaßte die Presse, gab es noch keine heiße Spur. Die Bevölkerung war zur Wachsamkeit aufgerufen.

Er ging zum Wohnzimmer. »Hat Jasmin nicht erzählt, dass sie dort Geburtstag feiern wollte?«, fragte er. Marianne stellte den Fernseher auf lautlos.

»Ich weiß.«

»Hoffentlich geht es ihr gut …«

Sie warf ihm einen langen Blick zu, der ihm durch Mark und Bein ging. Wusste sie etwas?

»Im Radio haben sie gesagt, bei der Leiche handelt es sich um einen Mann«, sagte Marianne schließlich. Noch immer dieser Blick. Christian fühlte sich wie ein Schuljunge, der bei einem Streich erwischt worden war.

»Machst du dir überhaupt keine Gedanken, wie es ihr geht?«

»Ach, jetzt willst du dich plötzlich unterhalten, hm? Gerade eben war dir noch das Handy wichtiger. Jasmin wird schon nichts passiert sein, sie haben nur von einem Toten gesprochen. Viel eher mache ich mir Gedanken darüber, ob in unserer Nähe ein Mörder herumläuft. Ich meine, das ist ein Steinwurf bis da drüben. Das macht mir mehr Angst als die Tatsache, dass unserer Sachbearbeiterin vom Jugendamt etwas passiert sein könnte.«

»Das klingt schrecklich, wie du das sagst. Ein wenig Mitgefühl hat noch niemandem geschadet.«

»Tut mir leid, dass ich mich um meine Familie sorge. Natürlich hoffe ich, dass sie in Ordnung ist. Wenn es ihre Feier war, muss das unfassbar traumatisch für sie sein. Aber momentan hoffe ich einfach, dass wir hier weiterhin in einer sicheren Gegend leben. Deswegen bin ich noch lange nicht gefühlskalt.«

Christian nickte matt und deutete mit der Hand den Flur entlang. »Ich muss da noch was fertig machen, dann komm ich auch rüber«, murmelte er und verschwand wieder in seinem Büro. Nachdem er die Tür hinter sich geschlossen hatte, nahm er sein Handy und wählte die Nummer von Jasmin. Die Mailbox meldete sich. Seine Hand zitterte vor Aufregung, als er über das Touchpad seines Laptops fuhr und die Suchleiste aufmachte. Er musste herausfinden, in welches Krankenhaus sie Jasmin gebracht hatten.

11. Kapitel

Die Berufsgenossenschaftliche Unfallklinik war über die A661 schnell erreicht. Sonntags um diese Uhrzeit war ohnehin nicht viel los auf den Straßen. Lediglich in der Innenstadt staute sich der Verkehr, da gerade das alljährliche Mainfest veranstaltet wurde und das Wetter perfekt dafür war. Helga wünschte sich, jetzt auch mit einem kühlen und überteuerten Cocktail auf einem Strandstuhl am Main zu sitzen, anstatt in ein Krankenhaus zu fahren.

»Scheiß Rufbereitschaft«, murmelte Helga und aschte aus dem offenen Fenster, während sie die Straße zur Klinik einbog und auf den Parkplatz fuhr. Am Eingang entdeckte sie Dieter, der dort bereits auf sie wartete und auf seinem Handy herumwischte. Sie hatte vorgeschlagen, mit zwei Autos zu fahren, was er dankbar angenommen hatte. Je weniger sie sich momentan auf der Pelle hingen, desto besser war es für ihre Arbeit. Außerdem waren in seinem BMW Zigaretten strengstens verboten.

Helga suchte sich eine freie Parklücke und lenkte ihren Käfer hinein. Dann kurbelte sie das Fenster nach oben, ließ es aber noch einen schmalen Spalt offen. So sehr sie es liebte, im Auto zu rauchen, so ungern mochte sie den Geruch der Asche und des kalten Rauchs, der sich dort festsetzte.

Als sie über den Parkplatz stiefelte, hob Dieter den Kopf und entdeckte sie. Mit einer übertriebenen Geste deutete er auf den freien Parkplatz direkt am Eingang. Anscheinend wollte er ihr bedeuten, dass sie sich auch dorthin stellen könnte. Helga zuckte mit den Achseln und winkte ab. Es machte ihr nichts aus, die paar Meter zum Gebäude zu laufen. Tat vielleicht auch ihren Speckröllchen gut. Dieter hatte recht, sie sollte mal wieder Sport machen. Als Neusingle sollte sie etwas mehr auf ihr Aussehen achten.

Ihr Partner hatte sein Smartphone eingesteckt und wartete am Eingang, bis Helga ihn erreicht hatte.

»Jasmin Berger wurde schon auf die Station A-Fünf verlegt«, informierte er sie.

»Ach, nicht mehr Intensivstation? Das ging schnell.«

»Sie ist angeblich vernehmungsfähig, sagte man mir, auch wenn wir rücksichtsvoll vorgehen sollen.« Bei dem Wort *rücksichtsvoll* zog er die Augenbrauen nach oben, als hätte er ein kompliziertes Fremdwort ausgesprochen. Für Dieter schien Rücksicht tatsächlich fernab seiner üblichen Verhaltensweise zu liegen. Dieser Eindruck drängte sich Helga jedenfalls immer mal wieder auf.

»Das deutet ja darauf hin, dass die Verletzungen weniger schlimm sind als zunächst angenommen«, sagte Helga. Am liebsten hätte sie sich noch schnell eine Zigarette angezündet, aber Dieter sah nicht so aus, als wolle er noch länger in der prallen Sonne stehen und darauf warten, dass Helga zu Ende geraucht hatte. Also nickte sie in Richtung des Eingangs und folgte ihm, als er auf die automatische Schiebetür zuging.

Gemeinsam betraten sie den Empfangsbereich der Klinik und steuerten auf die Aufzüge zu. Zu dieser Tageszeit waren viele Angehörige mit kleinen Kindern unterwegs. Letztere sprangen auf dem spiegelglatten Boden über die Fliesen und spielten irgendwelche Zahlenspiele oder dass man die Fugen nicht berühren durfte.

»Haben dir die Ärzte noch nichts Genaueres zu ihrem Zustand gesagt?«, fragte Helga, nachdem sie den Aufzug betreten hatten und unterwegs in den fünften Stock waren.

»Den Bericht zu den Verletzungen bekommen wir nachher.« Er kramte mit ernster Miene in seiner Hosentasche und zog schließlich ein Päckchen Kaugummis heraus, das er ihr hinhielt. »Hier«, sagte er und fuchtelte auffordernd mit der Hand. »Damit du nicht wie ein Aschenbecher riechst, wenn wir gleich mit der Zeugin reden.«

Helga kniff die Lippen zusammen, damit ihr keine patzige Antwort rausrutschte, nahm sich dann aber einen der Streifen. Im Grunde genommen hatte er recht. Auch Anna hatte sich immer über den Geruch beschwert und gefordert, dass Helga sich die Zähne putzte, bevor sie ihren Begrüßungskuss bekam. Sie seufzte. Das war Vergangenheit. Ab sofort könnte Helga ihre Wohnung vollstinken, so viel sie wollte. Sie merkte, wie es eng in ihrer Kehle wurde, und sie schluckte. Jetzt war keine Zeit für Melancholie.

»Ich bin mal gespannt, ob sie uns was zum Täter sagen kann«, murmelte Dieter, als die Aufzugtüren lautlos aufglitten. Im Schwesternzimmer erkundigten sich die beiden nach der Zimmernummer von Jasmin Berger.

»Sind Sie Angehörige?«, fragte eine junge Frau, die ihren Job ziemlich ernst zu nehmen schien.

»Kripo Frankfurt. Joachimstaler mein Name und das hier ist meine Kollegin Kannengießer.« Er zückte seinen Ausweis und hielt ihn der Schwester entgegen.

»Ich bin mir ehrlich gesagt nicht sicher, ob sie schon bereit ist, mit Ihnen zu reden. Sie steht völlig unter Schock, ist verletzt und braucht eigentlich Ruhe. Haben Sie sich schon das Okay von einem Arzt eingeholt?«

Dieter schnaufte und Helga ahnte, was nun folgen würde. »Hören Sie, Frau …«, er beugte sich nach vorne, um ihr Namensschild entziffern zu können, »Firat. Es ist toll, wie gewissenhaft Sie hier Ihren Job erledigen, aber vielleicht sollten Sie sich besser absprechen. Ich habe vor zwanzig Minuten angerufen und mir wurde versichert, dass wir mit der Patientin reden dürfen. Es wäre schön, wenn Sie unsere Ermittlungen nicht behindern würden. Momentan ist es das Wichtigste, dass wir den Täter so schnell wie möglich dingfest machen. Das dürfte ebenfalls im Interesse von Frau Berger liegen. Ob sie tatsächlich mit uns sprechen möchte oder nicht, überlassen Sie bitte ihr. Wenn Sie uns nun die Zimmernummer nennen würden.«

Die Schwester schaute mit aufgerissenen Augen zu Helga, die in Anbetracht von Dieters wütendem Monolog entschuldigend lächelte. Einfühlungsvermögen zählte anscheinend nicht gerade zu seinen Stärken.

»Also … eh«, stammelte die Schwester und senkte den Blick. »Sie liegt in Nummer fünfhundertelf.«

»Geht doch«, sagte Dieter, schaute sich um und stapfte ohne ein weiteres Wort den Flur in die entsprechende Richtung davon.

»Machen Sie sich nichts draus. Er ist immer so. Ich wünsche Ihnen noch einen schönen Tag«, sagte Helga und folgte Dieter, der bereits vor dem Zimmer stand und auf sie wartete.

Der Raum war eigentlich für drei Patienten gedacht, es war jedoch nur eines der Betten belegt. Jasmin Berger hatte trotz der Hitze die Decke bis zur Brust gezogen. Ihre Hände, die rechte davon in einem dicken Verband, ruhten darauf. Über der Augenbraue befand sich ein Klammerpflaster, die Lippe war aufgeplatzt und glänzte. Ihre Augen waren geistesabwesend zur Decke gerichtet. Sie reagierte nur mit einem kurzen Zucken, als Helga und Dieter durch die Tür kamen.

»Guten Tag. Mein Name ist Kannengießer und das ist mein Kollege Joachimstaler von der Kripo Frankfurt. Wir würden gerne mit Ihnen über den gestrigen Abend sprechen.« Helga trat näher ans Bett. Die Frau drehte langsam den Kopf in ihre Richtung und starrte sie an.

»Einen guten Tag würde ich es nicht nennen«, sagte sie schließlich und blinzelte einmal, wobei sich eine Träne aus ihrem Augenwinkel löste und die Wange hinabkullerte. Sie machte sich nicht die Mühe, sie wegzuwischen.

»Es tut mir wirklich sehr leid, was Ihnen passiert ist«, sagte Helga und faltete ihre Hände, weil sie nicht wusste, was sie sonst damit anstellen sollte. Am liebsten hätte sie sie der Frau tröstend auf die Schulter gelegt, wusste aber, dass zu viel Nähe nach einem solchen Trauma für Jasmin Berger vermutlich schwer zu ertragen sein würde. »Wie geht es Ihnen? Körperlich meine ich«, fragte sie stattdessen.

Die Frau zuckte mit den Achseln. »Mir tut alles weh. Meine rechte Hand werde ich vermutlich nie wieder wie früher bewegen können, weil mir die Sehnen an der Mittelhand durchtrennt wurden. Ich habe Glück gehabt, dass der Täter lebenswichtige Organe verfehlt hat, und nicht zuletzt habe ich … wurde mein … Mein Freund ist tot! Wie soll es mir da gehen?«

Es entstand eine unangenehme Pause, weil Helga nicht wusste, was sie darauf entgegnen sollte. Die Frau hatte recht, ihre Frage war bescheuert gewesen. Bei Ermittlungen im Drogenmilieu hatte man selten mit Opfern zu tun, die dermaßen traumatisiert waren. Helga wünschte sich, besser darauf vorbereitet worden zu sein, aber mit Dieter konnte sie das wohl vergessen.

Der räusperte sich schließlich, um das Gespräch wiederaufzunehmen. »Es tut uns sehr leid, was mit Ihrem Lebensgefährten passiert ist. Die Sache muss so schnell wie möglich aufgeklärt werden«, sagte er und stützte sich auf das Gitter am Bettende.

Die Sache. Noch unsensibler konnte man ein Gespräch nicht beginnen.

Jasmin Berger nickte und wandte den Blick zum Fenster. »Ich kann es gar nicht fassen, dass er wirklich … Ich meine … Gestern Abend haben wir noch zusammen gefeiert und jetzt? Jetzt soll ich ihn nie wiedersehen?«, flüsterte sie.

»Ich kann mir nicht annähernd vorstellen, wie schwer das für Sie sein muss«, sagte Helga sanft. Bei dem Gedanken, dass sie Anna ebenfalls – wenn auch nicht auf diese Weise – verloren hatte, wurde sie ganz wehmütig.

Du musst das jetzt professionell durchziehen, sagte sie sich. Zeit für Liebeskummer war später immer noch genug. »Sicher verstehen Sie, dass wir jetzt alles dafür tun müssen, den Täter zu finden. Deswegen ist es wichtig, dass Sie uns so genau wie möglich erzählen, woran Sie sich erinnern können. Beschreiben Sie ruhig jedes Detail, das Ihnen einfällt, auch wenn es Ihnen unwichtig erscheint. Alles kann den entscheidenden Hinweis liefern.«

Jasmin Berger wischte sich mit der unverbundenen Hand über die Augen. Sie atmete tief durch. »Es ging alles so schnell«, begann sie mit brüchiger Stimme. »Wir haben gerade aufgeräumt und Markus kam auf die Idee, für jedes weggeräumte Geschirr einen Schnaps zu trinken. Umso weniger müssen wir wieder mit nach Hause nehmen, hat er gesagt. Die Musik war laut und wir tanzten durch die Hütte. Irgendwie hatten wir zuvor an dem Abend kaum Zeit füreinander …« Jasmin schüttelte den Kopf, biss sich auf die Unterlippe und zuckte zusammen. Helga wartete geduldig, bis sie bereit war weiterzusprechen.

»Mir wurde schlecht von dem ganzen Schnaps, also habe ich mich ans Fenster gestellt, um etwas frische Luft zu schnappen. Ich habe etwas gehört, dachte, da wäre jemand. Markus hat noch Witze gemacht. Dann flog plötzlich die Tür auf. Einen Moment dachte ich, Thomas wäre vielleicht zurückgekommen.

Er und mein Freund hatten sich früher an dem Abend gestritten und Markus hat ihn dann rausgeschmissen. Aber als ich mich zur Tür umdrehte, stand da ein Mann in dunklen Klamotten mit einer schwarzen Skimaske. Man hat ihn in der Tür kaum gesehen. Auf den zweiten Blick habe ich das Messer in seiner Hand erkannt und geschrien. Er kam in die Hütte gestürmt und hat mich direkt angegriffen. Markus hat sich sofort vor mich geworfen, um mich zu verteidigen.« Jasmin beugte sich zu ihrem Nachttisch und nahm sich ein Taschentuch aus der Box, die dort bereitstand. Währenddessen machte sich Helga Notizen in ihrem kleinen Buch mit dem roten Ledereinband. Anna hatte es ihr letztes Jahr zum Geburtstag geschenkt. Sie musste sich dringend ein anderes besorgen.

»Der Kerl ließ von mir ab und stach stattdessen auf Markus ein. Ich war total perplex. Genau weiß ich es nicht mehr, aber ich glaube, ich bin auf den Rücken von dem Angreifer gesprungen, hab versucht, ihn von Markus wegzuziehen. Als ich nach dem Messer gegriffen habe, erwischte die Klinge meine Handfläche. Ich konnte ihn einfach nicht aufhalten. Er hat immer weiter auf Markus eingestochen. Blut spritzte aus seinem Hals und …« Sie schloss die Augen, ihre Mundwinkel zuckten.

»Lassen Sie sich Zeit«, sagte Helga sanft, bevor Dieter auf die Idee kam, die arme Frau zu drängen.

»Irgendwann hat er dann von Markus abgelassen. Er kam auf mich zu und ich war völlig in Panik, als ich gesehen habe, was er mit Markus angestellt hatte. Überall war Blut.« Sie strich sich mit der unverletzten Hand über den Brustkorb. »Ich wollte zur Tür rennen, in den Wald, weil ich dachte, da hätte ich eine Chance, aber ich war zu langsam. Er hat mich am Fuß erwischt und ich bin hingefallen. Ich habe mich gewehrt, so gut ich konnte, aber ich hatte keine Chance. Irgendwann habe ich wohl das Bewusstsein verloren. Das Nächste, an das ich mich erinnere, ist, wie Sandra tränenüberströmt neben mir sitzt. Im ersten Moment wusste ich gar nicht, was los war, aber dann kamen die Schmerzen …«

»Sie sind wirklich sehr stark. Dieser Thomas …«

»Thomas Pfeiffer«, ergänzte Dieter.

Helga warf ihm einen kurzen Blick zu. Der Name wäre ihr schon noch eingefallen. Sie wandte sich wieder an Jasmin. »Könnte Ihr erster Eindruck stimmen, dass er der Angreifer war?«

Jasmin tupfte sich mit dem Taschentuch über die Augen. »Nein. Oder doch? Ich weiß es nicht. Wie schon gesagt, es ging alles so schnell. Ich glaube, der Täter war kleiner, nicht ganz so breit. Thomas ist ein ganz schöner Brocken. Aber das kann auch täuschen …«

»Können Sie die Auseinandersetzung mit ihm noch rekonstruieren? Was ist genau passiert? Könnte es eine solche Reaktion ausgelöst haben?«, meldete sich Dieter zu Wort.

Gleich drei Fragen auf einmal. Die hohe Verhörschule war das nicht gerade. So viel dazu, dass Helga noch grün hinter den Ohren und Dieter angeblich ihr Mentor war. Dabei rühmte er sich immer damit, wie gut er darin war, Informationen aus Zeugen und Verdächtigen herauszukitzeln.

»Darüber denke ich schon den ganzen Vormittag nach. Eigentlich würde ich Thomas so etwas nicht zutrauen. Er ist … war Markus' Freund.«

Wie zu erwarten, hatte sie nur einen Teil von Dieters Fragen beantwortet. »Wie genau ist der Streit abgelaufen?«, hakte Helga deswegen noch einmal nach.

»Ach so, Entschuldigung. Also es war schon etwas später am Abend. Wir hatten alle ziemlich viel Alkohol getrunken. Thomas war irgendwie schlecht drauf, ich glaube, zwischen ihm und seiner Freundin gab es dicke Luft und er war die ganze Zeit am Provozieren. Irgendwann kam das Gespräch auf die Flüchtlingskrise und ein Wort gab das andere … Thomas ist eigentlich nicht so, was Ausländer betrifft. Deswegen habe ich gar nicht verstanden, warum er auf einmal so eine radikale Meinung hatte. Ich hätte nie gedacht, dass in meinem Umfeld so etwas mal Thema sein würde. Er hat sich richtig in Rage geredet. Markus hat dann versucht, ihn zu beruhigen, und Thomas hat ihn geschubst.«

»Er hat ihn schon früher am Abend angegriffen?«, fragte Helga. Bisher deckte sich die Aussage mit dem, was ihr Sandra Drechsler erzählt hatte, und auch die Spuren bestätigten diesen Ablauf.

»Na ja, nicht so richtig. Er hat ihn eben gestoßen, Markus ist nach hinten umgefallen, hat dabei einige Flaschen vom Tisch abgeräumt und sich die Hand aufgeschnitten.« Sie hob die linke Hand und deutete mit dem Zeigefinger so gut es ging auf die Innenfläche.

»Was ist danach passiert? Ist Herr Pfeiffer im Anschluss an die Auseinandersetzung sofort gegangen?«

»Wirklich freiwillig nicht, nein. Er hat gedroht, die Freundschaft zu beenden, aber Markus hat ihn rausgeworfen.«

Helga rief sich die Fahrt durch den Wald in Erinnerung. Das waren mindestens zwei oder sogar drei Kilometer bis zur S-Bahn-Station in Neu-Isenburg.

»Haben Sie gesehen, wie er das Gelände verlassen hat?«, fragte Helga.

»Nein, Markus hat ihn nach draußen gebracht. Ich bin hinterhergegangen und Thomas hat erst mal in einen Busch gepinkelt. Dann ist er im Wald verschwunden. Keine Ahnung, ob er auch wirklich gegangen ist oder sich nur versteckt hat. Als ich dieses Geräusch gehört hatte … Markus meinte noch aus Spaß, dass es vielleicht Thomas wäre, der den Weg sucht.«

Helga nickte. Wenn wirklich Pfeiffer der Angreifer gewesen sein sollte, woher hatte er mitten in der Nacht die Maske und Handschuhe genommen? Steckte mehr hinter dem Streit? Sandra Drechsler hatte ihn als eigentlich ruhigen Zeitgenossen beschrieben, der sich bisher nie so ausfallend verhalten hatte. Sie dachte an Horst und seine Theorie der Eifersucht.

»Ich kann einfach nicht glauben, dass Thomas so etwas tun würde. Er ist gar nicht der Typ dafür. Eigentlich ist er eher zurückhaltend, geht Streit aus dem Weg.«

»Gestern Abend sah das offensichtlich anders aus«, sagte Dieter streng. »Für uns ist er jedenfalls der Hauptverdächtige.«

»Thomas ist kräftig. Er geht ins Studio und trainiert viel mit Gewichten. Wie schon gesagt, eigentlich glaube ich, dass der Angreifer nicht ganz so breit war.« Jasmin schwieg einen Moment. »Er war wütend. Das ist eine andere Kraft. Ich weiß nicht, wie ich das erklären soll.«

»Was war mit Ihrer Bekannten Sandra Drechsler?«, fragte Dieter, der sich mittlerweile wieder aufrecht hingestellt hatte.

»Die war müde und hat sich hingelegt. Wir haben ihr gesagt, dass wir sie wecken würden, wenn wir fertig wären. Geht es ihr gut?«

Helga nickte. »Sie hat nichts abbekommen. Der Täter hat anscheinend nicht bemerkt, dass sie im Nebenraum schlief.«

Jasmin atmete sichtlich erleichtert auf.

»Weitere Besonderheiten gab es gestern Abend nicht?«, fragte Dieter. Es klang, als wolle er auf etwas Bestimmtes hinaus, über das er Helga nicht informiert hatte.

Jasmin Berger schüttelte den Kopf. »Das ist alles, was ich Ihnen sagen kann.«

»Gut, dann hätte ich da noch etwas.« Er kramte in seiner Hosentasche und holte ein gefaltetes Stück Papier hervor, das er auseinanderfaltete und auf die Bettdecke von Jasmin Berger legte. Ein Foto des Rings, den sie in den Ritzen zwischen den Holzdielen in der Hütte gefunden hatten. Sie blickte zu Jasmin und meinte, einen Moment ein Zucken um ihre Augen zu erkennen.

»Was ist das?«, fragte Jasmin jedoch, als habe sie keine Ahnung, was sie da vor sich hatte.

»Ein Ring«, erläuterte Dieter das Offensichtliche.

»Das sehe ich auch. Gehört er dem Täter?«

»Sehen Sie mal genauer hin. Ihr Name ist eingraviert, daneben ein Herz.«

Helga verzog unmerklich das Gesicht. Das war etwas zu viel Kitsch für sie.

»Mein Ring ist es aber nicht.« Jasmin Berger schien verwirrt. Plötzlich riss sie die Augen auf. »Sie meinen, der ist von Markus? Wollte er … hatte er vor, um meine Hand anzuhalten? Oh mein Gott!« Sie schlug sich die linke Hand vor den Mund, was Helga wie ein eingeübtes Schauspiel vorkam.

»Er hatte es also noch nicht getan«, murmelte Dieter und steckte das Foto wieder ein. Anscheinend war auch er nicht von der Reaktion überzeugt.

Helga hatte noch eine weitere Idee. Vielleicht hatte Pfeiffer ein ganz anderes Motiv gehabt als den einfachen Streit zwischen zwei Kumpels. Was, wenn Thomas und Jasmin ein Verhältnis gehabt hatten und er an dem Abend so schräg drauf gewesen war, weil er reinen Tisch hatte machen wollen? Wenn er von dem Antrag gewusst und ihn das so rasend gemacht hatte? »Frau Berger, wir müssen Sie bitten, ehrlich zu uns zu sein. Lief da etwas zwischen Ihnen und Thomas?«

»Wie bitte?«

»Nun, gut möglich, dass Ihr Lebensgefährte ihm von seinem Vorhaben, Ihnen einen Antrag zu machen, erzählt hat. Thomas wurde eifersüchtig und das war auch der Grund, warum er den

Abend so schlecht drauf war. Sie müssen in diesem Punkt wirklich absolut ehrlich sein. Ein Mensch ist tot.«

Dieter schnappte nach Luft. Diese Möglichkeit hatte er anscheinend noch gar nicht in Betracht gezogen, der Superermittler.

»Wie kommen Sie denn bitte auf eine solche Anschuldigung?«, fragte Jasmin Berger sichtlich pikiert. Sie winkelte die Beine an und verzog das Gesicht vor Schmerzen. »Ich habe Markus nicht betrogen. Und wenn es so wäre, warum hätte Thomas dann auch auf mich losgehen sollen?«

»Warum bringen Männer ihre Frauen um, wenn sie sie verlassen wollen? Die Wege des Menschen sind manchmal unergründlich. Erst recht, wenn etwas im Affekt passiert«, sagte Dieter und verschränkte die Arme vor der Brust. »Sie haben uns also nichts weiter zu sagen?«

Jasmin Berger schüttelte den Kopf. Sie war blass geworden und leckte sich über die spröden Lippen. Helga hatte den Eindruck, dass die Frau plötzlich nervös war.

»Frau Berger, ich sage es Ihnen noch mal. Jetzt ist nicht die Zeit, uns etwas zu verheimlichen. Es gibt keinen Grund, sich dafür zu schämen, und wir verurteilen Sie auch nicht für irgendwas, das nicht strafbar ist. Wie jemand sein Liebesleben gestaltet, interessiert uns nur, insofern es für unsere Ermittlungen von Bedeutung ist.«

»Nein. Ich hatte keine Affäre. Und jetzt wäre ich gerne etwas allein und bitte Sie, das Zimmer zu verlassen. Es geht mir aus offensichtlichen Gründen nicht gut.«

»Können Sie sich sonst jemanden vorstellen, der Ihnen oder Markus etwas antun wollte? Hatte Ihr Lebensgefährte Feinde?«, ignorierte Dieter ihre Aufforderung.

»Ich habe gesagt, dass Sie gehen sollen.«

Helga schaute achselzuckend zu Dieter, der in Richtung Tür nickte.

»Bitte fühlen Sie sich nicht persönlich angegriffen, Frau Berger«, sagte sie, während Dieter die Tür bereits öffnete. »Wir versuchen nur herauszufinden, was für ein Motiv der Täter haben könnte. Wenn Sie doch noch etwas zu sagen haben, rufen Sie uns an.« Sie folgte Dieter, der auf dem Flur auf sie wartete.

»Glaubst du ihr?«, fragte er, nachdem sie die Tür hinter sich geschlossen hatte.

Helga schüttelte langsam den Kopf. »Nicht so wirklich.«

»Dann sind wir uns zumindest einmal einig.«

12. Kapitel

Auf dem Weg zu Thomas Pfeiffer hielt Helga an einem Kiosk, um sich eine neue Schachtel Zigaretten zu kaufen. In der alten waren zwar noch vier Stück drin, aber sie sorgte lieber vor, anstatt nachher ohne dazustehen, wenn sie dringend eine brauchte. Ein leichter Wind war aufgekommen und Helga hielt an, lüftete ihr T-Shirt etwas und genoss die sanfte Brise, die für eine minimale Abkühlung auf ihrem verschwitzten Rücken sorgte. An Tagen wie diesen schwor sie sich immer wieder, dass sie sich für den Sommer bald einen Zweitwagen mit Klimaanlage leisten würde. Denn sie würde es ohnehin niemals übers Herz bringen, ihren alten Käfer abzugeben.

Das Handy in ihrer Hosentasche vibrierte und sie holte es heraus. Es zeigte eine Nachricht, außerdem drei Anrufe in Abwesenheit, die sie wohl während der Befragung im Krankenhaus überhört hatte. Der Anrufer war ihr Vater. Plötzlich wurde ihr noch heißer. Es war der erste Sonntag im Monat. Schnell drückte sie die Rückruftaste und wartete, bis sie die Stimme ihres Vaters hörte.

»Oh, wer ist das denn? Eine untreue Tomate?«, grummelte er in den Hörer.

»Es heißt treulose Tomate. Wegen der Alliteration.«

»Ach, nicht nur treulos, auch noch ein Klugscheißer.«

»Paps, hör mal, es tut mir schrecklich leid«, sagte sie schnell, weil sie die Enttäuschung ahnte, die er hinter seinem Sarkasmus verbarg. »Heute Morgen ist Anna ausgezogen und dann kam noch ein schrecklicher Fall rein. Ich weiß, ich hätte absagen sollen …« Seitdem Helgas Mutter vor zwei Jahren bei einem Autounfall ums Leben gekommen war, hatte sie jeden ersten Sonntag im Monat eine feste Verabredung zum Essen mit ihrem Vater. Wenn sie es aus beruflichen Gründen nicht schaffte, sagte sie ihm immer Bescheid. Zumindest in der Regel.

»Die Waldhütte, hm? Ich hab's im Radio gehört und mir schon gedacht, dass du da dran bist. Aber du hast recht, anrufen hättest du schon können. Ich habe extra Käsespätzle gemacht. Mit Gurkensalat. Deine Portion wartet im Kühlschrank auf dich.«

»Tut mir wirklich leid«, wiederholte Helga. »Ich sehe zu, dass ich so schnell wie möglich fertig werde. Kann aber noch etwas dauern, wir müssen noch einen weiteren Zeugen verhören.«

»Jaja. Schon gut. Ist ja nicht so, dass ich kein Verständnis hätte. Ich freue mich, wenn ich dich heute noch mal sehe. Ansonsten muss ich die Spätzle wohl morgen zu Mittag essen.«

»Danke dir. Hab dich lieb, Paps.«

»Ich dich auch. Pass auf dich auf.«

Das sagte er immer zum Abschied, so als hätte er Angst, auch sie verlieren zu können.

Helga wandte sich zum Kiosk und ihr Blick fiel auf das Fitnessstudio direkt daneben. *Lady's Fitness, das Studio nur für Frauen*, warb ein riesiger Slogan über der Tür.

Helga schaute an sich herunter und beäugte kritisch ihren sogenannten Muffintop, die speckigen Hüften, die sich über dem Bund ihrer Jeans hervorquetschten. Anna hatte ihr immer scherzhaft hineingekniffen, wenn sie versucht hatte, Helga zum Joggen zu überreden.

»Dir werd ich's zeigen. Wenn wir uns das nächste Mal sehen, beißt du dir in den Arsch, dass du mich hast sitzen lassen«, murmelte Helga und stieß die Tür auf. Der Geruch nach Stahl, Schweiß und zu süßen Deodorants ließ sie kurz die Nase rümpfen. Sie ging auf die Theke zu, hinter der eine freundlich lächelnde Frau stand. Helga hätte am liebsten sofort wieder umgedreht, aber sie biss die Zähne zusammen und hielt tapfer auf die Theke zu. *Jetzt keinen Rückzieher machen, so nah dran, dich zu verändern, warst du noch nie*, mahnte sie sich. Zumal sie es nicht nur Anna damit zeigen würde, sondern auch Dieter.

»Willkommen im *Lady's Fitness*«, sagte das Mädchen, das keinen Tag älter als siebzehn aussah. Sie trug ein ärmelloses und eng anliegendes Shirt, an das ein Namensschild mit *Melanie* darauf gepinnt war.

»Ich wollte mich mal umsehen«, sagte Helga und ließ ihren Blick über die Trainingsfläche gleiten. Das Studio war gut besucht, offensichtlich verbrachten nicht gerade wenig Frauen den Sonntag damit, ihre Körper zu stählen. Wobei einige von ihnen es im Gegensatz zu Helga absolut nicht nötig hatten.

»Ich führe dich gerne rum.« Sie drehte sich um und rief ihre Kollegin, damit sie den Empfangsbereich besetzte. Daraufhin trat Melanie hinter der Theke hervor und reichte Helga die Hand.

»Ach, schon gut«, sagte Helga, was Melanie jedoch nicht hörte. Eigentlich hatte sie genug gesehen. Ein Studio war wohl irgendwie nicht ihr Ding.

»Du machst so gar keinen Sport, oder? Und an deiner core-strength müsste man auch dringend arbeiten«, stellte Melanie fest, nachdem sie sich wieder Helga zugewandt und sie einen Moment aufmerksam gemustert hatte. Sie lächelte und Helga erkannte ein blinkendes Piercing, das direkt auf dem Schneidezahn auflag. Anscheinend hatte sich die Frau ihr Lippenbändchen durchstechen lassen und Helga schüttelte es bei dem Gedanken.

»Und das sieht man einfach so?«, fragte Helga. Sie versuchte, nicht beleidigt zu klingen, was gar nicht so einfach war, wenn man direkt auf den Kopf zugesagt bekam, dass man nicht gerade sportlich aussah. Was zum Teufel war überhaupt eine core-strength? Helga konnte ziemlich gut Englisch, aber mit Fitness-Fachbegriffen war sie überfordert.

»Du hast eine Schonhaltung eingenommen. Ja, das sieht man. Mehr als zwanzig Minuten dreimal die Woche musst du gar nicht machen. Wie gesagt, mit etwas Planken und Rückenziehern haben wir das Problem schon mal gelöst. Dann noch etwas Cardio und Training für die Arme. Du wirst sehen, in ein paar Monaten hast du eine Strandfigur.«

Monate? So langwierig hatte sie sich das Ganze nicht vorgestellt. Helga blickte auf ihre Uhr. So langsam musste sie los, Dieter wartete sicher längst ungeduldig auf sie. Melanie lächelte weiter freundlich.

»Wie wäre es, wenn du einfach mal ein Probetraining bei uns machst?«, schlug sie vor, als Helga nicht weiter reagierte.

»Was kostet das?«

»Gar nichts. Das gehört bei uns zum Service. Also, wie sieht es aus? Gleich heute? Wir haben bis zweiundzwanzig Uhr geöffnet. Ich würde ja sofort anbieten, aber ich vermute, du hast keine Trainingsklamotten bei.«

»Ja, also gut«, gab sich Helga geschlagen. Das war keine schlechte Gelegenheit, die fettigen, aber verdammt leckeren Käsespätzle ihres Vaters wieder abzutrainieren.

»Welchen Namen darf ich denn eintragen?«

»Kannengießer.«

»Vorname wäre mir lieber. Wir sind hier sehr locker und duzen uns gerne. Ist besser für die Atmosphäre. Ist zwanzig Uhr in Ordnung?«

»Ah, ist gut. Helga.«

Melanie nickte und schrieb etwas auf ihren Block. »Dann sehen wir uns heute Abend, Helga.«

Helga nickte und verließ das Studio wieder. Mittlerweile kam ihr die ganze Sache wie eine Schnapsidee vor und sie war froh, dass sich die gute Melanie nur ihren Vornamen notiert hatte. So könnte sie das Ganze ohne Probleme auch spontan wieder abblasen.

Sie holte sich noch schnell die Zigaretten und stieg dann in ihren Wagen. Dort nahm sie aus dem alten Päckchen einen Glimmstängel und zündete ihn an. Genüsslich saugte sie den Rauch bis ganz tief in ihre Lunge und startete den Wagen. Sie hatte ähnlich viel Lust auf Dieter wie auf ein Probetraining heute Abend, wobei sie, müsste sie sich entscheiden, sogar den Sport vorziehen würde.

Ihr Telefon klingelte, als sie gerade Bornheim erreichte. Es war Dieter.

»Hey Peter! Hast du dich verfahren oder so?«, blaffte er sie an. »Ich warte hier schon geschlagene zehn Minuten auf dich. Mal wieder in der prallen Sonne. Wenn ich später Hautkrebs bekomme, geht das auf deine Kappe.«

Helga grinste einen Moment, fuhr sich dann aber gedanklich über den Mund. Über solche Krankheiten durfte man keine Scherze machen.

»Ludwigstraße zwölf, beeil dich mal.« Dieter legte auf.

Nur zwei Minuten später quetschte sie sich mit ihrem Käfer in eine winzige Parklücke. Es grenzte an ein Wunder, dass sie dabei nicht die Stoßstange des Hintermanns rammte. Das Haus, in dem Thomas Pfeiffer lebte, war ein Altbau ohne Fahrstuhl. Pfeiffer wohnte im vierten Stock, und als sie oben ankamen, war Helga so aus der Puste, dass sie die Hände auf die Oberschenkel legte und zunächst ihre Atmung wieder unter Kontrolle bringen musste, während Dieter an der Tür klingelte.

»Du solltest aufhören zu rauchen«, klugscheißerte er. »Was machst du denn, wenn du mal jemanden zu Fuß verfolgen musst? In deinem Zustand würdest du die Sportprüfung nicht noch einmal bestehen.«

»Schon gut, ich hab's verstanden, Mister Gesundheitsguru«, sagte Helga scharf und richtete sich wieder auf. Dieter fand auch immer wieder ein Thema, mit dem er sie auf die Palme bringen konnte. »Ich mache ab jetzt mehr Sport, dafür lässt du die Schokoriegel in der Mittagspause weg.«

Dieter ignorierte ihre Stichelei. Die Tür öffnete sich und ein jüngerer Mann in grauer Jogginghose und T-Shirt, das sich eng um seine durchtrainierte Brust spannte, stand vor ihnen. »Ja bitte?«, fragte er.

Helga zog ihren Ausweis hervor, den der Mann kurz ansah und sie dann hereinbat.

»Hab mir schon gedacht, dass Sie zu mir kommen«, sagte Thomas Pfeiffer und ging den Flur entlang ins Wohnzimmer. Er war, wie Jasmin ihn beschrieben hatte, ein Bär von einem Mann mit dermaßen aufgepumpten Armmuskeln, dass sein T-Shirt am Bizeps spannte. Unmöglich, dass sie ihn während des Angriffs für einen schmächtigeren Typen halten würde.

Helga folgte ihm in das Zimmer und war überrascht, wie groß und geschmackvoll es eingerichtet war. Vor einem großen Fenster stand eine helle Ledercouch mit einem niedrigen Glastisch, auf dem eine Vase mit weißen Margeriten stand und mehrere Zeitschriften übereinandergestapelt lagen. An der Wand neben dem Sofa hingen mehrere Bilder, auf denen Thomas Pfeiffer mit einer Frau zu sehen war. Anscheinend seine Freundin. Helga und Dieter blieben stehen, obwohl Thomas ihnen anbot, sich zu setzen.

»Warum dachten Sie sich, dass wir Ihnen einen Besuch abstatten werden?«, erkundigte sich Helga.

»Na, glauben Sie, ich hätte noch nicht mitbekommen, was da gestern Abend passiert ist?«, fragte er und wirkte dabei ein wenig arrogant. »Sandra hat mich natürlich direkt angerufen. Schrecklich, einfach schrecklich. Markus war mein Freund.«

Helga ärgerte sich, dass ausgerechnet die Zeugin von heute Morgen den Verdächtigen informiert und somit möglicherweise vorgewarnt hatte. Sie hätte wohl besser explizit erwähnt, dass Sandra Aktionen in diese Richtung unterlassen sollte.

»Gut, Herr Pfeiffer, dann können wir ja gleich zum Wesentlichen kommen. Wir haben von verschiedenen Quellen gehört, dass es gestern Nacht zu einem Streit zwischen Ihnen und den Opfern kam. Dazu würden wir gerne Ihre Sichtweise hören.«

Pfeiffers Wangen färbten sich rot. »Und deswegen glauben Sie jetzt, dass ich der Täter bin? Man kann ja wohl mal unter Freunden unterschiedlicher Meinung sein, ohne sich gleich umzubringen.« Er ballte eine Hand zur Faust. Als er Helgas Blick bemerkte, lockerte er die Finger sofort wieder. Anscheinend wollte er nicht aggressiv rüberkommen.

»Niemand hat behauptet, dass Sie der Täter sind«, sagte Helga und warf Dieter einen durchdringenden Blick zu. »Allerdings war da laut unseren Informationen mehr als eine kleine Meinungsverschiedenheit. Sie sind auf Ihren Freund losgegangen und haben ihn sogar verletzt.«

»Ich habe ein bisschen viel getrunken. Aber ich habe ihn nicht angegriffen. Vermutlich hat er einfach das Gleichgewicht verloren. So ganz bekomme ich das nicht mehr zusammen. Plötzlich lag er auf dem Boden und hat geblutet. An der Hand. Muss sich an einer Scherbe geschnitten haben oder so. Ich hatte jedenfalls nichts damit zu tun. Zumindest nicht direkt.«

»Wollen Sie damit sagen, dass Sie einen Filmriss haben?«, fragte Dieter.

»Nein, das nicht. Die Ereignisse sind nur etwas verschwommen. Aber ich weiß garantiert, dass ich mich nie mit Markus prügeln würde oder so. Ich war gestern einfach schräg drauf und das tut mir auch schrecklich leid. Noch mehr in Anbetracht der Tatsache, dass ich mich nicht mehr dafür …« Thomas fuhr sich durch die Haare. »Ich wollte mich eigentlich heute entschuldigen, aber dann habe ich gehört, dass er … Glauben Sie mir, das geht mir echt nahe.«

Dieter hob skeptisch eine Augenbraue. »Ja, das sieht man.«

»Wie ging es weiter, nachdem Markus Sie an die Luft gesetzt hat?«

»Ich bin zur S-Bahn-Station nach Neu-Isenburg gelaufen, weil dort am Wochenende immer Taxis stehen. Eins davon hat mich dann nach Hause gefahren.«

»Lässt sich ja leicht überprüfen«, sagte Helga. »Wissen Sie noch, wie spät es da war?«

»Keine Ahnung. Nach Mitternacht war es auf jeden Fall.«

»Wie ist Ihr Verhältnis zu Jasmin Berger?«

Pfeiffer schaute skeptisch zwischen Helga und Dieter hin und her. »Was meinen Sie damit? Natürlich gab es gestern Abend auch Diskussionen mit ihr. Ich weiß auch nicht, was da mit mir durchgegangen ist. Aber sie ist die Freundin von meinem Kumpel. Im Grunde genommen haben wir uns gut verstanden.«

Helga nickte und machte sich eine Notiz. »Vielleicht auch ein wenig mehr als einfach nur gut?«

»Nein, warum? Worauf wollen Sie hinaus?« Wieder fuhr er sich mit der Hand durch die Haare.

»Wussten Sie, dass Herr Esche seiner Lebensgefährtin einen Heiratsantrag machen wollte?«

Pfeiffer zog die Augenbrauen hoch. »Sagt wer? Das hätte er mir doch bestimmt vorher gesagt.«

»Vielleicht hat er Ihnen nicht vertraut«, konfrontierte Helga den Mann.

Thomas Pfeiffer schien ehrlich empört. »Schwachsinn. Weshalb sollte das so gewesen sein?«

»Weil Sie vielleicht eine Affäre mit seiner Freundin hatten?«, versuchte dieses Mal Dieter sein Glück.

Thomas schnaubte. »Ganz bestimmt nicht. Ich weiß nicht, was Sie mir da andichten wollen, aber ich bin in festen Händen.«

»Das ist ein Grund, aber kein Hindernis«, ätzte Dieter. »Davon abgesehen haben wir auch gehört, dass es zwischen Ihnen und Ihrer Freundin in letzter Zeit nicht so rosig lief. Vielleicht haben Sie etwas Abwechslung mit Frau Berger gesucht. Als Sie dann davon erfahren haben, dass Herr Esche ihr einen Antrag machen wollte, sind Sie rasend vor Eifersucht geworden. Nach Zeugenaussagen waren Sie den gesamten Abend nicht sonderlich gut drauf.«

Thomas hob beschwichtigend die Hände. »Hören Sie. Ich hatte vielleicht einen schlechten Tag, aber ich bin zu so etwas gar nicht fähig, auch wenn ich nicht so aussehe, als wäre ich ein friedlicher Typ. Ja, ich weiß, das kann jeder behaupten, aber ich könnte niemals jemanden ermorden. Und ganz bestimmt würde ich kein Verhältnis mit der Freundin meines besten Kumpels anfangen. Für wen halten Sie mich?«

»In einem Punkt muss ich Ihnen leider recht geben. Diese Aussage bringt rein gar nichts. Wir werden jedenfalls die Sache mit dem Taxi überprüfen«, erklärte Helga. Das schien ihn nicht sonderlich nervös zu machen. Vielleicht sagte er ja doch die Wahrheit. »Wann kam Ihre Freundin nach Hause?«

»Gar nicht«, murmelte Pfeiffer und schaute betreten zu Boden. »Keine Ahnung, wo sie steckt. Vermutlich hatte sie nach meinem Totalausfall gestern erst mal genug von mir. Ans Handy geht sie auch nicht.«

»Sie kann also nicht bestätigen, dass Sie die restliche Nacht die Wohnung nicht mehr verlassen haben?«

»Kann sie wohl nicht, wenn sie nicht hier war.«

»Also gut. Wir werden mit dem Taxiunternehmen sprechen und Sie halten sich bitte für weitere Fragen zur Verfügung, Herr Pfeiffer«, sagte Dieter und wandte sich zum Gehen. Helga folgte ihm.

»Getroffene Hunde bellen«, sagte er, als sie auf die Straße traten.

»Was meinst du?«

»Ich muss zugeben, dass du keinen schlechten Geistesblitz mit diesem Eifersuchtsding hattest. Pfeiffer hat ja ganz schön empfindlich reagiert, als du das angesprochen hast. Wir sind da einer Sache auf der Spur, das habe ich im Gefühl.«

Helga nickte, auch wenn ihre Spur ein wenig anders aussah als die ihres Kollegen.

13. Kapitel

Mittlerweile war es halb vier und Dieter hatte sich in den Feierabend verabschiedet. Da Helga eine SMS von ihrem Vater erhalten hatte, der spontan von einem Bekannten auf ein Eintrachtspiel eingeladen worden war, fiel das Essen bei ihm flach. Helga hatte wenig Lust darauf, den Rest des Nachmittags alleine in der Wohnung zu sitzen und darüber nachzudenken, was sie mit Anna verloren hatte. Deswegen beschloss sie, sich noch einmal Sandra Drechsler vorzunehmen. Nicht gerade professionell, alleine bei ihr aufzukreuzen, aber was sollte sie machen? Immerhin war es Dieters eigene Entscheidung gewesen, nach Hause zu fahren und den Sonntag mit seiner Frau in trauter Zweisamkeit in ihrem Garten mit Pool zu verbringen, anstatt zu arbeiten. Helga hingegen brauchte nach der Nachricht über den Freispruch von Dejan dringend ein Erfolgserlebnis. Bei diesem Fall würde es so schnell keine Zweifel vor Gericht geben, solange sie nur den richtigen Täter fanden. Und der war ihrer Meinung nach nicht Thomas Pfeiffer, auch wenn es auf den ersten Blick so scheinen mochte. Sollte Dieter sich doch ruhig auf seinem faulen Hintern ausruhen, während sie weiter ihrer Arbeit nachging. Das konnte nur positiv für sie enden.

Helga öffnete die Autotür und trat einen Schritt zurück. Stickig heiße Luft strömte ihr entgegen und sie ging um den Wagen herum, um auch die Beifahrertür zu öffnen und so die Temperatur im Wageninneren zumindest auf ein annähernd erträgliches Maß zu reduzieren. Nach ein paar Minuten stieg sie ein, kurbelte das Fenster runter und startete das Radio. Sie lenkte den Käfer auf die Darmstädter Landstraße, die am ehemaligen Henninger Turm vorbeiführte. Der Verkehr stockte, obwohl es Sonntagnachmittag war. Draußen war es so warm, dass sich Helgas T-Shirt am Rücken klatschnass anfühlte. Vermutlich hatte sie einen schönen Schweißfleck. Morgen würde sie als Erstes losgehen und sich wieder Antitranspirant-Deo mit viel Aluminiumsalz kaufen. Anna war strikt dagegen gewesen, wegen des angeblich erhöhten Brustkrebsrisikos, aber Anna gab es nicht mehr in ihrem Leben, also konnte sie auch drauf scheißen.

Hallo und schönen Nachmittag, Sie hören HR3, plärrte die Stimme aus den Boxen. *Hier gibt es heute die besten Hits von gestern, heute und morgen. Wir starten gleich mit Ed Sheeran und seinem neuesten Hit.*

Helga schaltete das Radio aus. Sie konnte die jammernde Stimme des weichgespülten Schmusesängers nicht ertragen. Ungeduldig trommelte sie mit den Fingern auf das Lenkrad und wartete, dass die Ampel vor ihr endlich auf Grün umsprang.

Als sie in Neu-Isenburg ankam, knurrte ihr Magen und sie sehnte sich nach den Käsespätzle ihres Vaters. Das Mehrfamilienhaus, in dem Sandra Drechsler wohnte, lag neben einer Kirche und war ein moderner Neubau. Der hässliche Kastenbau sah aus, als wäre er erst vor Kurzem bezugsfertig geworden. Laut Briefkästen gab es hier sechs Wohneinheiten. Neben der Glastür stand ein Kinderwagen an einer Kübelpflanze. Helga suchte den Namen Drechsler und drückte auf den Klingelknopf. Einige Sekunden später hörte sie Sandras Stimme durch einen Lautsprecher.

»Ja bitte?« Sie klang verschlafen.

»Frau Drechsler. Ich bin es noch mal. Kommissarin Kannengießer.«

Der Summer ertönte und Helga drückte die Tür auf.

»Ganz oben«, hörte sie noch aus dem Lautsprecher. Helga stöhnte. Natürlich gab es auch hier keinen Aufzug. Schon wieder Treppen laufen. Da brauchte sie heute Abend das bescheuerte Probetraining gar nicht mehr. Für heute hatte sie genug körperliche Betätigung bei diesen Temperaturen gehabt.

Als sie oben ankam, schnappte sie nach Luft. Vielleicht sollte sie wirklich ihren Zigarettenkonsum ein wenig reduzieren. Auch wenn sie Dieter damit recht gab und sich vermutlich dümmliche Kommentare würde anhören müssen. Sandra Drechsler erwartete sie in der Diele ihrer Wohnung. Ihre Haare waren verstrubbelt, unter den Augen befanden sich noch Makeup-Reste. Offensichtlich hatte sie sich noch nicht geduscht, denn sie sah genauso aus wie am Morgen.

»Kommen Sie rein«, sagte sie und trat einen Schritt beiseite, damit Helga an ihr vorbeigehen konnte. Da sich die Wohnung direkt unter dem Dach befand, war es hier drin stickig und warm. Helga spürte, wie es unter ihren Achseln zu kribbeln begann. Unauffällig roch sie an sich. Ein süßlicher Schweißgeruch stieg ihr in die Nase. Sie verzog das Gesicht, während sie der Frau geradeaus ins Wohnzimmer folgte, wo die Terrassentür aufstand.

Auf der Couch lag eine Decke, die Sandra wegnahm und über die Lehne legte. Auf einem Sideboard stand ein Vogelkäfig mit einem gelben Kanarienvogel darin, der Helga interessiert beäugte und dabei zwitschernde Geräusche von sich gab. Auf dem Couchtisch stand eine Teekanne auf einem Stövchen. Daneben eine Tasse, die halb gefüllt war.

»Möchten Sie einen Tee? Ich habe ein Auslandssemester in Ägypten gemacht, dort habe ich mir angewöhnt, warme Sachen zu trinken, wenn es draußen heiß ist. Hilft wesentlich besser als kalte Getränke.«

»Gerne«, sagte Helga. Eigentlich hasste sie Tee, erst recht, wenn es warm war. Aber sie wollte nicht unhöflich erscheinen, indem sie nach einem Glas Wasser mit Eiswürfeln fragte. Während Sandra Drechsler in die Küche ging, um ihr eine Tasse zu holen, setzte sich Helga auf einen der Sessel.

Nachdem Sandra ihr eingeschenkt hatte, nahm sie gegenüber von Helga auf dem Sofa Platz.

Vorsichtig hob Helga ihre volle Tasse an und nippte daran. Wie sie es erwartet hatte. Heißes Wasser mit wenig Geschmack. Tee würde wohl nie ihr Ding werden, erst recht nicht, wenn es eine dieser furchtbaren Mischungen wie Strawberry-Cheesecake oder heißer Hugo war. »Tut mir leid, dass ich Sie am Sonntag noch einmal belästigen muss, aber es gibt da noch einige Punkte, die mir nach unserem Gespräch heute Morgen unklar sind.«

Sandra nickte. »Ich werde mein Bestes geben, damit Sie den Täter schnell fassen können.«

Helga holte ihr rotes Notizbuch aus der Hosentasche und schlug es auf. »Heute Morgen haben wir beim Durchsuchen der Hütte einen Ring gefunden. Es sieht ganz danach aus, als wäre es ein Verlobungsring, der Name Ihrer Freundin ist auf der Innenseite eingraviert. Wussten Sie zufällig etwas davon, dass Markus Esche vorhatte, seiner Lebensgefährtin einen Antrag zu machen? Ich kann mir vorstellen, dass er sich vorher einen Rat bei einer Freundin gesucht hat. Schon wegen der Ringgröße …«

Sandra atmete tief ein und straffte die Schultern. »Ja, er hat es mir erzählt.«

»Warum haben Sie das heute Morgen nicht erwähnt?«

»Keine Ahnung. Ist es denn wichtig für Ihre Ermittlungen? Ich meine, Markus ist tot …«

»Das wird sich noch herausstellen. Wie ich schon mal erwähnt habe, kann jedes Detail den entscheidenden Hinweis liefern. Wir müssen uns also ein so umfängliches Bild über das Leben von Markus und Jasmin machen, wie es irgendwie möglich ist.«

»Tut mir leid. Ich stand wohl unter Schock und irgendwie … Sie haben mich vor allem nach dem Ablauf des Abends gefragt, und da er den Antrag nicht gemacht hat, muss ich es wohl vergessen haben«, murmelte Sandra. Sie wirkte tatsächlich nicht so, als habe sie die Sache absichtlich verschwiegen. »Markus hat mich vor etwa zwei Wochen eingeweiht. Ich sollte Jasmin nichts davon sagen. Er wollte sie eigentlich bei ihrer Party gestern fragen, hatte alles geplant.«

»Wenn Sie sagen, er wollte eigentlich, klingt das für mich, als hätte er sich umentschieden«, hakte Helga nach.

»Mir hat er nichts davon gesagt. Ich habe mich gestern auch gewundert, aber vermutlich hatte er nach der Sache mit Thomas einfach keine Lust mehr darauf. Die Stimmung war ja ziemlich versaut.« Sandra nahm die Tasse in beide Hände, als würde sie frieren, und trank einen Schluck von ihrem Tee.

»Glauben Sie, Thomas könnte den Streit absichtlich provoziert haben, um den Antrag zu verhindern? Sie sagten, es wäre ungewöhnlich, dass er seiner Freundin gegenüber so ungehalten war, da habe ich mich gefragt, woher plötzlich dieser Wandel kam.«

Sandra schaute sie mit zusammengezogenen Augenbrauen an. Sie schüttelte langsam den Kopf. »Sie glauben immer noch, dass er es war, oder? Mir kam es nicht inszeniert vor, wenn Sie das meinen. Da kamen einfach die ewigen Sticheleien von Dagmar und zu viel Alkohol zusammen. Thomas ist ein Bär, aber ein völlig harmloser.«

»Abgesehen davon, dass er seinen besten Freund angegriffen hat.« Helga lehnte sich zurück. Sandra Drechsler war schon die zweite, die Thomas explizit als harmlos beschrieb. Entweder war die Sache abgesprochen oder Pfeiffer war wirklich ein Typ, der keiner Fliege was zuleide tun konnte. »Haben Sie Ihr Versprechen gehalten und Jasmin nichts davon gesagt?«

Sandra hielt die Tasse vor ihr Kinn, so als könnte sie sich dahinter verstecken. Ihr Blick ging ins Leere.

»Frau Drechsler?«

»Nein, habe ich nicht. Ich musste es ihr verraten.«

»Was meinen Sie damit, Sie mussten? Gab es einen bestimmten Grund dafür? Es wäre doch sicher eine schöne Überraschung für sie gewesen. Ich meine …« Helga blätterte in ihrem Büchlein. »Immerhin waren die beiden seit mehreren Jahren zusammen. Welche Frau wünscht sich da nicht, einen richtigen Überraschungsantrag zu bekommen?« *Ich zum Beispiel*, dachte sich Helga, aber ihre persönliche Meinung zum Thema Heiraten hatte hier nichts verloren.

Sandra Drechsler zuckte mit den Schultern. Noch immer sah sie Helga nicht direkt an. Helgas Neugierde war geweckt.

»Ich merke doch, dass da noch etwas ist, Frau Drechsler. Wenn Sie mehr wissen, halten Sie das bitte nicht zurück. Sie schützen unter Umständen die falsche Person.«

Sandra strich sich nervös durch die verstrubbelten Haare und rieb sich dann die Hände auf den Oberschenkeln. »Na gut, Sie haben ja recht«, platzte sie heraus. »Jasmin hatte eine Affäre. Deswegen musste ich ihr auch von dem Antrag erzählen. Sie hat ja nur noch von diesem anderen geschwärmt. Es klang geradezu so, als wolle sie Markus bald verlassen. Ich wollte nur den Schaden begrenzen und hatte gehofft, ihr die Augen zu öffnen.«

Bingo. Genau das hatte Helga vermutet. Der Antrag hatte Jasmin Berger also höchstwahrscheinlich gar nicht in den Kram gepasst. Und sie hatte vorhin gelogen, indem sie behauptet hatte, nichts von dem Antrag zu wissen. Ein schlechtes Schauspiel, auf das Helga nicht reingefallen war. Jetzt hatte sie den Beweis. Markus hatte seinen Plan vielleicht nicht umgesetzt, aber Jasmin war definitiv eingeweiht gewesen. »Interessant. Wie hat Ihre Freundin reagiert, als sie von dem Vorhaben ihres Lebensgefährten erfahren hat?«

»Nun, sie war nicht gerade euphorisch, wie Sie sich vorstellen können. Zuerst wirkte sie sogar fast schockiert. Ich dachte schon, ihr wäre bewusst geworden, was sie Markus damit antut, und sie würde sich richtig entscheiden. Dann hat sie aber komplett dichtgemacht. Hat gesagt, sie müsse da irgendwie einen Ausweg finden.«

Helga wurde hellhörig. »Einen Ausweg, sagen Sie. Wie hätte der aussehen können?«

Sandra Drechsler zuckte die Achseln. »Weiß nicht. Sie hat dann nicht weiter mit mir darüber gesprochen. Die letzten zwei Wochen vor ihrem Geburtstag hatten wir kaum Kontakt. Irgendwie habe ich jeden Tag mit einem Anruf von Markus gerechnet, der sich bei mir ausheulen will, weil sie ihn verlassen hat.«

»Interessant«, sagte Helga noch einmal. »Wie weit glauben Sie würde Jasmin gehen, um einen Ausweg zu finden, wie Sie es formuliert haben?« Vielleicht hatte die Berger sich für eine andere Art des Schlussmachens entschieden. Nämlich indem sie ihren Lebensgefährten aus dem Weg räumte. Eine Beziehungstat wurde immer wahrscheinlicher.

»Eigentlich bin ich davon ausgegangen, dass sie einen Streit anfangen wird, der zur Trennung führt. Was ja irgendwie noch halbwegs fair gewesen wäre, statt das einfach so weiterzuführen. Den Mut, mit ihm ein offenes Wort zu reden, hatte sie jedenfalls nicht.«

»Einen Streit, der vielleicht tödlich endet?«

Sandra starrte Helga mit aufgerissenen Augen an. Jetzt schien auch sie zu verstehen, worauf Helga hinauswollte, und das hatte sie offensichtlich noch nicht in Betracht gezogen. »Wollen

Sie damit sagen, dass … Nein! Das kann ich mir nicht vorstellen. Diese Behauptung ist völlig aus der Luft gegriffen. Jasmin würde so etwas nie tun. Erst Thomas und jetzt Jasmin. Suchen Sie den Täter doch woanders. Aus unserem Freundeskreis war es bestimmt niemand. Sie war vielleicht untreu, aber das macht sie nicht zur Mörderin.«

»Ich behaupte gar nichts. Es ist lediglich etwas, das ich aufgrund der neuen Umstände im Blick haben muss. Sie glauben gar nicht, wozu Menschen plötzlich fähig sind, wenn sie sich in die Ecke gedrängt fühlen.«

»So drastisch habe ich das überhaupt nicht formuliert. Klar, sie war nicht begeistert von dem bevorstehenden Antrag. Vermutlich war sie in den Kerl verliebt, hatte Schmetterlinge im Bauch und wusste nicht, wie sie damit umgehen soll. Außerdem ist sie doch selbst schwer verletzt. Wie soll das funktioniert haben?«

Darüber hatte Helga auch schon nachgedacht. Ja, Jasmin Berger war ebenfalls angegriffen worden, sofern es denn einen Dritten gab. Allerdings waren ihre Verletzungen laut dem Bericht des behandelnden Arztes weniger schlimm, als es zunächst den Anschein gehabt hatte. An ihrer Hand war eine Sehne durchtrennt und sie hatte Schnittverletzungen an Oberkörper und Bauch. Die waren zwar zahlreich, jedoch weniger tief als bei ihrem toten Lebensgefährten und außerdem weit entfernt von jeglichen lebenswichtigen Organen. Das konnte Zufall sein, aber auch kalkuliert.

»Hätten Sie etwas dagegen, wenn ich eine rauche?«, fragte Helga statt einer Antwort und stand auf.

»Nein, ich brauche selbst dringend eine«, murmelte Sandra Drechsler und sie gingen gemeinsam auf den Balkon.

»Ich hätte es Ihnen nicht erzählen sollen.« Sandra führte die Zigarette an die Lippen und zündete sie an. Gierig atmete sie ein und behielt den Rauch in der Lunge.

Helga schüttelte den Kopf. »Sie haben alles richtig gemacht.«

»Aber jetzt verdächtigen Sie Jasmin, Markus umgebracht zu haben. Das ist doch völlig verrückt.«

»Noch verdächtige ich niemanden. Es könnte ebenso gut diese Affäre gewesen sein, der seinen Nebenbuhler aus dem Weg räumen wollte. Kennen Sie den Namen des Mannes? Was hat sie Ihnen über ihn erzählt?«

»Nur dass er Christian heißt und verheiratet ist. Hat wohl sogar Kinder. Ich glaube nicht, dass es etwas Ernstes war, auch wenn sie es für den Moment so gesehen hat. Sie und Markus waren schon ein paar Jahre zusammen und Sie wissen ja, wie das mit Männern nach einer Zeit so ist.«

Helga sparte es sich, Sandra darüber aufzuklären, dass sie darüber ganz sicher nicht das Geringste wusste, und fragte stattdessen: »Worauf spielen Sie an?«

»Man fühlt sich irgendwann so, als wäre man dem Kerl egal. Die Komplimente werden weniger, er hängt lieber mit seinen Kumpels beim Fußball ab oder will ständig Männerabende machen. Jasmin hat sich manchmal darüber beschwert, nicht genug Aufmerksamkeit von ihm zu bekommen. Aber die meiste Zeit war die Beziehung zwischen den beiden in Ordnung. Sie haben sich geliebt, so seltsam das nun auch klingen mag nach dem, was Sie jetzt über Jasmin wissen.«

Helga nickte. War das vielleicht der Grund, warum ihre Beziehung mit Anna in die Brüche gegangen war? Hatte sie sich wie ein Mann verhalten? Die Vorwürfe klangen ähnlich. Aber das war eben das Problem mit Beziehungen. In der Theorie klangen sie immer einfacher und besser als in der Realität.

»Jedenfalls meinte Jasmin, es wäre so unglaublich aufregend mit diesem Christian. Der Sex ganz besonders. Wilder, hemmungsloser als mit Markus. Überall haben die es getrieben. Sogar im Museum während des Museumsuferfestes. Hinter einem Bild.« Sandras Miene verriet sehr deutlich, was sie davon

106

hielt. »Sie hat einfach mal wieder einen Kick gesucht. Aber deswegen würde sie Markus doch nicht umbringen.«

»Wie lange ging das schon so?«, fragte Helga und schnickte die Asche von ihrer Zigarette.

»Keine Ahnung. Drei, vier Monate vielleicht? Könnte auch sein, dass Jasmin es mir erst spät erzählt hat und sie sich schon eine ganze Weile mit ihm getroffen hat. Es war ihr auch ziemlich unangenehm.«

»Hat sie erwähnt, wo sie ihn kennengelernt hat? Ich würde gerne mit ihm reden, bevor Jasmin erfährt, dass wir von der Affäre wissen.«

»Na ja, Jasmin hat mal erwähnt, dass sie ihn von der Arbeit her kennt. Vielleicht ein Klient, immerhin hat er Kinder.«

Helga erinnerte sich, dass Jasmin Beraterin bei der Jugendfürsorge war. Momentan arbeitete sie in der Abteilung für Pflegekinder. Die würden ihr ohne ordnungsgemäße Anforderung bestimmt keine Informationen geben, also musste sie wohl oder übel Jasmin Berger selbst nach ihrem Geliebten fragen. Immerhin hatte sie jetzt eine heiße Spur. Eifersucht. Horst hatte mal wieder voll ins Schwarze getroffen.

14. Kapitel

Es gab fast nichts, das Christian so sehr hasste wie Krankenhäuser. *Wenn man im Krankenhaus ist, kommt man krank wieder raus*, hatte einer seiner Freunde mal behauptet. Wie recht er damit gehabt hatte. Vor mittlerweile fünf Jahren war Christians Mutter nach langem Krebsleiden letztendlich an einem Infekt gestorben, irgendeinem Krankenhausvirus. Den Tumor hatte man erfolgreich operiert, die Prognosen hatten gut ausgesehen, bis die Krankenhaushygiene dafür gesorgt hatte, dass sie den Eingriff nicht überlebte. Jetzt stand er vor der Unfallklinik, in die angeblich die Überlebende des *Massakers von der Isenburger Schneise* – wie die News-Seiten im Internet die Geschehnisse sensationsgeil betitelten – eingeliefert worden war.

Marianne hatte er erzählt, er wolle unbedingt im Fitnessstudio vorbeischauen. Den ganzen Tag zu sitzen täte seinem Rücken und dem Bauch nicht gut, hatte er gesagt und sich über die kleine Wölbung gestrichen. Dann war er mit seiner Trainingstasche aus der Wohnung verschwunden, wenn auch mit einem schlechten Gefühl. Sie hatte misstrauisch gewirkt, wie öfter in letzter Zeit. Allein schon ihre Reaktion vorhin ...

Christian verdrängte den Gedanken an seine Frau und betrat den Empfangsbereich. Dort steuerte er schnurstracks auf den kleinen Blumenladen zu, der rechts neben dem Kiosk war. Zum Glück hatte er geöffnet. Er suchte sich einen kleinen, vorgebundenen Strauß aus und reichte der Blumenverkäuferin zehn Euro.

»Wolle Se noch e Kart?«

Christian unterdrückte ein Seufzen. Er hasste es, wenn die Leute so stark hessisch sprachen, dass man sie kaum verstand. Schlimmer war nur das pfälzisch Angehauchte aus Ludwigshafen, wo sich der Hauptstandort seines Arbeitgebers befand.

»Nein danke.«

Die Frau mit den feisten roten Wangen lächelte ihn an.

Er wandte sich um und ging zu den Aufzügen. Seiner Vermutung nach lag Jasmin auf der Station für innere Medizin. Am Fahrstuhl angekommen, studierte er die Infotafel. Fünfter Stock. Seine Hände waren schweißnass, als er auf den Knopf des Aufzugs drückte und wartete. Er schaute auf die Uhr. Es war bereits nach siebzehn Uhr. Bald Abendbrotzeit im Krankenhaus. Hoffentlich ließ man ihn überhaupt zu Jasmin und schickte ihn nicht einfach wieder nach Hause.

Als er im fünften Stock auf den Flur trat, standen die Rollwagen mit den Tabletts bereits auf dem Gang, Schwestern wuselten herum und verteilten erste Tabletts.

»So ein Mist«, fluchte er leise, machte sich aber dennoch auf den Weg zum Schwesternzimmer. Dort saß nur ein junges Mädchen, vermutlich eine Schwesternschülerin. Perfekt, die würde sich sicher nicht trauen, ihn abzuweisen.

Er klopfte leise an den Rahmen. »Entschuldigen Sie, in welchem Zimmer liegt die Patientin Jasmin Berger? Sie erwartet mich und ich habe den Zettel, auf dem ich mir die Nummer aufgeschrieben habe, vergessen«, sagte er und merkte, wie er leicht rot wurde. Dämliche Ausrede. Heutzutage nutzte doch jeder sein Handy für Notizen. Wer schrieb sich so eine Information schon auf einen Zettel?

Die junge Frau schien sich weniger daran zu stören. Sie lächelte ihn an und sagte: »Fünfelf. Schlimm, was mit ihr passiert ist.«

Christian nickte. »Ich hoffe, sie ist stabil.«

»Oh ja, das ist sie. Beeilen Sie sich aber besser, wenn Sie noch einen Moment mit ihr haben wollen. Wir sind bereits dabei, das Abendessen zu verteilen, und danach ist nur noch Besuchszeit bis zwanzig Uhr.«

»Danke«, murmelte Christian, orientierte sich kurz an den Nummern und ging in Richtung Zimmer 511 davon.

Er atmete noch einmal tief durch und klopfte dann. Kurz darauf hörte er ihre Stimme. Sie klang müde. Christian trat ein. Jasmin lag in einem Dreibettzimmer in der Mitte. Die anderen Betten waren leer. Vermutlich hatte man ihr ein Einzelzimmer gegeben, damit sie sich von den traumatischen Erlebnissen erholen konnte. Als Jasmin den Kopf hob und Christian erkannte, verfinsterte sich ihr Blick.

»Was hast du hier verloren?«

»Darf ich dich nicht mal besuchen?« Christian schaute sich suchend nach einer Vase für sein Mitbringsel um.

»Leg sie auf den Tisch. Eine Schwester kann sich darum kümmern«, sagte sie abweisend. Sie hatte die Blumen nicht mal angeschaut.

Christian behielt den Strauß in der Hand und trat neben ihr Bett. Sie drehte den Kopf von ihm weg und starrte aus dem Fenster. »Wie geht es dir?«, fragte er und schaute auf die verbundene Hand und das Klammerpflaster auf der Stirn. Ihre Lippe war aufgeplatzt. Ein Auge rot unterlaufen.

»Wie soll es mir schon gehen?« Sie hob ihre rechte Hand an. Die Fingerspitzen, die aus dem Verband rausschauten, wirkten geschwollen. Ihre Mundwinkel zuckten nach unten. »Vermutlich kann ich meine Hand nie wieder richtig bewegen. Ich habe Schnitte am ganzen Körper und …«

»Es tut mir leid, was passiert ist«, sagte er. Am liebsten wäre er zu ihr gestürzt, um sie in die Arme zu nehmen, doch er traute sich nicht. Ihre Stimme war so kalt, so abweisend. War das, was sie in den letzten Monaten gehabt hatten, etwa schon vergessen? Konnte sie ihre Gefühle ihm gegenüber so einfach abstellen?

Jasmin verengte die Augen zu Schlitzen und setzte sich stöhnend im Bett auf. »Ach ja? Weißt du, Christian, irgendwie glaub ich dir das nicht.«

»Ich verstehe nicht … Was meinst du denn damit?« Christian starrte sie verwundert an.

»Komm schon. Du bist doch ganz froh, dass Markus nicht mehr da ist. Jetzt wo er aus dem Weg ist, hast du freie Bahn.«

Christian hob abwehrend die Hände. »Hey, immer langsam. Natürlich finde ich es unaussprechlich, was dir passiert ist. Du hättest … Schau dich doch an!« Er streckte eine Hand aus, um sie zu berühren, doch sie zuckte zurück. »Nicht auszudenken, wenn es noch schlimmer gekommen wäre. Wie könnte ich darüber froh sein!«

»Das klang bei unserem Gespräch aber ganz anders. Ich würde es noch bereuen, das war es doch, was du gesagt hast, oder?«

»Aber … damit habe ich doch nicht gemeint, dass … Du kannst das nicht wirklich glauben, oder? Das ist mir nur so rausgerutscht. Ich war enttäuscht!«

»Ehrlich gesagt weiß ich nicht, was ich glauben soll.« Endlich schaute sie ihn an. Ihr Gesicht war ausdruckslos. »Was sollte das mit der SMS letzte Nacht? Wie kommst du dazu, mir zu schreiben, wenn du genau weißt, dass Markus den ganzen

Abend bei mir sein wird? Und kurz nach deiner Nachricht geht die Tür auf und ...«

»Jasmin, ich habe damit nichts zu tun. Das musst du mir glauben! Ich könnte dich niemals verletzen!«

»Das muss ich dir wohl so glauben.«

»War die Polizei schon hier? Hast du ihnen ... ich meine ...«

»Ich habe ihnen nichts von unserer Affäre gesagt, falls du das wissen willst.«

Christian atmete auf. »Affäre ...«, wiederholte er. »Das klingt so abfällig, gar nicht nach dem, was da zwischen uns ist.«

»Was da war, Christian. War! Außerdem, was soll es denn sonst gewesen sein? Du bist verheiratet und ich bin ...«, sie schluckte, »... war in festen Händen. Zwischen uns, das war eine kurze Liaison, ein Ausbruch aus dem Gewohnten. Eine willkommene Abwechslung vom Alltagstrott, nenn es, wie du willst. Mehr war es jedenfalls nicht.«

Christian verzog das Gesicht und ging vor den Betten im Krankenhauszimmer auf und ab. Sollte Jasmin die gemeinsame Zeit wirklich nichts bedeutet haben? Für ihn hatte es sich richtig angefühlt. Zeitweise hatte er sogar überlegt, seine Frau zu verlassen, um mit Jasmin ein neues Leben anfangen zu können. Fernab vom bürgerlichen Familienleben. Letzten Endes hatte er es nur wegen Leon nicht übers Herz gebracht.

»Markus wollte mir gestern einen Antrag machen.« Ihre Stimme war kaum mehr als ein Flüstern. »Er hat mich wirklich geliebt. Ihm so etwas anzutun, war einfach nicht fair.«

»Das fällt dir ja früh ein!« Christians Stimme klang aggressiver, als er beabsichtigt hatte. Aber das musste mal gesagt werden. In den letzten Monaten hatte sie sich auch nicht für ihren Freund interessiert.

»Weiß ich selbst, danke für den Hinweis. Was wir getan haben, war falsch. Deine Frau hat es nicht verdient und Markus hatte es nicht verdient. Für ihn ist es nun zu spät. Du kannst dir gar nicht vorstellen, wie scheiße sich das anfühlt, zu wissen, dass ich ihn die letzten Monate seines Lebens hintergangen habe.«

»Davon bekommt er ja zum Glück nichts mehr mit. Aber für uns ist es noch nicht zu spät. Jetzt könnten wir zusammen sein. Ganz offen. Wir haben uns doch so oft ausgemalt, wie es sein könnte. Nur du und ich …« Christian wollte sich zurückhalten, doch die Worte sprudelten einfach so aus ihm heraus. Er trat näher an das Bett, aber Jasmin starrte ihn so gefühlskalt an, dass er wieder zurückwich.

»Christian, du musst verstehen, dass es für mich nicht mehr infrage kommt. Akzeptier es einfach. Geh zu deiner Familie und lass mich in Ruhe.«

»Das ist aber nicht, was ich will!« Er lehnte sich nach vorne, wollte ihre Hand ergreifen, doch Jasmin wehrte ihn ab. Mit aufgerissenen Augen starrte sie ihn an. Wenn er es nicht besser wüsste, würde er meinen, sie hätte Angst vor ihm. »Was habe ich dir denn getan?«

»Das weiß ich eben nicht. Vielleicht wolltest du die Bahn freimachen. Den Konkurrenten aus dem Weg räumen, damit mein Herz für dich frei ist oder so eine Scheiße.« Ihre Stimme war tränenerstickt.

»Wenn du so fest davon überzeugt bist, dass ich gestern Abend bei der Hütte war, warum hast du der Polizei dann nichts davon gesagt? Da ist noch etwas zwischen uns. Das spüre ich!«

»Habe ich doch gesagt! Ich weiß es eben nicht. Was ich aber weiß, ist, dass ich auf keinen Fall mit dir zusammen sein kann. Und daran hat sich nichts geändert, bloß weil Markus plötzlich nicht mehr da ist.«

»Ich glaube, es ist besser, wenn ich dich jetzt allein lasse. Du bist offensichtlich nicht ganz bei Sinnen und unfähig, rational zu denken.«

»Ja, verschwinde«, schluchzte sie.

Ohne ein weiteres Wort drehte Christian sich um und stürmte aus dem Zimmer. Für ihn war die Sache noch lange nicht vorbei. Er musste nur einen Weg finden, ihr seine Unschuld zu beweisen.

15. Kapitel

Im Keller war es zwar angenehm kühl, aber es roch muffig, nach Fahrradöl und Mottenkugeln. Er versuchte es auszublenden und atmete durch den Mund. Momentan brauchte er einfach seine Ruhe und wollte sichergehen, dass ihn niemand nervte. Hier unten war dafür der perfekte Ort. Er hatte sich zwischen zwei große Kisten auf eine Isomatte gesetzt, die er im Regal gefunden hatte. Die Knie an den Körper gezogen und den Kopf in die Hände gelegt, saß er im Halbdunkeln und hing seinen Gedanken nach.

Plötzlich hörte er ein Klacken, dann ein schabendes Geräusch und Schritte. Jemand kam durch die Kellerabteile gelaufen. Er rutschte so weit er konnte zwischen den Kisten nach hinten, bis sein Rücken die Wand berührte. Dann zog er einen Teil der Isomatte vor seinen Körper. Hoffentlich war es niemand, der ausgerechnet in dieses Abteil wollte.

Er hatte Glück. Die Schritte wurden lauter und entfernten sich dann wieder, nachdem die Person an ihm vorbeigegangen war. Anscheinend hatte sie ihn nicht bemerkt. Eine gefühlte Ewigkeit schepperte es in einem der hinteren Abteile, Gegenstände wurden verschoben, ein Schrank auf- und zugemacht. Ein Seufzen.

Schließlich hörte er, wie das Schloss wieder vor dem Riegel zuschnappte und die Person den Keller verließ.

Erleichtert atmete er auf und schloss die Augen. Die Bilder des gestrigen Abends tauchten wieder vor seinem inneren Auge auf. Der Wald, die Hütte. All das Blut. Wie Jasmin geschrien hatte. Ihr Freund, der wie ein Bär gekämpft, doch gegen das Messer und die in ihm brodelnde Wut keine Chance gehabt hatte. Ein Zittern erfasste ihn und breitete sich aus, bis sein gesamter Körper bebte. Am liebsten hätte er laut geschrien. Da er das aber hier unten unmöglich konnte, ohne auf sich aufmerksam zu machen, steckte er sich seine Faust in den Mund und erstickte so den Schrei.

Es dauerte eine Weile, bis er sich beruhigt hatte und seine Muskeln wieder entspannten. Niemals hätte er gedacht, dass ihm die Sache so naheging. Sich vorzustellen, jemanden umzubringen und es wirklich zu tun, dazwischen lagen Welten. Die Vorbereitungen hatte er aufregend gefunden. Es hatte ihm einen Adrenalinkick gegeben, sich heimlich davonzuschleichen und im düsteren Wald zu hocken wie ein Dschungelkrieger. Die Party zu beobachten, ohne dass auch nur einer der Gäste etwas davon ahnte, welche drohende Gefahr wenige Meter von ihnen entfernt lauerte. Manche waren ihm beim Rauchen so nah gewesen, dass er sogar gehört hatte, wie einer von ihnen gefurzt hatte, nachdem die anderen reingegangen waren. Den Gestank hatte man bis zu seinem Versteck gerochen.

Sein Blick fiel auf die Reste der Zeitung, die er für den Brief zerschnitten hatte. Die musste er unbedingt noch wegräumen. Nicht auszudenken, wenn sie jemand hier unten fand. Er durfte jetzt nicht leichtsinnig werden und sich wegen so einer Dummheit erwischen lassen. Es stand viel auf dem Spiel. Seine Freiheit, seine Zukunft, sein Leben. Das jetzt vielleicht endlich so sein würde, wie er es sich erträumt hatte. Er musste nur daran glauben.

16. KAPITEL

Helga wiederholte das gleiche Spiel von vorhin. Sie öffnete die Tür von ihrem Käfer, um die Temperatur im Innenraum auf ein annehmbares Level zu bringen, und lehnte sich währenddessen an die aufgeheizte Motorhaube. Es war jetzt kurz nach sechs und noch immer brütend heiß. Von tropischen Nächten hatten sie im Radio gesprochen. Das hieß, die Temperatur würde selbst nachts nicht unter zwanzig Grad fallen. Eigentlich nicht gerade der ideale Zeitpunkt, sich eine Pizza zum Abendessen zu gönnen, aber wenn sie schon mal in der Gegend war, durfte sie sich das nicht entgehen lassen. Die Party-Pizza auf der Frankfurter Straße war anders, als der Name erahnen ließ, ein absoluter Geheimtipp. Die Betreiber – ein italienisches Ehepaar – kochten dort selbst nach alten Familienrezepten. Auf die Pizza kam echter Mozzarella und keine Käsemischung, die Tomatensoße war cremig und fruchtig und einen so dünnen und knusprigen Teig hatte Helga bisher sonst nur in Italien selbst bekommen. Doch auch die Makkaroni waren nicht von schlechten Eltern. Solange der Laden geöffnet hatte und sie in Neu-Isenburg vorbeischaute, konnte sie nicht wieder fahren, ohne sich dort etwas zum Essen zu bestellen. Außerdem würde sie ja nachher bei ihrem Probetraining die meisten Kalorien wieder verbrennen. Das hoffte sie zumindest.

Schon während sie sich Gedanken über den Belag machte, lief ihr das Wasser im Mund zusammen. Sie entschied sich für eine Pizza mit Schinken, Pilzen und Knoblauch und bestellte telefonisch. Zum Glück war es noch nicht wirklich Stoßzeit, weswegen sie ihre Bestellung schon in zwanzig Minuten abholen konnte. Sie lehnte sich in ihren Wagen und angelte nach der Plastikflasche, die auf ihrem Beifahrersitz lag. Gierig schraubte sie den Deckel ab und nahm einen großen Schluck. Kaum berührte das Wasser ihre Zunge, verzog sie das Gesicht. Es hatte so gut wie keine Kohlensäure mehr und war außerdem mehr als nur lauwarm. Wäre sie nicht so durstig, sie hätte es augenblicklich wieder ausgespuckt. Sie gönnte sich noch eine Zigarette und machte sich dann auf den Weg. Natürlich gab es in der Nähe des Ladens keinen einzigen freien Parkplatz.

Kurzerhand stellte Helga den Käfer im Halteverbot vor der Pizzeria ab und stürmte in den Laden, wo sie sich in die Schlange am Abholdesk einreihte. Das Restaurant war winzig, eine offene Küche gab den Blick frei auf den großen Pizzaofen, vor dem Roberto stand und mit der Pizzaschaufel die Teigfladen darin zurechtrückte. Helga war nun schon eine Weile nicht mehr hier gewesen und ihr kam es so vor, als seien Roberto und seine Frau Angelina im letzten Jahr schrecklich gealtert. Vermutlich lag es an dem Stress, den sie dank des brummenden Geschäfts hatten. Zum Glück war die Bedienung an der Theke schnell, weshalb Helga nicht lange warten musste, bis sie dran war. Sie drückte zehn Euro in die Hand der Italienerin, nahm ihre Schachtel entgegen und verließ das Restaurant wieder. Die Schachtel legte sie auf den Beifahrersitz, umrundete den Käfer und stieg wieder ein. Auf der Frankfurter Straße staute sich der Verkehr, wie immer bei Heimspielen der Eintracht.

Helga pfriemelte sich ein Stück der Pizza aus dem Karton und biss ein großes Stück ab. Sie kaute genüsslich, während sie im Kopf durchging, was sie bisher hatten. Thomas Pfeiffer war ihrer Meinung nach raus. Sie war sich ziemlich sicher, dass eines der Taxiunternehmen seine Aussage bestätigen würde. Außerdem konnte sie sich nicht vorstellen, dass Jasmin ihn nicht wiedererkannt hätte, wäre er der Angreifer gewesen. Auch die größte Panik könnte nicht dafür sorgen, dass man seine Muskeln übersah. Jasmin hatte außerdem behauptet, als Erste angegriffen worden zu sein. Erst nachdem Markus dazwischengegangen war, sei der Täter auf ihn losgegangen. Das war entweder eine Lüge, um von sich selbst abzulenken, oder es sprach für eine völlig neue Variante. War der Überfall doch nur eine Zufallstat und sie hatte sich von Horst zu sehr in Richtung Beziehungsdrama drängen lassen? Vielleicht hatte sich jemand von der Anwesenheit von Jasmin und ihrem Lebensgefährten gestört gefühlt und beschlossen, selbst dafür zu sorgen, dass sie beendet wurde. Jemand, der etwas Illegales bei den Hütten vorgehabt hatte oder der von Jasmin und Markus dabei erwischt worden war. Aber warum hatte dieser Jemand dann die Frau im Nebenraum übersehen? Nein, die momentanen Erkenntnisse deuteten allesamt darauf hin, dass Horst genau richtiglag. Es musste ein persönliches Motiv geben.

Der Verkehr floss weiterhin zäh und Helga nahm sich ein weiteres Stück aus der Packung. Bis sie zu Hause angekommen war, würde sie sie aufgegessen haben und es blieb ihr noch ein bisschen Zeit, um zu duschen und eine Jogginghose und Turnschuhe überzuziehen, bevor sie sich auf den Weg ins Studio machen würde.

Eigentlich ein perfekter Tag, um nicht in Liebeskummer zu verfallen. Sie hasste jegliche Form von Gefühlsduseleien, aber sie musste zugeben, dass ihr Anna schon in der kurzen Zeit, die sie in ihrer Wohnung gewesen war, gefehlt hatte. Die

Vorstellung, heute Abend alleine auf dem Sofa zu sitzen und sich den *Tatort* reinzuziehen, war nicht gerade prickelnd.

Vor dem Studio blieb Helga noch einen Moment am Auto stehen und ließ auf sich wirken, dass sie sich gleich dort drin zum Affen machen würde. Sie als unsportlich zu bezeichnen, war die reinste Untertreibung. Jegliche Form von Bewegung war wie ein rotes Tuch für sie und es grenzte an ein Wunder, dass sie nicht längst so breit wie hoch war. Vermutlich hatte sie das nur ihren guten Genen zu verdanken. In ihrer Familie waren alle schlank und ihre Mutter hätte gut und gerne als ehemaliges Model durchgehen können.

Schließlich gab sie sich einen Ruck und betrat den klimatisierten Empfangsbereich des Studios. Melanie war nicht da, stattdessen wurde sie von einem anderen Mädchen freundlich begrüßt. Laut dem Schild an ihrer Brust war ihr Name Karin.

»Ich habe heute ein Probetraining«, sagte Helga und schaute sich um. Erleichtert stellte sie fest, dass mittlerweile nicht mehr ganz so viel Betrieb wie am Nachmittag war. Aus einem der Nebenräume dröhnten wummernde Bässe. Vermutlich fand dort gerade irgendein Aerobic- oder Zumbakurs statt.

Karin tippte etwas auf dem Computer ein. »Helga?«, fragte sie dann nach.

»Ja, die bin ich.«

»Dann kannst du dich erst mal umziehen und Lisa wartet da vorne bei den Crosstrainern auf dich.« Karin deutete auf die Fahrräder und Stepper, die die komplette rechte Seite des Studios ausfüllten.

Mit wachsendem Unbehagen beäugte Helga die Geräte. Genau über diese Leute hatte sie immer hergezogen. Warum sich in ein Studio stellen und so tun, als würde man laufen, anstatt einfach joggen zu gehen, so ihre Worte. Und jetzt sollte sie selbst gleich so ein Ding benutzen. Aber sie musste zugeben, dass die Vorstellung, sich in der klimatisierten Umgebung abzustrampeln, durchaus reizvoller war, als bei der schwülen Hitze draußen herumzurennen. »Umziehen muss ich mich nicht«, sagte sie und blickte an sich hinab. »Ein schickeres Sportoutfit werdet ihr an mir nicht finden.«

»Alles klar, kein Thema. Fürs nächste Mal – solltest du dich für eine Mitgliedschaft entscheiden – wäre es aber gut, wenn du dir Studioschuhe besorgst. Also Turnschuhe, die du nur hier drinnen anziehst. Ich schicke Lisa dann gleich zu dir. Mach dich schon mal auf dem Fahrrad warm, wenn du magst.«

Mir ist schon warm, dachte Helga und ging auf die Geräte zu. Etwas unsicher setzte sie sich auf den Sattel, steckte ihre Füße in die Schlaufen und trat los. Es ging ganz einfach.

Die Frau neben ihr zog sich die In-Ear-Hörer aus den Ohren und tippte auf dem Display herum.

»Du musst hier den Schwierigkeitsgrad einstellen«, sagte sie. Obwohl ihr der Schweiß auf der Stirn stand, war sie nicht mal ein bisschen außer Atem, während Helga schon nach wenigen Sekunden merkte, wie ihr die Luft knapp wurde.

»Ich fand den ganz okay«, sagte Helga und spürte, wie ihre Beinmuskeln bereits leicht zu brennen begannen.

Die Frau lachte. Dabei blitzte ein Kaugummi an ihrem Backenzahn auf. »Zum Aufwärmen solltest du mindestens auf zwei stellen. Und dann hier auf Start und dabei weiterfahren.«

»Danke«, sagte Helga. Die Frau sah interessant aus mit ihrem pechschwarzen Haar, das sie zu einem Undercut auf der linken Seite rasiert hatte und rechts lang in ihr Gesicht fiel. Sie trug eine enge Gymnastikhose, unter der Helga die Muskeln an den Beinen arbeiten sehen konnte. Sie musste in Helgas Alter sein, das zeigten die Fältchen um Mund und Augen. Die Arme waren auf beiden Seiten tätowiert. Helga hätte sich die bunten Bilder gerne genauer angeschaut, aber sie wollte sich nicht gleich wie ein Freak verhalten.

»Fünf Minuten sollten ausreichen«, sagte eine andere junge Frau, die sich Helga von vorne näherte. »Ich bin Lisa«, sagte sie lächelnd zu Helga, die nur zurücklächelte, weil sie außer Atem war. »Einfach locker weitertreten. Währenddessen unterhalten wir uns mal über deine Ziele.«

Helga nickte gequält. Sie konnte sich auf diesem Fahrrad unmöglich unterhalten. Außerdem hatte sie keine besonderen Ziele. Abnehmen wäre nicht schlecht, aber sie hatte auch keine Lust, jeden Tag ins Studio zu rennen. Eine etwas bessere Form würde ihr schon reichen. Damit ihr auch mal wieder Frauen hinterherschauten. Sie schielte auf die Uhr am Display. Zweieinhalb Minuten. Die Zeit schien überhaupt nicht zu vergehen.

»Also, wie sieht es aus? Was würdest du gerne erreichen?«, bohrte Lisa weiter.

»Keine … Ahnung«, japste Helga. Sie schämte sich zu Tode, dass sie hier herumschnaufte wie ein auf Grund gelaufenes Walross.

»Ich sehe schon. Für die Ausdauer muss auf jeden Fall was getan werden. Zwanzig Minuten, ohne aus der Puste zu geraten, sollten angepeilt werden.«

Helga fragte sich, wie das funktionieren sollte, wenn ihr schon fünf Minuten wie eine Ewigkeit vorkamen, widersprach aber nicht.

»Die kannst du auch auf dem Crosstrainer machen, den zeige ich dir gleich mal danach. Das Gute bei dem ist, der trainiert den ganzen Körper. Perfekte Vorbereitung aufs Krafttraining.«

»Vorbereitung?«, wiederholte Helga. Wie zur Hölle sollte sie nach zwanzig Minuten auf so einem Höllengerät auch noch irgendwelches Krafttraining hinbekommen?

Das Display auf Helgas Fahrrad piepste laut. Sie ließ die Pedale auslaufen und wischte sich mit dem Handrücken über die Stirn. Warum hatte sie bloß kein Handtuch mitgenommen?

»Lass uns doch mal nach da hinten gehen.« Lisa deutete auf eine Sitzecke und stolzierte vorweg, während Helga ihr mit wackeligen Knien folgte. Dankbar nahm sie den Becher Wasser an, den Lisa ihr anbot. Die Trainerin setzte sich auf einen Gymnastikball, während Helga das Sofa wählte. Aus den Augenwinkeln beobachtete sie die Frau, die eben noch neben ihr auf dem Fahrrad gesessen hatte, wie sie vor einer großen Wand aus Spiegeln mit Hanteln trainierte.

Nach etwa zehn Minuten Ausfragerei zu Helgas Alter, Größe, Gewicht und ihren Gewohnheiten lautete die Empfehlung: zwanzig Minuten auf einem Crosstrainer mit anschließendem Krafttraining, um die sogenannte core-strength, die Kraft in der Körpermitte, zu verbessern. Schulterstrecker, die Kniebeugen mit Stange und der Rückendehner. Dreimal die Woche eine Stunde sollten ausreichen.

Helga schnappte nach Luft. Das klang nicht nur, als wäre sie der unfitteste Mensch auf der Welt, dieses Pensum war auch kaum mit ihrem Alltag zu vereinen.

Lisa stand auf. »Komm mit. Ich zeige dir die Geräte und du versuchst es selbst mal.« Helga war eigentlich eher nach Fernsehen im Bett. Mit einer großen Tafel Schokolade. Widerwillig folgte sie Lisa durch die Geräte bis zu einem Aufbau, an dem diverse Scheiben hingen. Lisa nahm eine davon herunter und stellte sie auf dem Boden ab.

»Damit beginnst du immer. Einfach die Stange bis zur Hüfte hochnehmen und wieder ablegen. Stell dir vor, das wäre eine Kiste Wasser.« Lisa machte es einmal vor. Es sah so leicht aus, aber als Helga sich die Stange nahm, zitterten ihre Arme. Das Gewicht war sehr viel schwerer, als sie erwartet hatte.

»Ich würde sagen, da machst du so vier Sätze mit je zehn Wiederholungen. Schreib ich dir aber auf.«

»Ah, alles klar«, sagte Helga. Anscheinend ging Lisa bereits davon aus, dass sie sich auf jeden Fall anmelden wollte.

Die Schwarzhaarige mit den Tattoos ging an Helga vorbei, stellte sich an das Gerät direkt neben ihr und nahm sich ebenfalls eine Stange vom Rack. Sie hatte sie gerade auf ihren Schultern drapiert, als ein düsterer Deathmetal-Song ertönte. Anscheinend der Klingelton ihres Handys, denn sie legte schnell die Stange wieder ab, kramte ihr Telefon aus ihrem Hip-Bag und nahm das Gespräch entgegen.

»Herr Meyer. Beruhigen Sie sich bitte. Ich bin gleich bei Ihnen. Verändern Sie den Zustand der Laube bitte nicht … Nein, ich muss mir selbst einen Eindruck verschaffen. Sagen Sie das Ihrer Frau …«

Helga lauschte interessiert. Das klang geradezu so, als wäre die Schwarzhaarige ebenfalls Polizistin. Die Frau nahm ihr Handtuch und verschwand in Richtung Umkleidekabine. Helga nahm sich vor, sie bei ihrem nächsten Besuch darauf anzusprechen. Was wohl so viel bedeutete wie, dass sie sich für eine Mitgliedschaft anmelden würde. Und sei es nur, um die Tätowierte wiederzusehen.

17. Kapitel

Auf seinem Weg über den Spielplatz blies ihm ein lauwarmer Wind entgegen und fegte ihm ein paar Sandkörner ins Auge. Er blieb stehen und rieb sich mit dem Handrücken darüber. Es war stockfinster und sein Herz schlug ihm bis zum Hals. Das hier war etwas anderes, als neben der Hütte zu warten, wo es zumindest etwas Licht gegeben hatte und die Stimmen der anderen. Wo die Musik ihm das Gefühl gegeben hatte, nicht alleine zu sein. Hier draußen auf dem Weg konnte er der Beobachtete sein, ohne es zu merken. Aber da war ganz bestimmt niemand, sagte er sich. Zu dieser nachtschlafenden Zeit war das Naherholungsgebiet bis auf ihn komplett verlassen. Und er hatte immerhin einen triftigen Grund, hier zu sein. Wie schon etliche Male auf dem Weg hierher tastete er nach dem Messer in seiner Hosentasche. Es war noch da. Nicht auszudenken, wenn er es irgendwo auf dem Weg verloren hätte.

Ein leises Rascheln begleitete seine Schritte, als er sich dem Turm näherte. Dort angekommen hockte er sich auf die Holzstufen. Er zog die Knie an die Brust und zündete sich eine Zigarette an. Irgendwie war er noch nicht wirklich bereit, sich von dem Messer zu trennen. Es waren so viele Erinnerungen damit verbunden. In der Theorie wirkte es so einfach. Es war die Tatwaffe, und wenn die Polizei es bei ihm fand, würden sie ihn sofort mit dem Mord in Verbindung bringen. Doch sein Herz hing daran. Es hatte seinem Vater gehört. Als er noch ein Kind war, hatten sie damit Löwenzahn für die Hasen abgeschnitten oder aus Stöcken Speere geschnitzt – auch hier am Goetheturm, wenn sie einen Familienausflug gemacht hatten.

Er erinnerte sich noch, dass er es sich einmal aus der Schublade im Wohnzimmerschrank genommen hatte, ohne seinen Vater vorher zu fragen, und der unheimlich wütend geworden war. Er hatte ihm eine ewig lange Predigt darüber gehalten, warum es mehr als nur ein einfaches Messer war. Nun besaß er das gute Stück und hatte es bis jetzt wie seinen Augapfel gehütet und er wusste nicht, wie er auf die bescheuerte Idee gekommen war, es für seine Tat zu nutzen, anstatt damit Speere zu schnitzen oder es eben für eine würdevolle Gelegenheit aufzuheben.

Doch nun war es zu spät und er musste es loswerden. Hier oben war genau die richtige Stelle, war sie doch ebenfalls mit so vielen Erinnerungen verbunden. Es wäre wie eine Art geheimes Grab. Ohne dass jemand wusste, was er tat, könnte er hierherkommen und sich zumindest ein wenig so fühlen, als befände sich das Messer noch in seinem Besitz. Er drückte die Glut seiner Zigarette auf dem Sandboden aus und warf die Kippe auf den Weg. Dann stand er auf und ging zum Waldrand. Mit dem Fuß begann er, eine Kuhle in die Erde zu schaben. Nach einer Weile betastete er das Ergebnis. Es hatte sich so gut wie gar nichts getan. Wenn er das Messer da reinlegte, brauchte es nicht mehr als ein blödes Kind, das über den Wegrand schlurfte, und schon wäre es ausgebuddelt. Anscheinend rutschte die Erde immer wieder zurück in das entstandene Loch, weshalb er einfach nicht tiefer kam. Er zog den Ärmel seines Pullovers über die Hand, nahm das Messer nahe der Klinge am Griff und kratze mit der Rückseite in der Kuhle, schaufelte die Erde heraus. Jetzt tat sich schon wesentlich mehr. Nach kurzer Zeit hatte er ein

Loch gegraben, in dem seine komplette ausgestreckte Hand bis zum Handgelenk verschwand.

»Machst'n da?«, fragte plötzlich eine Stimme hinter ihm.

Er ließ das Messer fallen und fuhr herum. Vor ihm stand eine dunkle Gestalt mit einem Buckel. Bei näherem Hinsehen erkannte er, dass es sich dabei um einen Rucksack handelte. Vermutlich war es ein Obdachloser. Um diese Zeit verirrten sich doch keine Wanderer hier hoch.

»Ich suche was. Hab meinen Schlüssel verloren«, sagte er und tastete mit der Hand hinter sich auf dem Boden herum. Hoffentlich hatte der Penner nicht gesehen, dass er dabei war, etwas zu vergraben.

»Ah. Hab dich vorhin schon gesehn.« Der Typ verschränkte die Arme vor der Brust. »Da am Turm könnter sein. Hast doch da geraucht. Kannste mir eine geben übrigens?«

Er nickte und kramte die Schachtel aus seiner Hosentasche. Nachdem er sich selbst eine rausgenommen hatte, warf er sie dem Kerl zu. Der streckte seine Hände aus, griff nach der Packung, verfehlte sie und strauchelte. Die Zigaretten landeten irgendwo neben ihm auf dem Weg. Anscheinend war er betrunken. Stöhnend bückte er sich, fiel auf die Knie und hockte sich auf den Kiesweg. Dann fand er die Packung, bediente sich daraus und schleuderte sie zurück in seine Richtung.

»Haste auch Feuer? Dann muss ich mein Gas nich verschwenden.«

»Soll ich sie auch noch für dich rauchen? Dann hast du keine Arbeit damit.«

Der andere hob abwehrend seine Hände. »Reg dich ab, Alter. Ich nehm meins, wenn du so geizig bist.« Der Typ wühlte in seinem Rucksack, fand, was er suchte, und zündete es an. Der Schein des Feuers erhellte sein faltiges Gesicht und seine zotteligen Haare. Die beiden rauchten schweigend ein paar Züge.

»Und, was machste hier oben«, fragte der Obdachlose wieder, »außer rauchen und den Schlüssel verlier'n?«

Fieberhaft überlegte er, was er antworten sollte. Das Messer lag in der Kuhle hinter seinem Rücken. Er könnte es einfach nehmen und dem Kerl in den Hals rammen. Am Samstag war er überrascht gewesen, wie leicht das ging. Die Klinge war so scharf, dass sie mühelos durch die Haut und in das Fleisch gleiten würde. Die Schlagader durchtrennen, damit der Kerl wie ein geschächtetes Rind verbluten würde. Aber was sollte er mit der Leiche machen? Er hatte keine Handschuhe dabei und auch sonst könnten sich überall hier bereits Spuren von ihm befinden. Ein weiterer Mord war nicht geplant und er sollte sich hüten, die Kontrolle über sich zu verlieren. Obwohl ihm vielleicht nichts anderes übrig bleiben würde, als ihn zu beseitigen, wenn der Typ ihn nicht in Ruhe ließ.

»Mh. Bist von der schweigsamen Sorte also. Eins sag ich dir! Das hier oben is mein Schlafquartier für'n Sommer, okay? Ich hab nich so gern Gesellschaft, wenn du also vorgehabt hast, hier dein Lager aufzuschlagen, kann ich nur sagen, da wird nix draus.«

»Nee, keine Sorge. Ich wollte nur ein bisschen den Kopf freibekommen. Ruhe haben, durchatmen. In einer Stunde bin ich wieder weg«, beschwichtigte er den anderen. Er hoffte, dass der Kerl den Wink mit dem Zaunpfahl verstand.

»Aso. Haste Stress, hm?«

Er seufzte. »Ja, mit meiner Freundin. Sie hat mich betrogen und ich würde echt gerne eine Weile allein sein, um darüber nachzudenken.«

»Hey, ich raff schon. Bin vielleicht von der Straße, aber nich dumm, okay?« Er rappelte sich stöhnend hoch und schulterte seinen Rucksack. »In 'ner halben Stunde oder so komm ich wieder. Dann will ich nämlich hier schlafen, okay?«

»Kein Ding. Bis dahin bin ich weg.«

»Viel Glück beim Schlüsselfinden. Oder was auch immer du da in echt gemacht hast«, grummelte der Kerl noch und schlurfte dann in die Dunkelheit davon.

Um sicherzugehen, dass der Typ ihn nicht weiterhin beobachtete, ging er den Weg ein Stück in die Richtung, in die der Obdachlose verschwunden war. Anscheinend hatte er Wort gehalten, denn er war nirgends zu entdecken. Dann beeilte er sich, zurück zu seinem Messer zu kommen.

Zur Sicherheit grub er das Loch von eben noch etwas tiefer, doch der trockene Boden stürzte immer wieder zusammen, also legte er das Messer hinein und schob es mit dem Fuß zu und trampelte eine Weile darauf herum. Da die Stelle immer noch leicht uneben war, suchte er nach einem Stein und klopfte mit diesem zusätzlich darauf. Im Schein des Feuerzeuges begutachtete er schließlich sein Werk. Zufrieden nickte er. Jemandem, der nicht wusste, dass hier etwas vergraben lag, würde nichts auffallen. Der Penner von eben würde schon ganz bestimmt nicht mehr die genaue Stelle zusammenkriegen.

Erleichtert und etwas wehmütig zugleich hockte er sich auf den Weg und starrte auf den Boden. Erleichtert, weil er das Ding endlich los war, wehmütig, weil es ein schönes Messer gewesen war. Der Griff aus grobem Holz, die Klinge scharf und lang. Das Risiko, damit erwischt zu werden und deswegen aufzufliegen, war allerdings zu groß. Nur noch eine Zigarette und er würde es hier zurücklassen. Vielleicht würde er in ein paar Jahren zurückkommen und es wieder ausgraben. Dann, wenn Gras über die ganze Sache gewachsen war.

Er stieß den Rauch aus und stand auf. Zeit, nach Hause zu gehen, bevor noch jemand merkte, dass er sich davongeschlichen hatte. Achtlos schnickte er die noch glühende Zigarette davon und ging zu seinem Fahrrad, das er bei einem der Pavillons abgestellt hatte. Ohne das Messer in seiner Tasche fühlte er sich erleichtert. Vielleicht würde ja jetzt alles gut werden.

18. Kapitel

Als sich Helga am nächsten Morgen aus dem Bett schälte, stöhnte sie gequält auf. Jede Faser ihres Körpers schien zu schmerzen. Anscheinend befanden sich Muskeln an Stellen, von denen sie nie geahnt hatte, dass sie existierten. Ihre Beine und ihr Hintern schmerzten bei jeder Belastung, ihre Arme ließen sich kaum noch bewegen und ihr Bauch, den sie ihrer Meinung nach überhaupt nicht beansprucht hatte, fühlte sich bei jedem Atemzug an, als würde sie jeden Moment einen Krampf dort bekommen. Mühsam wuchtete sie sich auf die Beine und warf einen kurzen Blick auf die leere Seite ihres Bettes. Ein leichter Stich fuhr ihr ins Herz, den sie ignorierte, dann ging sie ins Bad.

Dort erledigte sie ihre Morgentoilette, wusch sich über das Gesicht und stakste dann in die Küche. Ein Kaffee, ein wenig Nikotin und sie würde sich gleich besser fühlen. Das hoffte sie zumindest. Mit dem Päckchen und der Tasse in der Hand ging sie auf den Balkon und setzte sich in die Morgensonne. Die Wärme der Sonnenstrahlen tat ihren Muskeln gut und sie nahm sich vor, noch eine heiße Dusche zu nehmen, bevor sie gleich ins Büro fuhr. Am liebsten wäre sie einfach hier draußen sitzen geblieben und hätte den Tag auf dem Balkon verbummelt. Leider ließ das der aktuelle Fall nicht zu. Es stand ihr wieder ein

Tag voller Befragungen bevor und sie hoffte, dass Jasmin Berger endlich auspacken würde, was tatsächlich in ihrem Leben los war. Nur so hatten sie eine Chance, den Täter möglichst schnell zu finden. Geheimnisse aus falscher Scham waren nie besonders förderlich für Ermittlungen.

Nachdem sie ihre Zigarette im Aschenbecher ausgedrückt hatte, stand sie auf und ging ins Bad. Ächzend zog sie sich ihr Schlafshirt über den Kopf, schaltete das Radio ein und stieg in die Dusche. Es war Punkt neun Uhr und die Nachrichten liefen gerade.

In der vergangenen Nacht brannte Sachsenhausens beliebtes Ausflugsziel, der Goetheturm, ab. Die Feuerwehr entschied sich nach dem Eintreffen, den Turm kontrolliert abbrennen zu lassen, und sicherte die Umgebung. Die Polizei nimmt nun die Ermittlungen wegen möglicher Brandstiftung auf, aber auch eine unachtsam weggeworfene Zigarette kommt als Ursache in Betracht. Denken Sie daran, liebe Hörer, in ganz Hessen herrscht zurzeit akute Waldbrandgefahr …

Während das heiße Wasser auf Helgas schmerzende Muskeln prasselte, schüttelte sie fassungslos den Kopf. Der Goetheturm war das heimliche Wahrzeichen der Frankfurter und als Ausflugsziel unschlagbar beliebt. Beinahe jeder Frankfurter verband eine Erinnerung mit dem Turm, so auch sie. Oben auf der Aussichtsplattform hatte sie den ersten Kuss einer Frau bekommen. Oder eher eines Mädchens, denn sie und Monika waren damals gerade vierzehn Jahre alt gewesen und Helga hatte sich furchtbar erschreckt, als Monika ihren Kopf zu sich gezogen und ihr ihre feuchten Lippen auf den Mund gepresst hatte. Als sie sich jedoch darauf eingelassen hatte, fand sie Gefallen daran und hatte es seitdem nie wieder mit einem Jungen versucht. Vor Monika hatte sie ohnehin nur einen Freund gehabt. Das war allerdings eher eine Art Freundschaft mit Küssen gewesen und sie hatte den Jungen lediglich dafür bewundert, dass er in Tetris so gut gewesen war.

Erneut schüttelte sie den Kopf. Wer kam auf eine solch dumme Idee, den Goetheturm anzuzünden? Sie stellte das Wasser ab und stieg aus der Dusche, wobei sie das Gesicht verzog. Die Wärme half nur so lange, wie sie auch direkt auf die Muskeln traf. Sie trocknete sich ab und putzte sich die Zähne. Das Radio schaltete sie aus, griff sich ihr Handy und ging ins Schlafzimmer, um sich umzuziehen. Dieter hatte ihr eine WhatsApp-Nachricht geschickt.

Dienstbesprechung in zwanzig Minuten.

Das war vor zehn Minuten gewesen. Helga fluchte leise, sprang in ihre Jeans, zog sich ein luftiges Shirt über und machte sich ohne weiteren Kaffee auf den Weg zum Auto. Zum Glück hatte sie gestern einen Parkplatz unter einem Baum gefunden, sodass die Temperatur im Käfer auszuhalten war. Sie zündete sich eine Zigarette an und startete den Motor.

Keine Viertelstunde später kam sie in der Adickesallee an. Kommissariatsleiter Peitsch, Dieter und der Rest des Ermittlungsteams warteten bereits im Besprechungsraum. Einige hoben die Köpfe, als sie das Zimmer betrat, von Dieter erntete sie einen missbilligenden Blick. Helga hob entschuldigend die Hand und ging zu dem freien Stuhl neben Dieter.

»Das nächste Mal könntest du mich etwas früher informieren«, flüsterte sie Dieter zu, als sie sich neben ihn setzte. Sie klang dabei vorwurfsvoller als beabsichtigt.

»Seit wann bin ich dein Vater und muss dich rechtzeitig wecken, damit du pünktlich kommst?«, gab er patzig zurück. Der Punkt ging an ihn, das musste Helga zugeben. Er konnte nichts dafür, dass heute Morgen dank des Muskelkaters aus der Hölle bei ihr eben alles etwas langsamer vonstattengegangen war als gewohnt.

»Da wir ja nun vollzählig sind, können wir also anfangen«, sagte Peitsch, der am Kopf des Raumes vor einem Flipchart stand. Neben ihm befand sich eine Pinnwand, an die Fotos vom Tatort, der Leiche und den Verletzungen von Jasmin Berger geheftet waren.

»Die bisherigen Ermittlungen haben ergeben, dass ein Raubmord auszuschließen ist. Die Geldbeutel der Opfer sind beide noch vor Ort aufgefunden worden, einhundertfünfzig Euro waren insgesamt darin. Auch eine Zufallstat ist aufgrund der Maskierung eher unwahrscheinlich. Es sieht eher so aus, als hätten wir es mit einer Beziehungstat zu tun, darauf lässt zumindest die Heftigkeit der Gewalt schließen. Markus Esche wurde eindeutig übertötet. Der Täter hat nach dem Herzstillstand noch mehrere Male auf ihn eingestochen. Todesursache war Verbluten infolge der Durchtrennung der Bauchschlagader im Bereich der Leiste. Zur Spurenlage: Die Kriminaltechnik hat gestern Abend ihre Arbeit an der Hütte beendet. Dass die Auswertung der Spuren eine ganze Weile in Anspruch nehmen wird, brauche ich Ihnen ja nicht zu erklären. Auf der Feier waren zeitweise bis zu siebzehn Gäste anwesend, exklusive der beiden Opfer. Wir haben etliche Fingerabdrücke und DNA-Spuren. Ein Schnelltest der Blutspuren, die unter dem Tisch gefunden wurden, hat ergeben, dass sie von Herrn Esche stammen. Das passt zur Aussage der Zeugin über den Streit, den er mit einem der Gäste hatte.«

»Ich bezweifle, dass die überhaupt etwas vom Täter finden«, murmelte Helga mehr zu sich selbst als zu Dieter.

»Würde mich auch wundern. Er war schließlich maskiert und hat Handschuhe getragen, also offensichtlich bestens vorbereitet«, stimmte der ihr überraschenderweise zu. Es kam nicht gerade häufig vor, dass die beiden einer Meinung waren.

»Haben Sie etwas beizutragen, was uns alle angeht?«, fragte Peitsch und klang dabei wie ein strenger Lehrer.

»Wurde etwas gefunden, das als Tatwaffe in Betracht kommt?«, stellte Helga schnell die naheliegende Frage. Auf dem Flur ging Horst vorbei. Als er sie entdeckte, nickte er ihr lächelnd zu. Dann hob er zwei Finger an den Mund, als würde er rauchen. Helga nickte ebenfalls und konzentrierte sich dann auf Peitschs Antwort.

»In der Waldhütte waren einige Messer zu finden. Eine Liste des Inventars wurde beim Vermieter angefordert. Allerdings waren alle Klingen sauber und auch nicht unbedingt scharf genug, um solche Verletzungen zufügen zu können. Eine eventuelle Übereinstimmung mit dem Stichkanal wird bei der Obduktion von Markus Esche untersucht.«

»Welcher Umkreis außerhalb der Hütte wurde durchkämmt?«, hakte Helga nach. Wenn Jasmin Berger ihren Lebensgefährten umgebracht und sich daraufhin die Verletzungen selbst zugefügt hatte, musste die Tatwaffe noch irgendwo in der Nähe zu finden sein. Auch wenn die Stichwunden weniger massiv waren, als es zunächst den Anschein gehabt hatte, hätte sie damit unmöglich eine weite Strecke zurücklegen können.

Peitsch hob seinen Zeigefinger. »Einen Moment«, sagte er und blätterte mit der anderen Hand in einem Stapel Dokumente, die vor ihm auf dem Tisch lagen. »Ah, hier haben wir es ja. Radius von fünfhundert Metern, Metalldetektoren wurden eingesetzt. Bis auf eine Blechdose mit einem beerdigten Meerschweinchen, einen verrosteten Schlüssel und ein paar Getränkedosen wurde nichts gefunden, was mit der Tat in Verbindung gebracht werden könnte.«

Helga nickte. Entweder Jasmin Berger hatte einen Komplizen, der sie und ihren Lebensgefährten angegriffen hatte, oder sie war raus aus der Nummer. Vielleicht steckte ihre Freundin Sandra in der Sache mit drin. Allein die Tatsache, dass sie behauptete, nichts von dem Angriff mitbekommen zu haben, obwohl sie nur eine Tür weiter geschlafen hatte, kam Helga komisch vor. Sie musste also zumindest als Beteiligte in Betracht gezogen werden.

Mit der rechten Hand massierte Helga ihren Nacken, in dem sie mittlerweile auch den Muskelkater spürte. Oder es handelte sich dabei um Verspannungen infolge der Schmerzen, die sie überall hatte. Was auch immer es war, es würde ihr höchstwahrscheinlich spätestens am Nachmittag höllische Kopfschmerzen bereiten. Und das ausgerechnet heute, wo sie mit Horst auf ein Bier verabredet war.

»Wenn es keine weiteren Fragen gibt, wüsste ich gerne, was bei den ersten Zeugenbefragungen herauskam.«

Dieter machte Anstalten aufzustehen, doch sie hielt ihn am Ärmel zurück. »Lass ruhig den anderen den Vortritt«, sagte sie leise. »Ich habe da gestern noch eine Extraschicht eingelegt und würde die Ergebnisse gerne zum Schluss präsentieren.«

»Du hast was? Schon wieder?«, fragte Dieter fassungslos. Alleingänge konnte er aufs Blut nicht ausstehen, worauf Helga in der Regel keine Rücksicht nahm. Sie hatten einen Täter zu finden und so lange würde sie zumindest nicht in Ruhe Feierabend machen können.

Helga nickte Mario zu, der fragend zu ihnen rüberschaute. Er verstand und räusperte sich. »Wir konnten gestern eine erste Befragung der anwesenden Partygäste durchführen, mit Ausnahme der zur Tatzeit anwesenden Zeuginnen sowie Herrn Thomas Pfeiffer. Um die haben sich Frau Kannengießer und Herr Joachimstaler gekümmert. Der Großteil der Gäste hat übereinstimmend ausgesagt, dass es ein feuchtfröhlicher und durchaus entspannter Abend war. Die meisten von ihnen haben nicht mitbekommen, wie es zum Streit zwischen Herrn Pfeiffer und den beiden Gastgebern kam. Erst als es lauter zuging, wurden sie darauf aufmerksam. Dann kam es zu dem Stoß, bei dem sich das Opfer die Hand aufgeschnitten hat.« Er zeigte auf ein Foto, auf dem eine Handinnenfläche abgebildet war, über die sich ein etwa drei Zentimeter langer, nicht wirklich tiefer Schnitt zog. »Eine Glasscherbe von einer Flasche, die bei der Rangelei zu Bruch ging. Die Scherbe wurde im Müll sichergestellt und es scheint dem Eindruck der Gäste nach tatsächlich ein Unfall gewesen zu sein«, erläuterte er.

»Kann jemand bezeugen, dass Herr Pfeiffer nach dem Zwischenfall wirklich nach Hause gegangen ist?«, fragte Peitsch.

»Zumindest hat er anscheinend ohne weitere Mucken das Gelände verlassen und wurde auch nicht mehr dort gesehen. Seine Lebensgefährtin haben wir noch nicht erreicht.«

»Angeblich hat er sich ein Taxi genommen«, mischte sich Dieter nun doch ein. »Anfragen an die Unternehmen, die am Bahnhof in Neu-Isenburg Wagen stehen hatten, sind raus, dann können wir die Sache zeitlich eingrenzen. Die Freundin kann ihm kein Alibi geben, sie war laut Herrn Pfeiffer seit Samstag nicht mehr in der gemeinsamen Wohnung. Er ist momentan unser Verdächtiger Nummer eins.«

Helga hob die Hand an den Mund, um sich noch nicht einzumischen. Sie wollte erst noch hören, was die Kollegen zu berichten hatten, bevor sie ihre neuen Erkenntnisse über Jasmin Bergers Affäre zum Besten gab.

»Der generelle Tenor lautet, dass Herrn Pfeiffer so eine Tat nicht zuzutrauen ist. Normalerweise sei er, ich zitiere verschiedene Aussagen: ein ›Weichei‹, er stehe ›unter der Fuchtel seiner Freundin‹, sei ›zahm wie ein Lamm und ihr hörig‹. Klingt nicht nach einem kaltblütigen Mörder, wenn ihr mich fragt.«

»Was nicht heißt, dass man aus dieser gewohnten Rolle nicht ausbrechen kann«, gab Peitsch zu bedenken, der Dieter nach dem Gespräch gestern anscheinend nicht unnötig auf die Füße treten wollte. »Bisher ist er der wahrscheinlichste Kandidat und wir sollten an ihm dranbleiben. Oder gab es weitere Vorkommnisse an dem Abend? Außerdem müssen wir die

Befragungen auf ein breiteres Umfeld des Paares ausweiten. Gab es Feinde? Schulden oder illegale Machenschaften? Streit unter Arbeitskollegen?«

»Über weitere Vorfälle an dem Abend ist uns nichts bekannt. Auch hat keiner der Befragten einen Fremden in der Umgebung bemerkt oder etwas Auffälliges feststellen können. Wir tappen, was dies betrifft, relativ im Dunkeln.«

»Ich hätte da noch jemanden anzubieten«, meldete sich Helga zu Wort. Sie überlegte einen Moment, ob sie Dieter reinreiten sollte, indem sie ausplauderte, dass er sich in den Feierabend verabschiedet hatte, während sie weitere Befragungen durchgeführt hatte. Zugunsten des Arbeitsklimas entschied sie sich dagegen.

»Nach dem Gespräch mit Pfeiffer, der wie bereits erwähnt bis auf den möglichen Fahrer kein Alibi zu bieten hat, waren wir noch einmal bei Sandra Drechsler.« Aus dem Augenwinkel registrierte sie Dieters verwunderten Blick. Er hatte wohl nicht damit gerechnet, dass sie seinen verfrühten Feierabend decken würde. »Ich hatte das Gefühl, dass sie mir am Vormittag nicht alles gesagt hatte, und lag genau richtig. Jasmin Berger hatte eine Affäre.«

Einer der Kollegen stieß einen Pfiff aus, während Dieter sich mehr schlecht als recht bemühte, nicht zu überrascht zu wirken. Er nickte, als habe er längst davon gewusst.

»Das ist noch nicht alles«, fügte Helga schnell hinzu. »Ihr Lebensgefährte wollte ihr einen Antrag machen. Deshalb der Ring, der zwischen den Bodendielen gefunden wurde. Und Sandra Drechsler hat Jasmin Berger vor zwei Wochen bereits davon erzählt. Sie war anscheinend nicht gerade begeistert, hat wortwörtlich nach einem Ausweg gesucht.«

»Das wirft natürlich ein völlig anderes Licht auf die Sache. Gute Arbeit«, sagte Peitsch und nickte anerkennend. »Haben wir einen Namen?«

»Bisher leider nur einen Vornamen. Frau Drechsler konnte lediglich sagen, dass Jasmin Berger den Mann von der Arbeit kennt, aber es sich wohl nicht um einen Kollegen handelt. Wir wollten Frau Berger heute noch mal einen Besuch abstatten und sehen, ob sie ein wenig ehrlicher zu uns ist. Gestern bei dem Gespräch hat sie noch vehement abgestritten, ein Verhältnis zu haben.«

»Wobei wir sie aber auch nach Herrn Pfeiffer gefragt haben. Gelogen hat sie also nicht«, warf Dieter ein.

»Gut, dann kümmern sich Kannengießer und Joachimstaler also noch mal um die Zeugin. Schaut auch bei ihr im Büro vorbei, wenn sie nicht redet. Vielleicht weiß ja einer der Kollegen etwas. Palumbo und Schwarzkopf nehmen sich die Taxiunternehmen vor, damit wir sehen, ob Pfeiffer in Bezug auf seinen Heimweg gelogen hat. Außerdem versucht ihr, seine Freundin zu erreichen. Wenn sie verschwunden bleibt, wirft das ein schlechtes Licht auf ihn.«

Die Besprechung löste sich auf. Helga und Dieter gingen zum Aufzug. »Danke dir«, murmelte Dieter. »Tut mir leid, dass ich mich gestern so schnell verkrümelt habe. Gute Arbeit auf jeden Fall, Werner.«

Helga grinste Dieter an. Diese Spitznamen hatten schon was für sich, das musste sie zugeben.

19. Kapitel

Nach der Besprechung machten Helga und Dieter sich sofort auf den Weg ins Krankenhaus. Der Himmel war mittlerweile trüb, was jedoch nicht für eine Abkühlung sorgte. Im Gegenteil, es war unerträglich schwül und Helga hatte das Gefühl, dass ihre Oberschenkel langsam mit dem Fahrersitz verschmolzen. Auf dem Parkplatz der Unfallklinik angekommen, war sie völlig durchgeschwitzt. Dieter war bei laufendem Motor in seinem BMW sitzen geblieben und hatte noch gar nicht bemerkt, dass sie da war. Sie klopfte an die Scheibe und er fuhr zusammen. Als er die Autotür öffnete, strömte ihr die kühle Luft der Klimaanlage aus dem Wageninneren entgegen. Verständlich, dass er keine Lust gehabt hatte, mit ihr zu fahren. Für ein bisschen mehr Komfort in Form von klimatisierter Luft war Helga allerdings nicht bereit, das Rauchen im Auto aufzugeben, weshalb sie lieber ihren eigenen Wagen nahm.

Als sie im fünften Stock das Zimmer von Jasmin Berger betraten, war das mittlere Bett leer.

»Sie wird doch nicht schon entlassen worden sein?« Die Frage war mehr in den Raum gestellt als an Dieter gerichtet, was ihn jedoch nicht davon abhielt, Helga zu antworten.

»Woher soll ich das wissen?«, grummelte er und zuckte die Achseln.

Gemeinsam verließen sie Zimmer 511 und gingen zum Aufenthaltsbereich der Schwestern.

»Frau Berger hat sich heute früh selbst entlassen. Wir haben darin keinerlei Problem gesehen, obwohl sie eigentlich noch zwei Tage zur Beobachtung bleiben sollte. Ihre Hand ist auf einem guten Weg, die Schnitte haben sich nicht entzündet, alles verheilt sehr gut.«

»Da hätte man uns ruhig informieren können«, motzte Dieter, während Helga die Nummer der Zentrale wählte, um sich Jasmins Adresse durchgeben zu lassen. Auf dem Weg zurück zum Parkplatz überredete Dieter Helga, gemeinsam in seinem Wagen zu fahren. Vermutlich wollte er nicht riskieren, so wie gestern ständig auf sie warten zu müssen.

Helga genoss die Abkühlung durch die Klimaanlage und die Fahrt ging ihr fast ein wenig zu schnell rum. Die Wohnung von Jasmin Berger lag in Bornheim direkt am Günthersburgpark in einem sanierten Altbau. Dieter pfiff durch die Zähne, als sie auf das Haus zugingen. »Was arbeitet die Berger noch mal?«, fragte er. »Kindergärtnerin?«

Helga lachte. »Fast. Sie ist beim Jugendamt im Bereich Vormundschaft und Pflegschaft.«

»Und da kann man es sich leisten, in so einem Haus zu leben? Als Beamtin des deutschen Staates? Ich will gar nicht wissen, wie hoch die Mieten hier sind. Irgendwas mache ich falsch.«

»Höre ich da etwa Neid? Ihr Lebensgefährte war Ingenieur, er hat also was *Richtiges* gearbeitet.« Helga zwinkerte, was Dieter allerdings nicht mehr sah, da er sich nach vorne lehnte und auf die Klingelschilder lugte. Er drückte auf einen der oberen Knöpfe und Helga stöhnte. Schon wieder Treppen. Ihre Beine würden sie umbringen.

140

Es dauerte einen Moment, bis der Summer betätigt wurde, und sie betraten das angenehm kühle Treppenhaus. Langsam quälte sie sich hinter Dieter die Stufen hinauf. Im zweiten Stock wartete er mit verschränkten Armen auf sie. »Wenn du nicht mal zwei Stockwerke schaffst, ohne ein Sauerstoffzelt zu brauchen, wird es wirklich Zeit, die Kippen von deinem Tagesplan zu streichen«, sagte er streng.

»Daran liegt es nicht«, murmelte Helga, die tatsächlich nicht außer Atem war. Dafür war sie viel zu langsam gegangen.

Dieter schaute sie mit hochgezogenen Augenbrauen an und beäugte dann, wie sie ihren Fuß auf die oberste Stufe des Absatzes quälte. »Mach mich nicht fertig! Warst du etwa beim Sport?«

»Wie kommst du darauf?«, giftete sie ihn an. Sie hatte wenig Lust zuzugeben, dass sie – wenn auch eher unabsichtlich – einen Rat von ihm befolgt hatte.

»Weil mir das, mein lieber Ferdinand, ganz nach Muskelkater aussieht, wie du dich da bewegst.« Er beugte sich zu ihr und streckte die Hand aus, um ihr in den Oberschenkel zu kneifen. Helga wich mit einer staksigen Bewegung aus.

»Ja, schon gut, Meisterdetektiv. Ich gebe es ja zu«, sagte sie kleinlaut, als würde sie einen Streich beichten. Hauptsache er gab endlich Ruhe und zog sie damit nicht weiter auf. »Ich war bei einem Probetraining und spüre jeden verdammten Muskel in meinem Körper. Zusätzlich scheinen sich völlig neue entwickelt zu haben. Jedenfalls fühlt es sich so an. Können wir jetzt weitergehen?«

Dieter grinste, verkniff sich aber jeglichen weiteren Kommentar und stieg stattdessen jede Stufe betont langsam vor ihr hinauf. Helga war sich nicht sicher, ob es rücksichtsvoll gemeint war oder er sie nachäffen wollte. Nach einer gefühlten Ewigkeit kamen sie oben an. Da beide Türen verschlossen blieben, suchte Dieter die richtige raus und klopfte dagegen.

Einen Moment später öffnete Jasmin die Tür einen Spalt und zog sie dann auf. Sie trug eine knappe Shorts, die etliche blaue Flecken an ihren Beinen preisgab, sowie ein T-Shirt. Die rechte Hand war frisch verbunden, die Jodflecken auf ihren Fingern verschwunden. Ihr gestern noch lädiertes Gesicht sah schon besser aus, nur noch die Kratzer zeugten von ihrem Kampf in der Hütte. Anscheinend benutzte sie ein sehr gutes Make-up, das es schaffte, die meisten der Verletzungen zu verbergen.

»Ach, Sie sind das. Ich dachte, es wäre der Postbote, der mal wieder das Paket bei einem Nachbarn in den unteren Etagen abgegeben hat.«

»Warum haben Sie uns nicht informiert, dass Sie schon zu Hause sind?«, fragte Helga genervt von dieser unhöflichen Begrüßung.

Jasmin zuckte mit den Achseln. »Wusste nicht, dass das von mir erwartet wird. Ich bin ja schließlich nicht verdächtig oder so.«

Helga musste sich zusammenreißen, Dieter keinen vielsagenden Blick zuzuwerfen. Stattdessen fragte sie: »Können wir reinkommen?«

»Eigentlich passt es mir gerade nicht so gut. Wie Sie sich vorstellen können, ist es nicht gerade leicht, plötzlich allein in der gemeinsamen Wohnung von Markus und mir zu sein. Ich muss erst mal irgendwie mit dieser Situation klarkommen.«

Warum hast du dann dafür gesorgt, dass du möglichst schnell dorthin zurückkehren kannst?, dachte Helga, sagte aber nichts weiter. Es brachte nichts, Jasmin schon jetzt gegen sie aufzubringen, wenn sie etwas mehr über ihre Affäre erfahren wollten. Helga schätzte sie so ein, dass sie komplett dichtmachte, wenn man sie zu sehr in die Ecke drängte, sie mussten also behutsam mit ihr umgehen.

»Es wird nicht sehr lange dauern. Wir haben nur noch ein paar Fragen«, übernahm Dieter das Gespräch und Helga hoffte, dass er die Sache ähnlich sah wie sie selbst.

»Na gut, dann bitte«, sagte Jasmin und machte zögerlich eine einladende Handbewegung. Sie führte die beiden ins Wohnzimmer, wo sie sich gemeinsam auf die Couch setzten. Ein Deckenventilator wirbelte die schwülwarme Luft durch den Raum. Zur Kühlung konnte er nichts beitragen. Helga hätte ihren linken Arm für ein Glas Wasser gegeben, aber Jasmin Berger machte keinerlei Anstalten, etwas anzubieten. Sie dachte an die Flasche Eistee, die sie in ihrem Käfer liegen hatte und die nachher sicherlich brühwarm war.

»Also, worum geht es? Ich habe Ihnen gestern alles gesagt, woran ich mich erinnere. Mehr kann ich Ihnen nicht helfen, so gerne ich es auch würde. Ich habe den Täter nicht erkannt.«

»Dabei waren Sie aber nicht so ganz ehrlich«, sagte Helga und beobachtete Jasmins Reaktion genau. Die verzog keine Miene. Entweder war sie eine verdammt gute Lügnerin oder sie hatte keine Ahnung, worauf Helga hinauswollte.

»Wir haben gestern Nachmittag noch einmal mit Ihrer Freundin gesprochen. Sie hatten kein Verhältnis mit Herrn Pfeiffer, in diesem Punkt haben Sie nicht gelogen. Allerdings gab es da jemand anderen.«

Noch immer zeigte ihr Gesicht keine Reaktion. »Gut, Sie haben mich ertappt.«

»Warum haben Sie uns das nicht gesagt?« Dieter hatte seine Ellenbogen auf die Oberschenkel gestützt und die Hände unter dem Kinn gefaltet. Es sah beinahe so aus, als wäre er Jasmins Vater, der ihr gerade eine Standpauke erteilte.

»Warum wohl? Ich habe mich natürlich geschämt. Ja, das war Mist und Sie haben sofort damit angefangen, irgendwelche wilden Verdächtigungen auszupacken. Glauben Sie, da habe ich noch großartig Lust, offen über solche intimen Dinge mit

Ihnen zu sprechen? Wie gesagt, ich bin ja nicht verdächtig oder so.« Sie schnaufte verächtlich durch die Nase, als hätte man sie beleidigt. »Außerdem glaube ich nicht, dass er damit etwas zu tun hatte. Unsere Beziehung war längst beendet.«

»Was heißt *längst*?«, hakte Helga nach. Bei der Zeugin Drechsler hatte das gestern noch anders geklungen.

»Na ja, vor etwas mehr als einer Woche habe ich es beendet. Kurz davor hat mir Sandra erzählt, dass …« Sie hob die Hand an den Mund, als ihr klar wurde, dass sie gerade dabei war, sich selbst der zweiten Lüge zu entlarven. Dann winkte sie ab. »Ach, Sie wissen es ja vermutlich eh schon. Sandra hat mir gesagt, dass Markus mir einen Antrag machen wollte. Auf meiner Geburtstagsfeier. Wie Sie sich denken können, war das erst mal wie ein Schlag ins Gesicht für mich.«

»Sie empfanden es als Beleidigung, dass Ihr Lebensgefährte Sie gerne heiraten wollte?« Dieter konnte seine Verwunderung über diese Aussage kaum verbergen.

»Nein. Natürlich nicht! So war das nicht gemeint. Sie drehen mir ja die Worte im Mund rum. Und da wundern Sie sich, warum ich Ihnen gestern nicht die ganze Wahrheit auf den Tisch gepackt habe. Genau aus diesem Grund.«

»Erklären Sie uns bitte, wie es stattdessen gemeint war.«

»Na, es war wie ein Schlag, der mich aufgeweckt hat. Erst da habe ich erkannt, was ich eigentlich gerade tue, was ich Markus antue. Vielleicht habe ich genau das gebraucht. Jedenfalls wurde mir dadurch klar, was ich wirklich will, und daraufhin habe ich die Affäre beendet.«

»Verraten Sie uns doch bitte den Namen Ihres Ex-Lovers«, forderte Dieter die Frau auf. Seinem Gesicht war deutlich anzusehen, was er von der ganzen Sache hielt.

»Ich sagte doch schon, dass er bestimmt nichts damit zu tun hat.«

»Die Beurteilung darüber, ob der Mann verdächtig ist oder nicht, überlassen Sie bitte uns. Wir können auch bei Ihren Arbeitskollegen nachfragen, ob jemand von dort Bescheid weiß, um wen es sich handelt.«

»Woher wissen Sie … Er ist kein Kollege von mir. Außerdem, warum sollte er sonst so bescheuert sein und im Krankenhaus auftauchen? Wäre er der Täter, wäre das doch viel zu riskant.«

»Er hat Sie in der Klinik besucht?«, fragte Helga verwundert. Das konnte nur bedeuten, dass ihm entweder viel an Jasmin Berger lag oder er etwas mit der Sache zu tun hatte. Vielleicht wollte er sich vergewissern, wie viel Schaden er wirklich angerichtet hatte. Es war keine Seltenheit, dass Täter an den Ort des Geschehens zurückkehrten, um sich die Ereignisse wieder vor Augen zu rufen, oder ihre Hilfe bei Ermittlungen anboten, um irgendwie beteiligt zu sein. Warum sollte man nicht persönlich bei einem Opfer vorbeischauen, um sein Werk zu begutachten? »Interessant. Haben Sie uns noch weitere Fakten verschwiegen? Jetzt ist es an der Zeit, damit rauszurücken.«

Jasmin Berger schwieg und nestelte betreten am Verband an ihrer rechten Hand herum.

»Gut, dann nennen Sie uns bitte den Namen.«

Sie presste die Lippen aufeinander, wie ein Kind, das gerade ausgeschimpft wurde.

Dieter lehnte sich nach vorne, um ihr besser ins Gesicht schauen zu können. »Frau Berger. Wie ich bereits erwähnte, wissen wir, dass Sie ihn von Ihrer Arbeit her kennen. Wie gesagt: Wir schrecken bestimmt nicht davor zurück, Ihre Kollegen zu befragen, wenn Sie nicht kooperativ sind.«

»Diese verdammte Sandra«, fluchte Jasmin. »Brandes. Christian Brandes, wohnt in Sachsenhausen. Louisenstraße zweiundfünfzig. Wenn Sie Glück haben, ist er jetzt zu Hause. Er arbeitet meistens im Homeoffice.«

Keine halbe Stunde später trafen Helga und Dieter am genannten Ort ein. Der Gegensatz zur Wohnung von Jasmin Berger in dem sanierten Altbau könnte nicht größer sein. Das schmucklose Gebäude war geschätzt aus den Siebzigerjahren und sah aus, als wäre es seitdem nicht einmal renoviert worden. An der Vorderseite war die beigefarbene Fassade mit Graffiti beschmiert, im Hinterhof stapelte sich Sperrmüll in einer der Ecken. Die Familie Brandes wohnte im Erdgeschoss links.

»Endlich mal keine Stufen«, murmelte Helga erleichtert und klingelte bei Brandes.

»Ja bitte?«, rauschte eine weibliche Stimme aus der Sprechanlage.

»Kripo Frankfurt. Wir müssten bitte mit Herrn Brandes sprechen. Ist der zu Hause?«

Schweigen.

»Hallo?«, fragte Helga, weil sie nicht sicher war, ob die Person am anderen Ende noch da war.

»Ja … ich … äh. Moment bitte, ich mache Ihnen auf.«

Im selben Moment ertönten ein Summen und ein Klicken aus der Tür. Dieter drückte die Tür auf und ließ Helga vorgehen. Sie trat in den Hausflur. Die Tür auf der linken Seite öffnete sich und eine rundliche Frau in Jogginganzug erschien. Neben ihr stand ein Mann, der auf den ersten Blick so gar nicht zu ihr zu passen schien. Er hatte eine athletische Figur und war groß, außerdem adrett gekleidet. Helga musterte ihn genau und versuchte, die Täterbeschreibung von Jasmin Berger mit dem Mann vor ihr in Einklang zu bringen. Er war schmaler als Pfeiffer, allerdings beinahe genauso groß. Jasmin hatte davon gesprochen, dass der Angreifer kleiner gewesen wäre und sehr viel schmächtiger. Das passte nicht so wirklich zu Christian Brandes. Allerdings konnte es genauso gut sein, dass sie gelogen hatte, um den Mann zu schützen, mit dem sie bis vor Kurzem eine Affäre gehabt hatte. Angeblich, denn Helga war nicht überzeugt davon, dass sie die Sache, wie behauptet, wirklich beendet hatte. Warum hatte sie mit ihrer besten Freundin nicht darüber gesprochen, wenn dem so war?

Sichtlich nervös schaute der Mann zwischen den Kripobeamten und seiner Frau hin und her. Helga wusste nicht so recht, wie sie anfangen sollte. Sie konnte ihn ja nicht einfach vor seiner Frau auf die Affäre ansprechen.

»Worum geht es?«, fragte er und machte keinerlei Anstalten, sie hineinzubitten.

»Vielleicht können wir das besser drin besprechen«, schlug Dieter vor.

Widerwillig trat Brandes beiseite und ließ sie eintreten. Die Frau ging vorweg ins Wohnzimmer, Dieter und Helga folgten ihr, während Christian Brandes die Tür hinter ihnen ins Schloss warf. Die Wohnung wirkte chaotisch, aber nicht dreckig. Auf dem Tisch waren verschiedene Zeitungen verteilt, der Controller einer Spielekonsole lag daneben. Zwei Gläser und eine Tasse standen auf einem niedrigen Stapel Zeitschriften.

»Entschuldigen Sie die Unordnung, ich war nicht auf Besuch eingestellt«, sagte die Frau und es schien ihr unangenehm zu sein. Sie schnappte sich die zwei Gläser sowie die Tasse und trug sie aus dem Raum.

Helga nutzte die Gelegenheit und sagte: »Herr Brandes, wir sind wegen Frau Berger hier. Sie haben schon gehört, was Samstagnacht passiert ist?«

Brandes schaute sich um. Seine Frau war noch außer Sicht- und Hörweite. »Ja. Schrecklich. Zum Glück geht es Jasmin … ich meine Frau Berger gut.«

»Was ist?«, fragte die Frau, die gerade durch die Tür kam. »Geht es um unsere Jasmin vom Jugendamt?« Sie sah ihren Mann durchdringend an. Helga ahnte, dass hier etwas extrem im Argen lag. Die Affäre war anscheinend nicht ganz so heimlich abgelaufen, wie Jasmin und Brandes es geglaubt hatten.

»Jasmin Berger«, bestätigte Helga. »Können Sie uns kurz erläutern, woher Sie sie kennen?«

»Warum, was ist passiert? Wird sie wegen irgendwas beschuldigt? Sie ist die zuständige Mitarbeiterin für unseren Pflegesohn Leon. Er hatte keine leichte Kindheit und sie trifft sich regelmäßig mit uns und ihm, um seinen Zustand zu überprüfen. Wir haben alles regelkonform gemacht, wenn sie also irgendwelche Vorschriften nicht eingehalten hat, haben wir nichts damit zu tun!«

Helga glaubte ihr kein Wort. Ihre Sorge um den Pflegesohn wirkte aufgesetzt. Die Frau wusste genau, warum die Kripo in ihrem Wohnzimmer saß.

»Es geht nicht um Ihren Pflegesohn, Frau Brandes«, sagte Dieter mit einem genervten Unterton. »Frau Berger wurde Samstagabend angegriffen und schwer verletzt.«

Frau Brandes wechselte einen erschrockenen Blick mit ihrem Mann. Obwohl sie sich reichlich Mühe gaben, war das Schauspiel leicht zu durchschauen.

»Was … Das ist ja schrecklich. Geht es ihr gut? Was haben wir damit zu tun? Wir waren den ganzen Abend hier«, beeilte sie sich zu sagen, während ihr Mann auf dem Sofa immer mehr in sich zusammensank. Als er hörte, was seine Frau von sich gab, zog er einen winzigen Moment die Augenbrauen nach oben, nickte dann aber heftig.

»Wir haben einen Film auf Netflix angeschaut«, sagte er.

Helga holte ihr rotes Büchlein aus der Hosentasche. »Welcher Film war das genau?«, fragte sie und schaute zwischen Herrn und Frau Brandes hin und her. »Hatte er Überlänge? Ansonsten hat er ja sicher nicht den ganzen Abend gedauert.«

»Einen Thriller. Ich weiß nicht mehr, wie er hieß. Danach sind wir früh ins Bett.«

»Erinnern Sie sich vielleicht?«, fragte Helga Christian Brandes. »Könnte sich ja ansonsten sicher nachvollziehen lassen. Bestimmt gibt es eine Option der zuletzt angesehenen Filme.«

»Oh«, machte Frau Brandes. Daran hatte sie offensichtlich nicht gedacht. Helga hatte keine Ahnung, ob es diese Funktion wirklich gab, aber offensichtlich machte allein die Möglichkeit, dass dem so war, die Ehefrau nervös.

»Warum fragen Sie das überhaupt? Wir werden doch nicht verdächtigt, oder doch?« Christian knete seine Hände.

»Frau Brandes, hätten Sie einen Kaffee für uns?«, fragte Helga. Wenn die Frau darauf nicht einging, würde sie Christian Brandes nicht schonen können. Sie mussten offen miteinander sprechen.

»Ja, natürlich. Den guten Jacobs Kaffee.«

Helga war es völlig schnuppe, welchen Kaffee sie hier bekam, doch sie nickte lächelnd, als würde sie sich darüber freuen.

Frau Brandes stand auf und verließ das Wohnzimmer. Kurz darauf war das Klappern von Geschirr aus der Küche zu hören.

Helga beugte sich nach vorne. »Wir wissen, dass Sie eine Affäre mit Frau Berger haben.«

Christian senkte den Blick. So weit hatte er anscheinend mitgedacht. »Aber das ist vorbei. Es hatte nichts zu bedeuten«, sagte er schnell, als würde er sich vor seiner Frau rechtfertigen, strich sich dabei dann nervös durch die Haare und atmete tief ein. »Sie hat Schluss gemacht.«

Dieter nickte. »Und das hat Sie enttäuscht. So sehr, dass Sie am Samstag dorthin gefahren sind, um ihr so richtig eins auszuwischen, hm?«

Helga schnaufte leise. Sie hasste Dieters Verhörmethoden. Er unterstellte immer etwas, indem er eine Geschichte auf-machte. Angeblich wollten die Täter dann immer schnell richtigstellen, wie es wirklich gewesen war. »Sie wollten gar nicht, dass jemand stirbt, vielleicht sollte die Party einfach nur gecrasht werden. Vielleicht wollten Sie Markus Esche über die Affäre aufklären, aber dann ist alles aus dem Ruder gelaufen ...«

»Milch und Zucker?«, rief Frau Brandes aus der Küche.

»Schwarz«, gab Helga zurück.

»Ich habe mit dem Tod von Jasmins Freund nichts zu tun«, beteuerte Christian. »Sie haben es doch gehört. Ich war die ganze Nacht hier.« Er stand auf und ging nervös auf und ab. »Hören Sie, ich habe Jasmin wirklich gerngehabt. Für sie hätte ich sogar meine Frau verlassen, wäre da nicht Leon. Niemals würde ich mit einem Messer auf Leute losgehen!«

»Gerade haben Sie noch behauptet, es hätte nichts bedeutet«, erinnerte ihn Helga.

Frau Brandes kam mit zwei Tassen zurück ins Wohnzimmer. Das war schnell gegangen.

»Also, ist Ihnen der Titel wieder eingefallen?«, fragte Helga und nahm den Kaffee entgegen. Er wirkte wässrig und schmeckte fürchterlich.

»Nein, tut mir leid. Ich glaube, Brad Pitt hat mitgespielt. Ein etwas älterer Film. Ziemlich brutale Morde, die irgendwas mit der Bibel zu tun hatten.«

»Sie meinen *Sieben*?«, fragte Dieter.

»Ja, der muss es gewesen sein. Ich wusste, es war irgendwas mit einer Zahl.« Sie zeigte ein breites Lächeln, als hätte sie eine Schulaufgabe korrekt beantwortet.

Helga fragte sich, wie man einen so einfachen Titel vergessen konnte, sagte aber nichts. In ihrem roten Buch notierte sie: *Überprüfen, ob es Sieben auf Netflix gibt*, kippte die wässrige Brühe von einem Kaffee herunter und stand dann auf. »Vielen Dank, Frau Brandes. Herr Brandes. Halten Sie sich bereit, falls wir noch weitere Fragen haben.«

Dieter tat es ihr gleich und sie gingen zur Tür.

Draußen atmete Helga tief ein und aus. »Also an Brad Pitt kommen die mit ihrem Schauspiel da drinnen nicht ran«, sagte sie. Nach dem Gespräch konnte Helga ein klein wenig nachvollziehen, weshalb Brandes sich mit Jasmin Berger eingelassen hatte, obwohl er verheiratet war.

Dieter lachte. Eine Seltenheit. Normalerweise fand er aus Prinzip nichts von dem lustig, was Helga von sich gab. »Da muss ich dir recht geben, Hannes. Die Geschichte stinkt gewaltig.«

20. KAPITEL

Der Satinstoff unter ihren Fingern fühlte sich trotz der tropischen Temperaturen kühl an. Jasmin strich über die Bettdecke und konnte nur mit Mühe ein Schluchzen unterdrücken. Ja, sie war Markus nicht treu gewesen, hatte auch schon vor Christian gerne geflirtet, wenn sie ohne Markus unterwegs war. Doch spätestens, als Sandra ihr von Markus' Heiratsplänen erzählt hatte, waren ihr die Augen geöffnet worden. In den letzten Tagen war ihr erst wieder richtig bewusst geworden, was er ihr bedeutete. Er kannte sie in- und auswendig, verstand ihre Launen und akzeptierte ihre schwierigen Seiten. Nein, er hatte sie sogar genau deswegen geliebt und die eigentlich perfekte Gegenseite dazu gebildet. Und jetzt war er tot. Sie würde nie wieder mit ihm gemeinsam unter dieser Decke liegen und sich darüber streiten, wer nun am Samstag dran war, Brötchen zu holen, würde nie wieder sein leises Singen hören, wenn er unter der Dusche stand, oder seinen markanten Geruch in der Nase haben, wenn er vom Sport kam.

War es das wert gewesen? All das, was sie gehabt hatte, aufzugeben für ein bisschen Spaß? Natürlich war es aufregend gewesen, hatte sich gut angefühlt. Christian hatte sich um sie bemüht wie Markus schon lange nicht mehr. Ihr Geschenke und

Komplimente gemacht, sie massiert und anschließend mit der Zunge verwöhnt. Markus hatte all das vor Jahren aufgegeben. Ihr Sexleben hatte aus einem wöchentlichen Rein-raus-Spiel bestanden. Er war ihr Fels in der Brandung gewesen, immer für sie da, aber aufregend hatte es sich schon eine Weile nicht mehr angefühlt. Jetzt wünschte sie sich, sie hätte selbst etwas dafür getan, es zu ändern. Warum hatte sie mit Markus nicht darüber gesprochen? Sie selbst hätte versuchen können, ihrem Liebesleben wieder den nötigen Schwung zu geben. Stattdessen hatte sie es vorgezogen, sich ihren Spaß bei jemand anderem zu holen.

Christian hatte schnell durchblicken lassen, dass er sich in Jasmin verguckt hatte. Schon nach dem dritten privaten Treffen war er auf das Thema gekommen, dass er seine Frau am liebsten verlassen würde, wäre da nicht Leon, das Pflegekind der Familie, weswegen Jasmin Christian überhaupt erst kennengelernt hatte. Obwohl der Angreifer ihrer Meinung nach eine völlig andere Statur gehabt hatte, war Jasmin sich dennoch nicht sicher. Könnte sie sich getäuscht haben und Christian war doch derjenige, der Samstagnacht in die Hütte gestürmt war und sie angegriffen hatte? Hatten die Beamten von der Kripo recht und er wollte sie dafür bestrafen, dass sie ihre Affäre beendet hatte? Sie selbst hatte im Krankenhaus diesen Gedanken gehabt. Christian wollte sie noch immer, das hatte er gestern sehr deutlich gemacht. Doch würde er wirklich so weit gehen, jemanden dafür umzubringen? Es war nicht so abwegig, dass Christian seinen Konkurrenten aus dem Weg geschafft hatte, um dann auf ein neues Leben mit Jasmin zu hoffen. Letzteres hatte er selbst zugegeben. Sie rief sich die Geschehnisse der Nacht noch einmal in Erinnerung.

Der Täter war direkt auf sie zugestürmt, hatte auf sie eingestochen. Markus hatte sich dazwischengeworfen und seinen Mut mit dem Leben bezahlt. Erst nachdem er sich eingemischt hatte, war der Täter auf ihn losgegangen. Aber wenn es Christian war, warum hatte er dann sie angegriffen und nicht direkt Markus? Das ergab überhaupt keinen Sinn.

Jasmin sank in die Kissen. Ein Hauch von Markus' Aftershave stieg ihr in die Nase. Nun konnte sie die Tränen nicht mehr zurückhalten. Wenn sie doch nur die Zeit zurückdrehen könnte, sie würde alles anders machen. Ihr Herz krampfte sich zusammen und sie schrie ihren Schmerz heraus. Als ihr Handy vibrierte, hielt sie inne. Sie wischte sich die Tränen vom Gesicht.

Christians Nummer blinkte auf ihrem Display. Sie ließ es klingeln. Er versuchte es ein weiteres Mal und dann noch mal, also nahm sie schließlich ab.

»Was willst du?«, fragte sie und versuchte, ihre Stimme dabei nicht brüchig klingen zu lassen.

»Du bist nicht mehr im Krankenhaus ...«

Sie seufzte. War er etwa schon wieder in die Unfallklinik gefahren, um sie zu besuchen? Dabei hatte sie ihm doch gestern zum wiederholten Mal unmissverständlich klargemacht, dass es aus zwischen ihnen war. Warum hatte sie sich bloß auf ihn eingelassen? »Ist das eine Frage oder eine Aussage?«

»Sei doch nicht gleich so abweisend, ich habe dir nichts getan.«

Da kann ich mir nicht sicher sein, dachte Jasmin, sagte aber nichts.

»Bist du noch dran?«, fragte Christian nach einem Moment des Schweigens.

»Ja. Was willst du denn noch?«

»Wir müssen uns treffen. Kann ich vorbeikommen?«

Jasmin entfuhr ein verächtliches Lachen. Das Letzte, was sie jetzt brauchte, war Christian hier in ihrer Wohnung. Ein einziges Mal hatten sie es hier getrieben, in Markus' und Jasmins gemeinsamen Bett, und danach hatte sich Jasmin so schlecht

gefühlt wie bei keinem ihrer Treffen zuvor. Es hatte sich angefühlt, als habe sie Markus gleich doppelt hintergangen.

»Ich nehme an, das heißt Nein?«

»Natürlich nicht. Was glaubst du denn? Dass ich jetzt Lust
habe, mich mit dir zu vergnügen? Christian, wir haben gestern und auch vorher schon alles besprochen. Ich werde meine
Meinung nicht ändern. Das zwischen uns ist beendet und du
musst das akzeptieren. Sei einfach nicht so ein Creep, okay? Ich
lege jetzt auf.«

»Halt! Warte! Darum geht es doch gar nicht. Ich muss dir
etwas zeigen, das deinen Verdacht entkräften wird. Bitte. So
eine Verdächtigung kann ich einfach nicht auf mir sitzen lassen. Du musst die Wahrheit erfahren. Danach lasse ich dich in
Ruhe, versprochen.«

Jasmin überlegte. War das nur ein schäbiger Trick, um sie
zu sehen? Allerdings klang er ehrlich verzweifelt. »Also gut«,
sagte sie. »Aber nicht hier. Wir treffen uns im Eulers. In zwanzig Minuten?« Christian willigte ein und Jasmin legte auf.
Vermutlich war es ein Fehler, seiner Bitte nachzugeben. Wenn
sie nicht hart blieb, würde er nie lockerlassen. Aber sie war
neugierig, was er ihr so Wichtiges zeigen wollte, und an einem
öffentlichen Ort wie dem Café Euler würde er ihr bestimmt
nichts tun.

Bevor sie sich auf den Weg machte, zog sich Jasmin noch
schnell um. Egal wie schlecht es ihr ging, im Jogginganzug nach
draußen zu gehen, war einfach keine Option.

Auf der Straße hatte sie das Gefühl, jeder würde sie anstar-
ren und Bescheid wissen, was mit ihr passiert war. Tuschelten
die Leute hinter ihrem Rücken, dass sie diejenige war, die den
Angriff auf der Isenburger Schneise überlebt hatte? Vielleicht
glaubten sie – wie anscheinend auch die Polizei –, dass sie
etwas mit der Tat zu tun hatte. Sie zog die Schultern hoch und

wünschte sich, es wäre Winter, sodass sie sich im Kragen einer dicken Jacke hätte verstecken können.

Beim Café Euler angekommen, entdeckte sie Christian, der im Außenbereich an einem Tisch saß. Jetzt zur Mittagszeit war der Laden gut besucht und Jasmin kam sich vor wie auf einem Präsentierteller, als sie sich zu ihm setzte. Sie versteckte ihre verbundene Hand unter der Tischplatte, um den Spekulationen der anderen Gäste möglichst wenig Raum zu geben.

»Ich kann nachvollziehen, dass es in deinen Augen so aussehen muss, als wäre ich es gewesen«, sagte Christian mit gesenkter Stimme, wofür Jasmin ihm dankbar war. Es musste schließlich nicht jeder mitbekommen, worüber sie sprachen. »Die Polizei war auch schon bei mir. Haben mich natürlich verdächtigt, nachdem du ihnen meinen Namen genannt hast.«

»Das klingt wie ein Vorwurf. Was hätte ich machen sollen? Sandra hat ihnen von dir erzählt. Wenn ich die Aussage verweigert hätte, wäre das doch nur noch verdächtiger rübergekommen.«

»Wie gesagt, ich sehe ja ein, warum du glaubst, dass ich es war.« Seine Stimme war jetzt nur noch ein Flüstern. »Aber ich habe ein Alibi. Marianne und ich waren den ganzen Abend zu Hause. Ich war es nicht, das musst du mir glauben.«

Jasmin sah ihn mit zusammengekniffenen Augen an. »Schön. Und um mir das zu sagen, hast du mich jetzt herbestellt? Soll mich das beruhigen? Warum ist dir das gestern nicht eingefallen, als du mich besucht hast? Komisches Alibi.«

»Jasmin, bitte. Ich verstehe, wie du dich fühlen musst, aber ...«

»Ach, du verstehst das?«, zischte sie und lachte heiser. »Seien wir doch mal ehrlich. Du hast nicht den geringsten Schimmer, wie man sich fühlt, wenn einem alles genommen wurde. Sonst würdest du vielleicht so viel Respekt haben und mir nicht dauernd auf die Nerven gehen, obwohl ich dir eindeutig gesagt habe, dass ich dich nicht sehen will.«

Christian sagte nichts, doch sie sah an seinem Blick die unausgesprochene Frage, wieso sie Markus betrogen hatte, wenn er doch ihr *Alles* gewesen war. Die Frage, die sie sich selbst unaufhörlich stellte, seit sie in der Hütte neben seiner Leiche aufgewacht war.

Jasmin hustete, ihr Mund war wie ausgetrocknet. »Wo bleibt eigentlich diese verdammte Bedienung?«, fragte sie und schaute sich um. Von einem Kellner war weit und breit nichts zu sehen.

»Willst du einen Schluck von meinem Wasser?«, bot Christian an.

»Danke, ich verzichte. Verrätst du mir jetzt endlich, was du mir unbedingt zeigen wolltest? Es wird Zeit, dass wir der Sache ein Ende bereiten.«

Christian stand auf und fummelte etwas aus seiner Hosentasche. Es war ein zusammengefalteter Zettel. »Lies das!«, sagte er und schob ihr die Nachricht über den Tisch.

Jasmin stöhnte genervt. »Ist das dein Ernst? Sag mir bitte, dass das kein Liebesbrief ist.« Sie nahm das Stück Papier, faltete es auseinander und starrte auf aufgeklebte Buchstaben.

ICH HABE EUCH GESEHN. WENN DU NICHT WILLST DASS DEINE FAMILIE ETWAS ERFÄHRT BEENDE DAS. SOFORT! SONST PASSIERT WAS SCHLIMMES.

»Was ist das?«, fragte sie und drehte den Zettel in ihrer Hand hin und her, obwohl die Rückseite leer war.

»Sieht nach einer Drohung aus.«

»Vielen Dank, so viel habe ich auch erkannt. Woher kommt das?« Jasmin griff nun doch nach dem Glas von Christian. Ihr war mit einem Mal furchtbar schlecht.

157

»Das war vor ein paar Wochen bei uns in der Post. Kein Absender, keine Briefmarke. Auf dem Umschlag stand nur mein Name.«

Jasmin konnte nicht glauben, was sie da hörte. »Du wurdest schon vor Wochen bedroht und hast mir nichts davon gesagt? Oder hast du den Scheiß selbst verfasst, damit ich dir glaube, dass du nicht der Täter bist?«

Christian schaute sie ernst an. »Ganz bestimmt nicht.«

»Warum hast du dann nichts gesagt, verdammt? Du hättest das alles verhindern können. Weiß die Polizei davon?«

»Keine Ahnung. Ich war geschockt. Dann habe ich es für einen dummen Streich gehalten. Ich wusste einfach nicht, wie ich reagieren sollte.«

»Scheiße, Mann! Was soll so etwas denn? Wer hat das geschrieben? Wer wusste von uns?«

»Niemand natürlich. Ich habe jedenfalls niemandem davon erzählt. Es steht doch drin, dass uns jemand gesehen hat.«

»Sandra«, murmelte Jasmin und ballte ihre unverletzte Hand zur Faust. »Hast du den Umschlag noch? Kann ich ihn sehen? Vielleicht erkenne ich die Schrift.«

Christian schüttelte den Kopf. Er sah geknickt aus. »Habe ich direkt weggeschmissen. Die Adresse war ausgedruckt und mit Tesafilm festgeklebt, wie auch die Lasche. Daran hätte man den Verfasser nicht ausmachen können.«

»Du musst den Brief der Polizei zeigen. Warum hast du das nicht schon längst, wenn du ihn nicht selbst zusammengebastelt hast?«

»Du hast recht. Marianne war zu Hause, als sie mich befragt haben, da hatte ich keine Gelegenheit. Ich werde ihn sofort nachher auf dem Revier abgeben.«

»Vielleicht war sie es«, flüsterte Jasmin. »Deine Frau. Sie wollte mich töten, aber Markus ging dazwischen und hat mich gerettet. Dafür ist er gestorben.« Tränen sammelten sich in ihren

Augen. Sie kniff die Lippen zusammen und wischte sich mit dem Handrücken über die Augenlider. Auf keinen Fall wollte sie in der Öffentlichkeit losheulen. Es reckten sich schon genug Köpfe in ihre Richtung, um zu erhaschen, worum es bei ihrem Streit ging.

»Der Angreifer war doch keine Frau, das hättest du gemerkt. Außerdem hätte sie sich nie so verstellen können. Sie verhielt sich ganz normal die letzten Wochen.«

»Ja, weil sie vielleicht eine Psychopathin ist! Und du verteidigst sie noch«, rief Jasmin, womit sie endgültig die Blicke der anderen Gäste auf sich zog. Doch das war ihr jetzt egal. Ja, der Täter hatte wie ein Mann gewirkt. Aber wie hatte die Beamtin der Kripo so schön gesagt? Die Panik und der Schock konnten die Erinnerung verzerren. Was, wenn es doch eine Frau gewesen war? Oder wenn die Sache eine Gemeinschaftstat gewesen war … »Vielleicht hat ihr ja jemand geholfen. Du zum Beispiel.«

»Jetzt hör endlich auf damit. Ich würde dir nie etwas tun, warum glaubst du mir das nicht?«

»Ja, aber Markus. Ihm würdest du schon etwas antun. Du wusstest genau, dass er an dem Abend dort sein wird und dass er mich verteidigen würde, wenn mich jemand angreift. Die perfekte Gelegenheit, ihn aus dem Weg zu räumen.« Jasmin stand auf und beugte sich zu Christian. »Und selbst wenn du es nicht warst, du hättest all das verhindern können, hättest du einfach die Eier gehabt und vorher irgendwie auf den verdammten Brief reagiert. Du hast mich buchstäblich ins offene Messer laufen lassen.« Sie schob ihren Stuhl zurück, der gegen den eines Gastes am Nachbartisch knallte.

Christian sprang ebenfalls auf. »Aber … warte doch, Jasmin!«, rief er, doch sie ließ ihn stehen und drängte sich an den dicht gestellten Tischen vorbei auf den Bürgersteig.

Im Umdrehen sah sie noch, wie Christian seinen Geldbeutel herauskramte. Vermutlich wollte er das Geld für die Rechnung auf den Tisch legen, um ihr zu folgen. Sie beschleunigte ihren Schritt, ignorierte die Schmerzen, die sich in ihrem Oberkörper ausbreiteten. Sie wollte einfach nur weg von ihm. Es gab niemanden mehr, dem sie trauen konnte.

21. Kapitel

Wütend starrte er Jasmin hinterher. Er hatte es vermasselt und das Gegenteil von dem, was er sich erhofft hatte, war eingetroffen. Ihr Freund war tot, doch das schien sie kein bisschen zu interessieren, sie machte einfach weiter wie zuvor. Auch der Brief hatte keine Wirkung gezeigt. Hätte er doch in der Hütte bloß besser aufgepasst und wäre im Eifer des Gefechts nicht nachlässig geworden. Aber es war einfach alles so schnell gegangen. Irgendwie hatte er nicht mit so viel Gegenwehr gerechnet. Eine naive Vorstellung, das wusste er mittlerweile auch. Menschen, die um ihr Leben kämpften, entwickelten offenbar plötzlich ungeahnte Kräfte. So oder so, er brauchte jetzt einen neuen Plan.

Er trat auf den Bürgersteig, um ihr zu folgen. Trotz der Verletzungen, die nicht gerade harmlos sein konnten – das sollte er am besten wissen –, legte sie ein ordentliches Tempo vor. Sie rannte nahezu die Straße entlang. Ihre Wohnung lag nur wenige Blocks entfernt. Während er ihr folgte, stellte er sich vor, wie er an einer Straßenbahnhaltestelle hinter sie trat. Wie er wartete, bis die Bahn einfuhr, und ihr kurz davor einen kräftigen Stoß gab, sodass sie auf die Schienen fiel. Beinahe konnte er das matschende Geräusch hören, das ertönen würde, wenn

161

die Bahn über ihren Körper rollte und ihre Knochen unter dem tonnenschweren Stahl zermalmte, sie zerquetschte. So, wie sie es verdient hatte. Sie sollte Angst haben, schreien, Schmerzen verspüren und sich kurz vor dem Ende fragen, womit sie das verdient hatte.

Genugtuung durchströmte ihn bei dieser Vorstellung. Sie würde ihre Strafe noch bekommen. Und er würde dafür sorgen, dass ihr klar wurde, was sie angerichtet hatte. Sollte sie doch in ihre Wohnung flüchten, wo sie sich sicher fühlte. Sie hatte noch nie so falschgelegen.

22. Kapitel

Helga liebte das Bahnhofsviertel. In den letzten zwanzig Jahren hatte es sich vom Schandfleck Frankfurts zum Szenebezirk gemausert. Die damalige Oberbürgermeisterin Petra Roth hatte aus der Drogenhölle und dem Rotlichtbezirk einen beliebten Treffpunkt für Leute aus allen Schichten gezaubert, der zweimal wöchentlich mit seinem dörflichen Kaisermarkt die Menschen anzog. Abseits der Kaiserstraße hatte man durchaus hin und wieder noch das Gefühl, sich nicht unbedingt in einer sicheren Umgebung zu bewegen, doch das war kein Vergleich zu früher und ihr persönlich allemal lieber als die Glitzerwelt der Banken, mit der die meisten Menschen Frankfurt verbanden und die Stadt damit maßlos unterschätzten.

Gegen sieben kam sie am verabredeten Treffpunkt an. Von Weitem erkannte sie Horst, der vor der kleinen Dönerbude stand, rauchte und ihr winkte. Neben dem Dönerladen befand sich ein Handygeschäft, das für zehn Euro *original* iPhone Displays anbot. Helga und vermutlich jedem anderen mit etwas Hirn zwischen den Ohren war klar, dass die Displays ein billiger Abklatsch waren, aber wer wollte sich schon für zehn Euro beschweren? Der Besitzer des Ladens grüßte sie kurz, als sie am Schaufenster vorbeiging. Sie kannten sich vom Sehen.

Manchmal kam er auf einen Tee rüber zu Karim. Auf der rechten Seite der Dönerbude war ein afrikanischer Lebensmittelladen, der auch anbot, Rastazöpfe zu flechten. Helga hatte mal reingesehen. Die Frauen saßen mitten zwischen Mehl und Reissäcken und ließen sich von mehreren flinken Fingern in den Haaren herumwuseln.

Helga begrüßte Horst kurz und ging dann in die Bude, um sich eine Falafeltasche und ein Bier zu kaufen. Es war heiß und stickig, roch nach gegrilltem Fleisch, Knoblauch und dem süßlichen Aroma des Shisha-Tabaks. An einem der Stehtische standen zwei Türken, die sich lautstark unterhielten und dabei an kleinen Tassen nippten. Einen der wenigen Sitzplätze hatte Karims Sohn Yusuf belegt. Wie eigentlich immer, wenn Helga ihn sah, spielte er mit seinem iPad. Vor sich hatte er eine Dose Fanta und eine Portion Pommes.

Helga ging an die Theke, wo Karim dabei war, die Schüsseln mit den Salatzutaten aufzufüllen. Er wischte sich die Hände an seiner Schürze ab und reichte ihr die Hand.

»Hey Deputy«, rief er ihr zu und lächelte sie fröhlich an. »Warst lange nicht da. Wie gehts? Alles sicher auf den Straßen?«

»Dass Frankfurt sicher ist, erleben wir nicht mehr in diesem Jahrtausend. Als Bulle wirst du hier nie arbeitslos. Machst du mir eine Falafeltasche mit allem und extrascharf? Und ein bisschen mehr Knoblauchsoße.« Sie zwinkerte ihm zu.

»Dann nehme ich an, du bekommst ein Gude-Bier zum Abschalten dazu?«

»Worauf du dich verlassen kannst. Jedenfalls, wenn du ein Kaltes hast.«

Er stellte eine Flasche vor ihr auf die Theke. Sofort bildeten sich kleine Kondenströpfchen. »Ich bin immer vorbereitet«, sagte er.

»Oh, wunderbar. Darauf freue ich mich schon den ganzen Tag.« Helga kramte ihr Feuerzeug aus der Hosentasche und öffnete damit die Flasche. Gierig setzte sie sie an und ließ die kühle Flüssigkeit ihre Kehle hinabrinnen. »Ahh, das tut gut.«

»Auch noch eins für Horst?«

Helga drehte sich um und klopfte an die Scheibe. Als sie Horsts Aufmerksamkeit hatte, hob sie fragend ihr Bier. Er nickte. »Ja, gib mir auch noch eins für ihn.«

Karim stellte eine weitere Flasche auf den Tresen und machte sich dann an die Zubereitung von Helgas Bestellung. Er packte mit seiner Zange eine Tomate und legte sie ins Fladenbrot. Obenauf kamen Krautsalat und Peperoni. Dann schöpfte er mit einem Löffel die Soße über das Gemüse und legte die Bällchen aus Kichererbsen obenauf.

»Ruhig noch mehr von der Soße«, forderte Helga. Karim löffelte noch etwas darauf und legte den Döner auf einen Teller.

Nachdem sie gezahlt hatte, nahm Helga die beiden Flaschen, ihren Teller und ging nach draußen zu Horst. Der hatte seinen Blaumann gegen eine Jeans eingetauscht und trug eine dunkle, speckig aussehende Lederjacke, obwohl die Luft hier zwischen den Häusern stand. Helga schwitzte schon, wenn sie ihn nur ansah.

»Guten«, sagte er, nahm ihr die Flaschen ab und stellte sie auf den Tisch.

Helga nickte und biss hungrig in ihr Brot.

»Wie läufts bei eurem Fall? Hat Dieter schon den Abschlussbericht getippt?« Amüsiert über seinen eigenen Witz lachte er heiser. Mit seiner Flasche stieß er gegen Helgas, die auf dem Tisch stand, bevor er einen tiefen Schluck nahm.

Helga legte den Döner ab und zupfte sich einen Streifen Kraut vom Kinn, der aus dem Brot gefallen und dort gelandet war. »Mittlerweile hat er auch eingesehen, dass es nicht so einfach ist, wie es am Anfang aussah«, sagte sie. Dann nahm sie sich eine Serviette und tupfte die Stelle ab, wo das Kraut bis eben geklebt hatte.

»Gibt es neue Erkenntnisse oder warum ist er plötzlich bekehrt?«

»Nun ja. Bei allem, was man über ihn sagen kann, dumm ist er meinem Eindruck nach nicht unbedingt. Wenn man ihm Fakten vorlegt, sperrt er sich nicht gegen das Offensichtliche. Ich war gestern Nachmittag noch mal bei der Freundin der Zeugin und mein Gefühl hat mich nicht getäuscht. Sie hatte uns etwas verschwiegen. Angeblich hielt sie es für unwichtig.«

»Das war es aber nicht.« Horst hielt sich die Faust vor den Mund und stieß auf.

»Ganz und gar nicht. Im Gegenteil, es hat einen weiteren Verdächtigen ins Spiel gebracht. Jasmin Berger, das ist die verletzte Frau, hatte eine Affäre.«

Horst reagierte wie auch einige der Kollegen am Vormittag. Er zog die Augenbrauen hoch und pfiff durch die Zähne. »Hab ich es doch gesagt. Eifersucht.«

»Du hast mal wieder ein gutes Näschen bewiesen. Wir haben heute sogar schon eine erste Befragung mit dem Kerl durchführen können. Das Blöde war nur, dass seine Ehefrau wie eine Glucke auf ihm draufhockte. Ich sag dir, wenn die immer so ist, hätte ich mir vermutlich auch etwas zum Vergnügen gesucht. Typisches Mütterchen. Jedenfalls hat sie ihm sofort ein Alibi gegeben, bevor wir überhaupt danach fragen konnten. Wovon er übrigens ziemlich überrascht zu sein schien.«

»Glaubst du, sie hat gelogen?«

»Da bin ich mir sogar ziemlich sicher. Aber vorerst können wir ihr nichts nachweisen. Dafür müssten wir mit dem Pflegesohn der beiden sprechen, ob er die Angaben bestätigen kann. Insofern er zu Hause war. Erst mal gibt es aber keine wirkliche Veranlassung dafür. Bis auf die Tatsache, dass er mit einem der Opfer eine heimliche Beziehung pflegte, gibt es keinerlei Indizien oder Beweise gegen ihn.«

»Vielleicht war es die Frau. Warum sollte die gehörnte Ehefrau ihrem Mann ein Alibi geben, worüber er sich dann noch wundert?«

Helga zuckte die Achseln. »Genau das ist mir auch schon durch den Kopf geschossen. Allerdings wäre es schon ziemlich komisch, den Freund von der Liebschaft ihres Mannes zu ermorden und sie selbst zu verschonen. Das ergibt keinen Sinn. Zumindest keinen logisch nachvollziehbaren.«

»Verläuft ja nicht immer alles so nach Plan, das weißt du selbst.«

»Auch wieder wahr. Allerdings passte die Täterbeschreibung nicht gerade auf eine Frau. Die Zeugin betitelte den Angreifer eindeutig als männlich.« Horst hob eine Hand, um sie zu unterbrechen. »Ich weiß, was du sagen willst. Das hat noch gar nichts zu heißen. In Panik hat man selten einen Blick fürs Detail und da kann das Gehirn einem schnell einen Streich spielen. Wenn jemand mit einem Messer auf dich zugestürmt kommt, denkst du erst mal automatisch an einen Mann und das kann sich in der Erinnerung manifestiert haben.«

»Könnte so sein. Ich würde sie nicht so schnell von der Liste streichen, wäre ich an eurer Stelle.«

»Das mache ich ganz sicher nicht. Kennst mich doch, ich kann wie ein Terrier sein und mich richtig festbeißen, wenn ich Lunte gerochen habe.« Sie steckte sich das letzte Stück Brot in den Mund, wischte sich die Hände ab und zog ihre Zigaretten aus der hinteren Tasche ihrer Jeans. »Auch eine?«, fragte sie, während sie Horst die Packung entgegenhielt.

Der bediente sich. »Da sag ich nicht Nein.«

Während sie gemeinsam rauchten, kam eine Frau aus dem Handyladen nebenan. Sie schaute sich einen Moment um, steuerte dann auf den Tisch zu und boxte Horst freundschaftlich an die Schulter.

»Hey Szybarski, was machst du denn hier?«, rief sie und nickte danach Helga fröhlich zu. In diesem Moment erkannte Helga sie. Es war die Frau aus dem Fitnessstudio. Ihre Tattoos waren jetzt unter einem schwarzen Longsleeve versteckt. Auch ihr schien gerade aufzufallen, dass sie Helga schon einmal gesehen hatte. »Ach, sieh mal einer an. Die Welt ist klein«, sagte sie und reichte Helga die Hand. »Ich bin Mona. Wie geht's so? Quält dich ein ordentlicher Muskelkater?«

»Helga«, stellte sie sich vor. Sie wusste nicht so recht, ob die Frage nach dem Muskelkater eine Beleidigung war, weil sie Helga – berechtigterweise – für dermaßen unfit hielt oder ob es einfach nett gemeint war. Als Antwort zuckte sie gleichgültig mit den Achseln, obwohl ihre Schultern dabei schmerzten. »Geht schon. Ich komme zurecht.«

»Die ersten paar Termine sind immer hart. Aber der Körper gewöhnt sich an alles und du wirst sehen, wenn die ersten Erfolge kommen, ist das schnell vergessen.«

»Mhm. Ich hoffe.«

»Mona ist Privatdetektivin«, erklärte Horst, der Helgas Anspannung anscheinend bemerkt hatte. »Die beste in ganz Frankfurt, möchte ich behaupten. Und Helga hier ist die beste Kommissarin, die ich kenne. Ihr beiden würdet euch sicher glänzend verstehen.«

»Ach«, machte Helga, weil sie nicht wusste, was sie darauf entgegnen sollte. Jetzt hatte sie die Antwort auf ihre Frage von gestern. Theoretisch müsste sie also nie wieder in dieses Studio gehen, um sich danach wie von einem Bulldozer überrollt zu fühlen.

»Das ist aber interessant. Ich mag toughe Frauen«, sagte Mona und zwinkerte Helga zu. Was sollte das nun wieder heißen? Versuchte die Detektivin da etwa gerade, mit ihr zu flirten?

Helga merkte, wie sie rot wurde, und wischte sich nervös durchs Gesicht. Hoffentlich hatte sie nicht irgendwo noch Krautreste oder Knoblauchsoße.

»Ich würde echt gern noch ein bisschen mit euch plaudern, aber ich sterbe vor Hunger. War schön, euch getroffen zu haben.«

»Kannst dich gerne mit einem Döner noch ein bisschen zu uns stellen«, sagte Horst einladend. »Helga hat sicher nichts gegen etwas weibliche Verstärkung.«

Mona warf einen skeptischen Blick auf die kleine Bude. »Den hier kann man essen?«

»Ist der beste im Bahnhofsviertel, auch wenn es nicht danach aussehen mag. Karim macht wirklich noch alles selbst und das schmeckt man«, fand Helga endlich ihre Sprache wieder. Sie hätte gerne mit Horst noch länger über den Fall geredet, doch irgendwas an dieser Frau war so anziehend, dass sie sie nicht so einfach gehen lassen wollte. Zumindest nicht, ohne ihre Visitenkarte in der Tasche zu haben.

»Na gut, wenn du es sagst. Ich war nur durch Zufall hier nebenan. Ermittlungen zu einem Handydiebstahl. Murat ist da eine Topadresse, was Hehlerware angeht.«

»Ach ja?« Helga hob die Augenbrauen.

»Nicht so, wie du jetzt vermutlich denkst«, beschwichtigte Mona. »Er klaut nicht und er verkauft den Scheiß auch nicht. Aber er weiß, welche Läden neue Modelle reinbekommen haben, die nicht ganz sauber sind. Und jetzt geh ich bestellen.« Damit drehte sie sich um und verschwand im Laden.

»Wo waren wir stehen geblieben? Habt ihr die Tatwaffe schon gefunden?«, fragte Horst, nachdem Mona außer Hörweite war.

Helga schüttelte den Kopf, während sie Mona beobachtete, die sich nach vorne auf der Theke abstützte und dabei ihren Hintern rausstreckte. Die ganze Arbeit im Fitnessstudio lohnte sich, er sah verdammt sexy aus. »Der Täter muss sie mitgebracht und auch wieder mitgenommen haben. Ein Messer aus der Hütte war es jedenfalls nicht, die passen nicht zum Stichkanal und laut Inventarliste fehlt nichts.«

»Dann gibt es keinen Zweifel, die Tat war geplant.«

»Bei der Größe der Klinge ganz bestimmt. Das ist kein Messer gewesen, was man einfach mal in der Tasche mit sich führt. Ein Wunder, dass Jasmin Berger nur so leicht damit verletzt wurde. Hinzu kommt die Verkleidung. Auch eine Sturmmaske trägt man nicht jeden Tag mit sich herum.«

»Vielleicht hängt die Berger mit drin und es war ein abgekartetes Spiel. Ihr Lover stürmt die Hütte, bringt den Nebenbuhler um und verletzt Jasmin, damit es so aussieht, als hätte es der Täter auf beide abgesehen. Oder sie war es selbst.«

»Du hast meine Theorie sehr präzise zusammengefasst.« Helga grinste und drückte ihre Zigarette in dem überdimensionalen Aschenbecher aus. »Allerdings ist es ziemlich unwahrscheinlich, dass sie es selbst war und das Messer hat verschwinden lassen. Im Umkreis von fünfhundert Metern um die Hütte wurde nichts gefunden. Selbst wenn die Verletzungen nicht so gravierend sind, wäre es doch schwierig, damit eine längere Strecke zurückzulegen, um die Tatwaffe verschwinden zu lassen. Sie hat außerdem aus der Wunde an der Hand stark geblutet und hätte Spuren hinterlassen.«

»Also doch ein Komplize«, murmelte Horst. In diesem Moment kam Mona mit der obligatorischen weißen Plastiktüte aus dem Laden.

Anscheinend hatte sie sich doch dagegen entschieden, bei ihnen am Tisch zu essen, und sich etwas zum Mitnehmen bestellt. Helga konnte nicht leugnen, dass sie eine gewisse Enttäuschung verspürte.

»Gerade einen Anruf reinbekommen, ich muss doch schon direkt weiter. Ich lasse euch aber wissen, wie der Döner war«, sagte sie und ging am Tisch vorbei. Als sie schon halb über die Straße war, drehte sie um, kam zurück und drückte Helga einen zusammengeknüllten Zettel in die Hand.

»Fast vergessen. Ich finde, Horst hat recht. Wir sollten unbedingt zusammen was trinken.« Sie zwinkerte Horst aus ihren strahlend blauen Augen zu. »Macht's gut.«

Bevor Helga etwas entgegnen konnte, war sie schon weg. Perplex starrte Helga den Zettel an. Als sie ihn auseinanderfaltete, erkannte sie eine Telefonnummer darauf. Sie grinste. Ganz sicher würde sie mit Mona etwas trinken.

23. Kapitel

Christian saß auf der Terrasse der Erdgeschosswohnung und beobachtete durch die Büsche die vorbeiströmenden Fußgänger. Es war Feierabendzeit und die meisten von ihnen eilten nach Hause. Zu ihren Familien. Christian schnaufte verächtlich. Das war doch alles nur eine Ausrede, um sich gehen zu lassen. *Wir sind ja eine Familie, da müssen wir uns nicht verstellen*, so lauteten jedes Mal Mariannes Worte, wenn er versuchte, sie zu etwas Sport zu überreden, oder anmerkte, dass es in ihrem Kleiderschrank noch mehr gab als ausgeleierte Leggings und verwaschene T-Shirts. Für sie bedeutete Familie, dass sie sich keinerlei Mühe mehr für ihren Mann geben musste. Er konnte sich kaum noch ins Gedächtnis rufen, wann er sie zum letzten Mal mit etwas anderem als einem Gammeloutfit gesehen hatte. Das war bestimmt ein Jahr her, als sie mit ihrem Pflegesohn Leon einen Termin bei Jasmin gehabt hatten.

Christian erinnerte sich noch, dass Marianne sich plötzlich zu diesen Zusammenkünften aufgetakelt hatte. Vermutlich aus einer Art Eifersucht heraus, obwohl er damals noch gar nichts mit Jasmin angefangen hatte. Das war erst später losgegangen, nachdem Leon schon ein halbes Jahr bei ihnen gewohnt hatte. Jasmin war auf einen unangemeldeten Besuchstermin vorbeigekommen, um zu sehen, wie es bei ihnen lief. Marianne war mit Leon bei einer Schulveranstaltung gewesen und Christian hatte – wie immer in letzter Zeit – im Homeoffice gearbeitet. Die Unterhaltung zwischen ihm und Jasmin war nach einer Weile privater geworden, er hatte ihr ein Kompliment gemacht und dann ... Wie genau es passiert war, wusste er selbst nicht mehr, aber sie hatten sich geküsst.

Zuerst war er erschrocken gewesen, doch ihre Reaktion hatte ihn sein Gewissen schnell vergessen lassen. Sie hatte sein Gesicht in ihre Hände genommen, über seine Bartstoppeln gestrichen und ihren Körper an seinen geschmiegt. Dann hatten sie sich noch einmal geküsst und sich schließlich für einen der folgenden Tage in ihrer Mittagspause verabredet. Christian hatte Marianne erzählt, dass er ins Sportstudio gehen wollte. Bei dem Gedanken an dieses Treffen lächelte er. Es hatte sich neu und aufregend angefühlt, so ganz anders als mit seiner Frau.

»Was machst du hier draußen? Ich dachte, du hast noch zu arbeiten?«

Christian zuckte zusammen und drehte sich um. Er hatte nicht bemerkt, dass Marianne in der Terrassentür stand. »Ich habe eine kurze Pause gebraucht«, murmelte er.

»Scheinst dich ja bestens zu amüsieren, so wie du grinst. Ich wollte gleich anfangen zu kochen, also sieh zu, dass du fertig wirst.« Anstatt sich umzudrehen und nach drinnen zu verschwinden, stand sie wie angewurzelt in der Tür und starrte ihn an.

»Gibt es noch etwas?«, fragte Christian nach einer Weile, weil er das Schweigen nicht mehr ertrug. Sie wollte irgendwas, das war ihr deutlich anzusehen, also sollte sie auch mit der Sprache rausrücken. Christian ahnte ohnehin, was es war.

»Ich weiß nicht. Wie siehst du das? Haben wir etwas zu besprechen?«

»Für mich wirkt es so, als wäre längst alles klar. Da müssen wir nicht weiter in den Wunden herumbohren.«

Marianne verzog das Gesicht und lachte verächtlich. »Das reicht dir also. Lassen wir es unausgesprochen zwischen uns stehen und hoffen, dass es einfach von selbst vergeht, hm? So ist das aber nicht, Christian. Die verdammte Polizei war hier. Bei uns zu Hause.«

»Tut mir leid, dass du es auf diese Weise erfahren musstest.«

»Ach, hör auf mit dem Scheiß.« Ihre Mundwinkel zuckten, doch sie hielt ihre Tränen zurück. Dieses Mal wollte sie sie anscheinend nicht als Mittel einsetzen. »Als wäre ich bis heute völlig ahnungslos gewesen. Wir kennen uns jetzt beinahe zwanzig Jahre. Mir fällt schon auf, wenn sich dein Verhalten plötzlich ändert. Außerdem wasche ich deine Wäsche. Meine Nase funktioniert bestens. Ich rieche das süße Parfüm einer anderen, merke, dass die Sportkleidung nicht verschwitzt ist, wenn du mal wieder angeblich den ganzen Nachmittag im Studio warst. Für wie blöd musst du mich halten, wenn du glaubst, ich bekomme das alles nicht mit? Die Blicke, die ihr getauscht habt, obwohl ich mit im Raum war … Ekelhaft!«

Christian schaute seine Frau schockiert an. Sie hatte bereits eine Weile von ihm und Jasmin gewusst? Warum hatte sie nicht schon viel früher etwas gesagt? Plötzlich musste er an das denken, was Jasmin vorhin gesagt hatte. Psychopathin … Vielleicht stammte der Brief tatsächlich von ihr. Und wenn es so war, wie weit würde sie noch gehen, um die Sache zwischen ihm und Jasmin zu beenden?

»Wo warst du am Samstagabend?«, fragte er sie, da plötzlich Wut und Misstrauen in ihm hochkochten. Was verheimlichte sie noch vor ihm?

Sie kam auf ihn zu und stach ihm mit dem Finger in die Brust. »Die Frage ist eher, wo warst du? Ich habe fünf Freundinnen, mit denen ich mir einen Film angeschaut habe und die bezeugen können, dass ich am gesamten Abend keine Sekunde weg war. Du warst hier allein mit Leon und der hat mir selbst gesagt, dass er die ganze Zeit alleine auf seinem Zimmer war und dich nicht einmal gesehen hat.«

Christian wich einen Schritt vor ihr zurück und hob abwehrend die Hände. »Hey, Moment. Glaubst du etwa auch, dass ich damit etwas zu tun habe?«

Marianne runzelte einen Moment die Stirn und Christian wusste, dass er sich verplappert hatte. Doch sie entschied anscheinend, nicht weiter darauf eingehen zu wollen. »Ich hoffe einfach, dass du dich ab jetzt richtig entscheidest. Für deine Familie. Denn sonst muss ich der Polizei nämlich sagen, dass in Wirklichkeit niemand gesehen hat, ob du hier oder ganz woanders warst am Samstagabend.«

»Und warum hast du dann der Polizei gesagt, wir wären die ganze Zeit zusammen gewesen?«

Sie funkelte ihn wütend an. »Ehrlich gesagt, weiß ich das selbst nicht so genau. Soll ich es wieder zurücknehmen? Ist es das, was du willst? Vielleicht kommst du wieder zur Besinnung, wenn ich nicht deine Probleme für dich löse.«

Bevor Christian etwas erwidern konnte, drehte sie sich um und verschwand im Wohnzimmer. Christian konnte kaum glauben, was da gerade geschehen war. Hatte sie ihn erpresst? Was bedeutete diese Drohung? Noch ein Fehltritt – in ihren Augen – und sie erzählte der Polizei, dass er der Mörder von der Isenburger Schneise war?

»Habt ihr euch gestritten?«, hörte er Leons Stimme und kurz darauf erschien sein Pflegesohn mit besorgter Miene auf der Terrasse. Auf Streit zwischen Christian und Marianne reagierte er immer besonders sensibel, da er als Kind seine Mutter bei einem schrecklichen Familienstreit verloren hatte. Christian fühlte sich mies, dass Leon davon mitbekommen hatte.

»Alles gut, mach dir keine Sorgen, Kumpel«, sagte Christian und tätschelte ihm freundschaftlich die Schulter. Für einen Moment hatte er den Eindruck, als würde Leon vor seiner Hand zurückweichen. »Was ist los? Beim Fußball wieder was abbekommen?«

»Worum ging es denn?« Leon ignorierte die Frage. »Ich kam eben ins Wohnzimmer und hab meinen Namen gehört. Wenn ihr schon über mich redet, musst du mir auch sagen, was los ist.« Leon stemmte die Hände in die Hüften und schaute Christian mit zusammengekniffenen Augen an. Als sie ihn vor knapp zwei Jahren bei sich aufgenommen hatten, hatte er Christian gerade mal bis zum Kinn gereicht, mittlerweile konnte er ihm beinahe auf den Kopf spucken und musste nicht mehr hochschauen, um seinem Pflegevater in die Augen zu sehen.

»Nun, es ging um deine Betreuerin beim Jugendamt. Jasmin wurde angegriffen, vielleicht hast du schon davon gehört«, beschloss Christian auszuweichen. Selbst wenn er gewollt hätte, er könnte Leon nicht erzählen, was wirklich zwischen ihm und Marianne vorgefallen war. Er hatte es nicht verdient, in die Sache mit reingezogen zu werden.

»Dann eben nicht«, sagte Leon. Seine Züge verhärteten sich, er war sauer. Diese Probleme hatten sie von Anfang an mit ihm gehabt. Leon konnte nicht gut damit umgehen, wenn etwas nicht nach seinen Vorstellungen lief, und war schnell eingeschnappt. Dabei war es egal, ob er nun damit richtiglag oder nicht. Zum Glück hielt dieser Zustand nie lange an und Leon entschuldigte sich dann meist. Die Pubertät schlug bei ihm gerade mit voller Wucht zu.

»Ich verpiss mich in mein Zimmer«, sagte er in einem schnippischen Ton und stapfte davon.

Christian blickte dem Jungen nach. Anscheinend hatte er heute ein besonderes Talent, allen Menschen in seiner Umgebung auf die Füße zu treten. Mehr als je zuvor wünschte er sich, jetzt bei Jasmin sein zu können, um all diese verdammten Alltagssorgen zu vergessen. Die Zeit, die er mit ihr verbracht hatte, war unkompliziert gewesen. Er hatte sich viel jünger gefühlt, sorgenfrei, gelöst. Wie konnte sie ihm das antun und plötzlich all das nicht mehr wollen, obwohl der Weg nun eigentlich frei war?

Christian nahm sein Handy heraus, öffnete WhatsApp und las sich den letzten Chat vor seiner Nachricht von Samstagnacht durch. Sie hatte ihn um ein Treffen gebeten. Allerdings nicht, um wie sonst Sex zu haben, wie er gehofft hatte. Nein, sie hatte ihn bei diesem Treffen vor etwas mehr als einer Woche ohne jegliche Vorwarnung eröffnet, dass sie ihre Affäre beenden mussten. Dabei hatte sie sich für seine Meinung natürlich nicht sonderlich interessiert, ja, ihn nicht mal gefragt, ob er damit einverstanden war. Dass er sich eigentlich überlegt hatte, Marianne jetzt doch für sie zu verlassen, um mit ihr gemeinsam ein neues Leben zu beginnen, hatte er ihr überhaupt nicht mehr sagen können. Stattdessen war ihr Treffen nach fünf Minuten beendet gewesen, ohne dass Christian auch nur zu Wort gekommen war.

»Kommst du zum Essen? Es gibt Bratkartoffeln mit Würstchen und Salat.«

Christian löschte den gesamten Chatverlauf und steckte das Handy wieder ein. Er musste sich jetzt auf das konzentrieren, was er hatte. Eine Familie. Irgendwie musste er es hinbekommen, dass alles wieder wie früher wurde. Und er musste Jasmin aus seinem Kopf streichen, selbst wenn es nur Leon zuliebe war. Der Junge brauchte einen sicheren Hafen. Im Endeffekt konnte er froh sein, dass Jasmin ihm die Entscheidung abgenommen hatte. Er wollte sich gar nicht vorstellen, wie Leon auf die Nachricht einer Trennung von ihm und Marianne reagiert hätte.

Er seufzte und ging in die Küche. An dem Tisch in der Essecke saß bereits Leon und schaufelte sich Kartoffeln auf den Teller. Seine Frau legte eine Bratwurst daneben.

»Möchtest du Ketchup?« Sie schaute Christian nicht an.

»Ja«, murmelte Leon und warf Christian einen Blick zu, den er nicht deuten konnte.

»Salat auch?«, fragte Marianne, nachdem sie die rote Pampe über den Kartoffeln und dem Fleisch verteilt hatte.

»Nur ein bisschen«, sagte er mit vollem Mund.

Christian wusch sich die Hände an der Spüle und setzte sich neben Leon, der so schnell aß, dass man meinen könnte, er wäre kurz vorm Verhungern gewesen. Er nahm sich eine Wurst aus der Pfanne, schöpfte sich Kartoffeln auf und nahm sich sogar etwas von dem Salat, den er eigentlich hasste. Sie alle aßen schweigend. Aus dem Augenwinkel beobachtete Christian seine Frau, die sich ein Stück Wurst in den Mund schob. Dann sprang Leon plötzlich auf.

»Ich bin noch mal weg«, sagte er. Auf seinem Teller lag ein Rest Salat, der in Ketchup ertränkt war.

»Jetzt noch?«, fragte Marianne und warf Christian einen vorwurfsvollen Blick zu, als wäre es seine Schuld.

»Wir sind ja nicht mal fertig mit essen, kannst du nicht so lange warten?«

»Ich muss noch kurz zum Max. Der wollte mir was in Mathe erklären. Ist wichtiger als das Abendessen«, entgegnete Leon, der schon halb im Flur verschwunden war.

»Das hast du ja wunderbar hinbekommen«, sagte Marianne, nachdem die Wohnungstür ins Schloss gefallen war. »Du weißt doch, wie es ihm damit geht, wenn es in seiner Umgebung zu Streit kommt.«

Christian zuckte mit den Schultern und schaufelte sich etwas Salat in den Mund. Er hatte den Streit nicht angefangen, wenngleich er natürlich irgendwie der Auslöser gewesen war. »Er wird sich schon wieder beruhigen«, murmelte er und hoffte, dass er recht behielt.

24. Kapitel

Mit hochgezogenen Schultern drückte er sich in den Schatten des Baumes, als in der Ferne die Scheinwerfer eines Autos auftauchten. Eigentlich gab es keinen Grund, so übervorsichtig zu sein, doch er fühlte sich so, als müsste ihm jeder ansehen, was er vorhatte.

Auffällig ist am unauffälligsten, sagte er sich und zwang sich, wieder auf den Bürgersteig zu treten. Damit er dort nicht einfach blöd herumstand, zog er sein Handy aus der Hosentasche und starrte drauf. Mittlerweile war es fast zwei Uhr. Vor einer Stunde war in Jasmins Schlafzimmer das Licht ausgegangen. Genug Zeit, dass sie hoffentlich eingeschlafen war.

Nachdem das Auto außer Sichtweite war, schaute er sich um noch einmal um und huschte dann zur Haustür, wo er den nachgemachten Schlüssel benutzte. Er hatte ihn ihr vor einiger Zeit aus der Handtasche geklaut, ihn nachmachen lassen und dann beim Fundbüro abgegeben. Sie selbst hatte ihm mal erzählt, wie schluderig sie war und dass sie ständig Sachen verlegte. Vermutlich war es nichts Außergewöhnliches, dass sie ihren Schlüssel verlegte.

Seine Befürchtung, dass sie den Schlüssel nicht beim Fundbüro abgeholt, sondern das Schloss hatte austauschen lassen, erwies sich als unbegründet. Geräuschlos glitt die Tür zu ihrer Wohnung auf und er betrat die Diele. Mit angehaltenem Atem blieb er stehen und lauschte in die Dunkelheit. Zum Glück hatte sie keinen Hund oder ein anderes Viech, das seine Anwesenheit verraten konnte. Er streifte die Schuhe ab, stellte sie neben die Wohnungstür und schlich die Diele entlang. An den Wänden hingen Bilder von Jasmin und ihrem Lebensgefährten aus glücklichen Tagen. Was für ein Hohn. Wenn er gewusst hätte, dass sie ihn dermaßen hinterging, er wäre längst nicht mehr mit ihr zusammen gewesen.

Am Ende der Diele lag das Schlafzimmer, die Tür war nur angelehnt. Als er sie aufdrückte, hörte er leise ihren Atem. Er ging regelmäßig. Hin und wieder stieß sie einen kleinen Seufzer aus. Anscheinend träumte sie.

Hoffentlich ein Albtraum, dachte er, doch er befürchtete, dass er damit falschlag. Dafür klang das Seufzen viel zu zufrieden. Langsam trat er näher ans Bett, stand nun direkt neben ihr. Ihre helle Haut zeichnete sich deutlich von der dunklen Bettwäsche ab. Die verbundene Hand ruhte neben ihrem Kopf auf dem Kissen. Ihre Finger zuckten leicht. Sein Knie knackte, als er sich hinhockte. Er brauchte nur die Hand auszustrecken, die Finger um ihren Hals zu legen und zuzudrücken.

Doch irgendwie klang das plötzlich nicht mehr verlockend für ihn. Es wäre viel zu einfach, viel zu schnell. Wenn sie Glück hatte, würde sie nicht mal aufwachen, sondern einfach inmitten eines angenehmen Traumes das Bewusstsein verlieren und dann sterben, ohne überhaupt mitbekommen zu haben, dass es mit ihr zu Ende ging. Nein, so leicht würde er es ihr nicht machen. Andererseits war es riskant, sie nun zu wecken. Sie könnte schreien und die Nachbarn alarmieren. Die wussten bestimmt, was ihr zugestoßen war, und waren deshalb besonders hellhörig.

Er schreckte zurück, als Jasmin sich plötzlich auf den Rücken drehte. Mit einem Satz sprang er nach hinten, sodass er wieder in der Diele stand. Hatte sie ihn bemerkt? Er wagte kaum zu atmen. Im Schlafzimmer raschelte es leise, so als hätte Jasmin sich im Bett aufgesetzt.

Verdammt. Die Möglichkeit, sie lautlos im Schlaf zu töten, hatte er schön vermasselt. Jetzt musste er sich etwas Neues einfallen lassen. Er könnte einfach ins Schlafzimmer stürmen und sich auf sie stürzen. Aber machte das Sinn, völlig ohne Waffe? Sie war stärker, als er geglaubt hatte, davon war er schon in der Hütte überrascht worden. Mit langsamen Bewegungen ging er rückwärts in Richtung Tür. Ihm war eine Idee gekommen. Eine, die sehr viel sicherer war, als Jasmin hier in ihrer Wohnung zu töten.

25. Kapitel

Das Klingeln ihres Handys riss Helga aus dem Schlaf. Eine Sekunde lang ertappte sie sich dabei, wie sie hoffte, dass es Anna war. Anna, die sagte, dass alles nicht so gemeint gewesen war und dass sie zurückkommen wollte. Dann besann sie sich eines Besseren. Ja, natürlich vermisste sie es, morgens neben jemandem aufzuwachen und abends gemeinsam über den Tag zu sprechen. Auch wenn Anna erst seit zwei Tagen ausgezogen war, wusste Helga, dass ihr das am meisten fehlen würde. Aber dafür konnte sie auch jemand anderen finden. Jemanden, der sie so akzeptierte, wie sie war, und nicht versuchte, sie zu verbiegen.

Da das nervtötende Geräusch ihres Telefons einfach nicht aufgeben wollte, öffnete sie schließlich die Augen. Die Nummer auf dem Display sagte ihr nichts. Sie nahm den Anruf an.

»Frau Kannengießer? Hier ist Berger. Jasmin Berger, Sie wissen schon.«

»Ich erinnere mich dunkel«, murmelte Helga und hoffte, dass die Frau ihre ironische Art verstehen würde. Sie rieb sich gähnend über die Augen und streckte sich.

»Können wir reden?«

»Worum geht es?«, fragte Helga und musste sich zusammenreißen, freundlich zu sein. Dieser Zeugin traute sie einfach nicht über den Weg, auch wenn sie das vermeintliche Opfer in der ganzen Sache war.

»Na ja. Ich weiß nicht so recht, wie ich es formulieren soll. Irgendwie glaube ich, dass ich noch mal von vorne anfangen sollte. Komplett offen und ehrlich.«

Am liebsten hätte Helga geantwortet, dass diese Einsicht ziemlich spät kam, wenn es darum ging, denjenigen zu finden, der Jasmin Bergers Lebensgefährten umgebracht hatte und der immer noch frei und unbehelligt da draußen herumlief. Sie verkniff es sich und fragte stattdessen: »Haben Sie schon gefrühstückt?«

»Nein, ich bekomme zurzeit nicht sonderlich viel runter.«

»Dann treffen wir uns in zwanzig Minuten. Schlagen Sie ein Café vor.«

Natürlich hatte Jasmin Berger eine Cafeteria in der Nähe ihrer Wohnung gewählt, sodass Helga quer durch die Stadt fahren musste. Im Café Euler wartete sie bereits, als Helga ankam. Sie hatte sich für einen Tisch im Außenbereich entschieden. Helga schnaufte. Lieber wäre ihr der klimatisierte Innenbereich gewesen. Sie setzte sich zu ihr, orderte das französische Frühstück, bestehend aus Milchkaffee, Croissant, Marmelade und einem Orangensaft. Jasmin bestellte sich einen Espresso und ein Wasser. So sah also das Frühstück aus, wenn man auf eine schlanke Figur aus war.

»So, dann fangen Sie einfach mal an«, sagte Helga, nachdem die Bedienung ihnen den Kaffee gebracht hatte. »Woher kommt der plötzliche Sinneswandel?« Diese kleine Spitze konnte sich Helga einfach nicht verkneifen.

»Als Sinneswandel würde ich es nicht bezeichnen. Ich habe einfach etwas Zeit gebraucht, um zu begreifen, was überhaupt passiert ist. Markus ist nicht mehr da. Er wird nie wieder zurückkommen.« Jasmins Augen füllten sich mit Tränen und Helga hatte zum ersten Mal den Eindruck, dass hier keine aufgesetzten Gefühle im Spiel waren. Sie griff über den Tisch und drückte die Hand der Frau.

»Wissen Sie eigentlich, wie schäbig ich mir vorkomme? Ich habe den Menschen hintergangen, der mir in meinem gesamten Leben am meisten bedeutet hat. Weil ich glaubte, es wäre langweilig mit ihm geworden. Aber so sind Beziehungen nun mal, oder nicht? Der Kitzel vom Anfang wird sich abschwächen, aber dann bekommt man etwas viel Wertvolleres. Und ich war bereit, es wegzuwerfen. Als was bezeichnet man solche Frauen wie mich? Schlampen?«

Helga zog die Mundwinkel nach unten und hob abwehrend die Hände. »Es steht mir nicht zu, über Sie zu urteilen, und ich werde es ganz sicher nicht tun. Was geschehen ist, ist geschehen. Mir geht es darum, eine Straftat aufzuklären. Seinen Partner zu betrügen ist keine, also schieben Sie für den Moment Ihre Schuldgefühle ruhig beiseite und versuchen stattdessen, sich auf das Wesentliche zu konzentrieren.«

»Wenn das so einfach wäre.« Jasmin wischte sich über die Augen und nahm einen Schluck aus ihrem Wasserglas. Die Bedienung brachte den Rest von Helgas Bestellung und sie biss mit Appetit in ihr Croissant.

»Aber Sie haben ja recht. Ich wollte mich nicht mit Ihnen treffen, um zu jammern. Eigentlich wollte ich Ihnen von Christian erzählen. Damit Sie sich einen besseren Eindruck machen können. So langsam weiß ich nämlich nicht mehr, was ich glauben soll.«

»Das war mit Sicherheit eine gute Entscheidung«, sagte Helga und wischte sich die Finger an einer Serviette ab. Das Croissant war unheimlich fettig, aber es schmeckte göttlich.

»Gut. Zum ersten Mal habe ich Christian getroffen, als er mit seiner Frau in mein Büro kam. Sie hatten sich einige Monate zuvor als Pflegeeltern beworben. Die beiden konnten keine eigenen Kinder bekommen, deswegen wollten sie eines bei sich aufnehmen. Wir hatten einen ziemlich schwierigen Fall, der am besten in eine Familie ohne weitere Kinder kommen sollte, und so landeten sie bei mir.« Jasmin machte eine Pause und starrte ins Leere.

Helga holte ihre Schachtel Zigaretten aus ihrer Hosentasche und deutete damit in Jasmins Richtung. Jetzt war sie doch ganz froh, dass sie draußen saßen. »Stört es Sie?«

»Tun Sie sich keinen Zwang an.«

Helga zündete sich die Zigarette an und wartete darauf, dass Jasmin fortfuhr.

»Sie wissen, dass ich bezüglich Leon nicht zu sehr ins Detail gehen darf. Nur so viel sei gesagt: Er hatte ein traumatisches Erlebnis in der Kindheit, weswegen wir ihn und seine Entwicklung in der Pflegefamilie besonders beobachten. Aus diesem Grund traf ich mich nun regelmäßig mit den Brandes. Als ich der Familie irgendwann einen unangekündigten Besuch abstattete, war Christian allein zu Hause. Ich habe nie etwas in ihm gesehen, aber an diesem Tag … Es ist ja auch nicht so, als hätte ich es darauf angelegt.«

»Wie gesagt«, murmelte Helga und stieß den Rauch aus. »Darüber bilde ich mir kein Urteil. Ich verstehe Ihr Bedürfnis, sich zu rechtfertigen, aber das müssen Sie nicht. Ob Sie das Verhältnis nun provoziert haben oder es einfach so geschehen ist, spielt keine Rolle.«

»Na gut. Jedenfalls wurde unser Gespräch an dem Tag irgendwie privater. Ich habe ihm erzählt, dass ich bald fünfunddreißig werde und mich schrecklich alt fühle, so nah an der vierzig.«

185

Helga nickte. Das konnte sie nur zu gut verstehen. Auch für sie war dieses Alter irgendwie der Zeitpunkt gewesen, an dem die Vierzig unausweichlich näher ins Bewusstsein wie auf dem Papier näher gerückt war.

»Er machte mir dann Komplimente. Dass ich ja wunderbar aussehe und locker für Mitte zwanzig durchgehe. Solche Sachen. Dinge, die Markus schon lange nicht mehr gesagt hat. Irgendwie kam es dann zum Kuss und ab da haben wir uns öfter getroffen.«

»Blieb es beim Küssen?«, fragte Helga teils aus persönlicher und teils aus beruflicher Neugierde.

Eine leichte Röte zeichnete sich auf Jasmin Bergers Wangen ab. »Nein. Wir sind ja keine Teenager mehr. Aber es war von Anfang an klar, dass es sich nur um eine temporäre Sache handelt. Eine Affäre eben. Nichts, was in einer Beziehung endet.«

»Das war Ihnen beiden klar oder haben nur Sie das so gesehen? Hat Herr Brandes jemals davon gesprochen, seine Frau für Sie zu verlassen?«

Jasmin schüttelte vehement den Kopf. »Jein. Er hat mal etwas in die Richtung erwähnt, dass er sich gern von seiner Frau trennen würde, es aber wegen dem Pflegesohn nicht übers Herz bringt. Diese Wünsche hatten aber nichts mit mir zu tun, sondern einfach damit, dass er seine Frau nicht mehr geliebt hat. Es war in beiderseitigem Einverständnis, dass aus ihm und mir nicht mehr wird.«

»Sie sagen, Sie hätten es vor etwas mehr als einer Woche beendet. Warum?«

»Es wurde mir irgendwann einfach zu viel. Ständig hat man Angst, dass man bei einer Lüge auffliegt oder gesehen wird. Man muss Ausreden suchen vor den Kollegen, wenn man länger in der Mittagspause war, und zu Hause aufpassen, dass man sich nicht verplappert. Mit der Zeit haben mich diese Treffen mehr gestresst, als dass sie mir Spaß bereitet haben.«

Helga nickte. Sie konnte sich vorstellen, dass so etwas mit der Zeit anstrengend wurde. »Wie hat Herr Brandes darauf reagiert? Hat er Ihnen weiterhin nachgestellt oder Ihre Entscheidung akzeptiert?«

Jasmin runzelte die Stirn, schien zu überlegen. »Eigentlich relativ gelassen. Er fand es schade, aber er hat es akzeptiert. Allerdings hat er mir danach noch ein paar Mal geschrieben und um Treffen gebeten. Auch an meinem Geburtstag, das ist mir gestern wieder eingefallen.«

»Haben Sie die Nachrichten noch? Kann ich sie mir ansehen?« Sie kramte ihr rotes Buch hervor und machte sich einige Notizen.

»Leider habe ich sie gelöscht. In der Nacht der Party. Ich hatte Angst, dass Markus sie sehen könnte. Und da wir uns in letzter Zeit wieder angenähert hatten, wollte ich das nicht riskieren. Außerdem wollte ich gedanklich mit der Sache abschließen und das konnte ich nicht, wenn ich ständig wieder in den Nachrichten von Christian gekramt habe. Jedenfalls schrieb er mir an diesem Abend, dass er die ganze Zeit an mich denken muss und mich vermisst. Die Nachricht kam seltsamerweise kurz vor dem Angriff.«

»Fühlten Sie sich bedrängt?«, fragte Helga und drückte ihre Zigarette im Aschenbecher aus. So langsam wurde es interessant. Es sah nicht danach aus, als hätte Christian Brandes Jasmins Entscheidung einfach so weggesteckt.

»In dieser Nacht jedenfalls nicht. Aber wenn ich jetzt im Nachhinein so darüber nachdenke … Wie ich bereits erzählt habe, hat er mich am Sonntag auch direkt im Krankenhaus besucht und da hat er zum Beispiel plötzlich davon geredet, dass er seine Frau ja jetzt verlassen könne.«

Helga wurde hellhörig. *Also doch!* »Warum haben Sie mir das nicht sofort erzählt?«

Jasmin zuckte mit den Achseln. »Vielleicht habe ich dem nicht so eine Bedeutung zugemessen. Aber als Sie so dahinter waren, dass er etwas mit der Sache zu tun haben könnte … Es gibt allerdings noch etwas.«

Interessiert schaute Helga von ihren Notizen auf. »Ich bin ganz Ohr.«

»Gestern hat Christian mich angerufen. Er war schon wieder im Krankenhaus, hat dann festgestellt, dass ich bereits entlassen worden war, und sich sofort bei mir gemeldet und um ein Treffen gebeten. Wir haben uns dann hier im Café verabredet. Eigentlich wollte ich nicht, aber er hat gesagt, er müsse mir unbedingt etwas zeigen, also habe ich nachgegeben.«

»Lassen Sie mich raten. Die Scheidungspapiere, die er seiner Frau vorlegen will?« Helga schmunzelte und winkte der Bedienung, um sich noch einen Kaffee zu bestellen. Eigentlich hatte sie noch Lust auf ein zweites Croissant, aber wenn sie jemals die Chance auf eine schlankere Figur haben wollte, musste sie sich das wohl verkneifen.

»Nein. Es war ein Brief. Ein Drohbrief genauer gesagt. Christian hat behauptet, er habe ihn vor einigen Wochen bekommen. Ich sagte ihm, er solle unbedingt damit zu Ihnen gehen. Da Sie nicht Bescheid wissen, hat er es aber anscheinend nicht gemacht. Dabei hatte er es mir versprochen …«

»Bisher habe ich jedenfalls keine Nachricht dazu erhalten«, sagte Helga und fragte sich, ob Dieter ihr etwas vorenthielt. »Was stand denn drin?«

»Es war eine Botschaft aus Buchstaben, die man aus Zeitungen ausgeschnitten hat. Eigentlich eine kindische Sache. Deswegen verstehe ich auch irgendwie, dass er es erst mal nicht ernst genommen hat. Obwohl niemand von unserer Affäre wusste und ihn das schon hätte misstrauisch werden lassen müssen. An den genauen Wortlaut kann ich mich nicht erinnern, aber er lautete in etwa: *Hör auf damit, wenn du nicht willst,*

188

dass deine Frau etwas erfährt. Es wird etwas Schlimmes passieren.
Anscheinend wurde er bedroht und wollte mir damit beweisen, dass er mit der Sache nichts zu tun hat. Außer …«

»Außer vielleicht, er hat diesen Brief selbst geschrieben.«

»Genau. Auf der einen Seite würde ich es ihm nicht zutrauen, aber … Ich weiß auch nicht mehr, was ich glauben soll und was nicht. Wenn er nichts damit zu tun hat, warum hat er den Brief dann nicht wie versprochen zu Ihnen gebracht? Je länger ich darüber nachdenke, desto verwirrter werde ich.«

Helga nickte. Sie konnte Jasmins Verwirrung gut verstehen. Wenn er wirklich bedroht worden war, warum hatte Christian Brandes das nicht vorher gesagt? Warum war er mit dem Brief nicht zu ihnen gekommen, anstatt ihn Jasmin vorzulegen? Das deutete eher darauf hin, dass er ihn mit einer ganz bestimmten Intention selbst geschrieben hatte. Und da war am naheliegendsten, dass er Jasmin damit beweisen wollte, dass er nichts mit der Sache zu tun hatte, sondern selbst eine Art Opfer war. Da er befürchtete aufzufliegen, war er damit natürlich nicht zur Polizei gegangen. Aber konnte er wirklich so naiv sein und glauben, dass Jasmin ihnen nichts davon erzählte? Helga klappte ihr Buch zu. Sie musste sich dringend mit Dieter besprechen. Sie wartete, bis die Bedienung ihren Kaffee brachte, zahlte die Rechnung und stand dann auf.

»Frau Berger, es war richtig und wichtig, dass Sie zu mir gekommen sind. Das wird uns sicher ein ganzes Stück weiterbringen, egal wer den Brief geschrieben hat und was dahintersteckt. Er ist ein wertvoller Ansatzpunkt für unsere Ermittlungen«, sagte sie und schüttelte Jasmin die Hand. »Ich melde mich bei Ihnen, wenn ich noch Rückfragen habe.« Sie verabschiedete sich und machte sich auf den Weg zu ihrem Käfer, wobei sie Dieters Nummer wählte. Jetzt mussten sie schnell reagieren, bevor Christian den Brief verschwinden ließ.

26. Kapitel

Jasmin fühlte sich nach dem Gespräch erleichtert. Sie hatte Christian nicht reingeritten oder ihn irgendwie schlecht dastehen lassen, sondern neutral erzählt, was passiert war. Dadurch hatte sie ihr Gewissen Markus gegenüber zumindest ein bisschen bereinigt und die Kommissarin würde schon das Richtige aus den Informationen machen. Wenn Christian etwas mit der Sache zu tun hatte, dann sollte er auch dafür büßen. Sie würde ihn nicht schützen. Sie blieb noch eine ganze Weile im Eulers sitzen und trank den Kaffee, den Frau Kannengießer hatte stehen lassen. Sie wollte den Zeitpunkt, zurück in ihre gemeinsame Wohnung zu gehen, so lange wie möglich hinauszögern. Dort erinnerte sie alles an Markus, sie sah ihn in jedem Möbelstück, das sie zusammen ausgesucht hatten. Gestern Nacht war sie sogar aus dem Schlaf geschreckt, weil sie geglaubt hatte, ihn durch die Wohnung gehen zu hören. Eine Weile hatte sie wach dagelegen, die Augen geschlossen und gelauscht. Hatte gemeint, jemanden atmen zu hören, Schritte. Als sie dann aber nachgesehen hatte, war sie doch alleine gewesen.

Wenn das alles vorbei war, musste sie sich eine neue Bleibe suchen, so viel war klar. Sie konnte nicht dortbleiben, wo sie mit ihm glücklich gewesen war und wo sie ihn zu ihrer

Schande mit Christian betrogen hatte. Noch immer könnte sie sich dafür ohrfeigen, dass sie es einmal in ihrem und Markus' Bett getrieben hatten, als er für ein paar Tage mit seinen Kumpels auf Junggesellenabschied in Amsterdam gewesen war. Niederträchtiger ging es kaum noch.

Am Nachmittag hatten sich Markus' Eltern angekündigt. Sie wusste gar nicht, wie sie denen überhaupt in die Augen schauen sollte. Natürlich wussten sie nichts von Jasmins Treiben in den letzten Monaten, aber sie wurde das Gefühl nicht los, dass man es ihr an der Nasenspitze ansehen müsste. Wenigstens kümmerten sich die beiden nun um alles Weitere, was Markus anging. Jasmin war einfach nicht in der Lage, alles Notwendige zu organisieren. Einen Sarg für Markus aussuchen? Das war ein Ding der Unmöglichkeit. Sie wusste ja nicht mal, ob seine Leiche bereits von der Rechtsmedizin freigegeben war, und sie wollte auch nicht darüber nachdenken. Letzte Nacht hatte sie das Bild, wie Markus in der Kühlkammer des Instituts lag, blass, die Augen starr zur Decke gerichtet, nicht schlafen lassen.

Der Kaffee von der Kommissarin war längst ausgetrunken, als Jasmin sich endlich einen Ruck gab und aufstand. Ihr Handy klingelte. Sie erkannte Leons Nummer auf dem Display. Eigentlich war sie noch mindestens für diese Woche krankgeschrieben, doch sie hatte ihm ihre private Handynummer für Notfälle gegeben, also nahm sie den Anruf entgegen.

»Hallo Frau Berger«, grüßte er sie. Seine Stimme klang irgendwie belegt.

»Ist alles in Ordnung, Leon?«, fragte sie sanft. Sie mochte den Jungen. Er war zwar etwas eigenbrötlerisch und in sich gekehrt, aber aus ihm war ein höflicher junger Mann geworden. Wenn man bedachte, was damals mit ihm geschehen war, grenzte diese Entwicklung an ein Wunder.

»Ich wollte Sie nicht stören, aber ich muss … Nun, Sie sagten, dass Sie mir helfen würden, wenn ich ein Problem habe. Es ist so: Ich müsste mal nach Hause und wollte Sie fragen, ob Sie nicht mitkommen können.«

Jasmin runzelte die Stirn. Seit wann brauchte Leon jemanden, um nach Hause zu gehen? Steckte Christian hinter dem Anruf und er benutzte den Jungen, um sie zu sich zu locken? Dann realisierte sie, wovon er sprach. Er wollte in *sein* Zuhause. Das Haus, in dem er aufgewachsen war, in dem sich die schreckliche Tragödie ereignet hatte. »Das halte ich für keine gute Idee. Glaubst du denn, dass du wirklich bereit dafür bist? Was willst du überhaupt dort?« Sie massierte sich mit Daumen und Zeigefinger der Hand, die verschont geblieben war, die Schläfen. Momentan hatte sie ganz sicher keinen Kopf dafür, mit Leon Vergangenheitsbewältigung zu betreiben, und das war auch überhaupt nicht ihre Aufgabe. Dafür brauchte es eigentlich einen Psychologen. »Hör mal, das hat doch sicher noch etwas Zeit. Ich kann dir jemanden organisieren, der dich begleitet. Jemanden, der dich dabei besser betreuen kann.«

»Nein. Es muss sofort sein. Am Telefon kann ich Ihnen jetzt nicht erklären, warum. Ist zu kompliziert. Helfen Sie mir oder nicht?«

Also doch Christian. Warum sonst druckste Leon so herum? Oder sah sie wirklich überall Gespenster? Seine Stimme klang, als wäre es wirklich ernst. Jasmin seufzte. Sie war noch nie gut darin gewesen, Nein zu sagen. Dennoch wollte sie sich nicht so leicht überreden lassen, für den Fall, dass Christian Leon zu dem Anruf gedrängt hatte.

»Ich befürchte, das geht jetzt nicht. Diese Woche bin ich krankgeschrieben und arbeite eigentlich überhaupt nicht. Was ist mit deinem Pflegevater? Kann er dich nicht begleiten, wenn es so dringend ist?«

Leon schwieg. Nach einer gefühlten Ewigkeit räusperte er sich. Es klang, als hätte er geweint. »Bitte, Frau Berger. Wenn es so einfach wäre, würde ich Sie nicht darum bitten. Wenn wir dort sind, erkläre ich Ihnen alles. Und es wird auch nicht lange dauern, das verspreche ich.«

Jasmin setzte sich wieder und rührte in den Resten des Milchschaums herum. Eine halbe Stunde würde sie schon nicht umbringen. Und vielleicht tat ihr etwas Abwechslung ja gut. Wenn sie merkte, dass Christian dahintersteckte, konnte sie immer noch verschwinden. »Na gut. Soll ich dich zu Hause abholen?«

»Nein, das ist nicht nötig. Ich bin ganz in der Nähe. Wir können uns an der Haltestelle bei Ihnen um die Ecke treffen.«

»Gut. Dann bis gleich.«

»Danke schön, Frau Berger. Sie wissen gar nicht, wie sehr Sie mir damit helfen.«

Die beiden legten auf und Jasmin machte sich auf den Weg zu ihrer Wohnung. Ihr Auto stand direkt gegenüber von ihrem Haus. Sandra hatte es am Montag für sie geholt, da Jasmin es nicht geschafft hatte, auch nur in die Nähe der Hütte zu kommen.

Es dauerte kaum zwei Minuten, da entdeckte sie schon Leon, der auf den Wagen zukam. Er hatte eine Brötchentüte in der Hand und knabberte an einer Laugenbrezel. Reflexartig winkte sie ihm mit der rechten Hand zu und realisierte erst dann, welchen Anblick das abgeben musste. Leon riss auch sogleich erschrocken die Augen auf.

»Scheiße, was ist denn mit Ihnen passiert?«, fragte er und starrte den Verband an. »Das sieht ja schlimm aus.«

»Hab mich am Wochenende beim Grillen verbrannt. Immer vorsichtig sein mit Spiritus«, log sie und bemühte sich um ein Lächeln. Sie war froh, dass sie vorhin die Kratzer und blauen Flecken in ihrem Gesicht überschminkt hatte.

Leon nickte und fragte zum Glück nicht weiter.

»Fahren wir los?«, fragte Jasmin und deutete auf ihren Wagen.

»Alles klar.« Leon ging um das Heck herum und öffnete die Beifahrertür.

Eine Weile fuhren sie schweigend durch Frankfurt. Eine gewisse Anspannung lag in der Luft und Jasmin fühlte sich unwohl, ohne genau festmachen zu können, woran das lag. Warum wollte Leon unbedingt in sein Elternhaus, wenn es ihm doch offenkundig so schlecht damit ging?

»Wie ist es dir in der letzten Zeit ergangen?«, fragte sie, als sie an einer roten Ampel hielt. »Wir haben uns ja jetzt eine Weile nicht mehr gesehen.«

»Ja, ganz gut.«

»Schule?«

»Mhm.«

»Klingt ja nicht so begeistert. Gibt es Probleme? Ist dein letztes Jahr, oder?«

»Englisch nervt mich und Deutsch erst recht. So ein Mädchenfach. Aber ich habe Nachhilfe, damit es für den Abschluss reicht.«

Die Ampel sprang auf Grün und Jasmin fuhr los. In ihrer Hand pochte der Schmerz, obwohl der Mini Automatik hatte und sie nicht schalten musste. Sie ließ das Lenkrad los und legte sie entspannt auf ihren Oberschenkel.

»Zu Hause auch alles okay?«, fragte sie, weil es einfach zu auffällig wäre, wenn sie nicht mit ihm darüber sprechen würde. Es war schließlich ihr Job, sich zu erkundigen, wie es in seiner Pflegefamilie lief, auch wenn sie gerade wenig Lust hatte, etwas von Christian zu hören, und sei es nur indirekt.

Leon antwortete nicht, sondern starrte aus dem Fenster. Irgendetwas stimmte mit ihm nicht. In seiner Verfassung war es wirklich überhaupt keine gute Idee, in das Haus voller Erinnerungen zurückzukehren. Aber immerhin hatte er sie angerufen, so musste er nicht alleine damit zurechtkommen. »Wenn du irgendein Problem hast, kannst du dich immer an mich wenden, das weißt du. Egal worum es geht, ich werde versuchen, mit dir eine Lösung zu finden.«

»Ja, schon klar. Danke.«

»Willst du mir jetzt vielleicht verraten, was du im Haus willst?«

»Nein, noch nicht. Wenn wir da sind, verstehen Sie es.«

Jasmin fragte sich, warum er so ein Geheimnis daraus machte. Vermutlich hatte sie ihr erstes Gefühl doch nicht getrogen und es steckte tatsächlich Christian dahinter. War Leon deswegen so wortkarg, weil er sich ausgenutzt fühlte? Sie lenkte den Wagen auf die B3 und gab Gas, um vom Beschleunigungsstreifen auf die rechte Spur zu wechseln. Als sie bei Tempo einhundert angekommen war, legte sie zumindest die Finger der rechten Hand an das Lenkrad. Vielleicht war es doch keine gute Idee gewesen, ins Auto zu steigen. Wenn es wirklich zu einer kritischen Situation kam, konnte sie den Wagen mit der verletzten Hand wohl kaum unter Kontrolle halten.

Zum Glück ging alles gut und nach kurzer Zeit erreichten sie das verlassene Haus in Dietzenbach am Waldrand in Richtung Heusenstamm. Soweit Jasmin wusste, versuchte Leons leiblicher Vater, der im Gefängnis saß, seit Jahren, es über einen Makler zu verkaufen. Wegen der Vorfälle, die sich dort ereignet hatten, verloren die potenziellen Käufer jedoch verständlicherweise schnell das Interesse.

Jasmin parkte den Mini vor der Garage und ging mit Leon auf die Tür zu. Ein großer Zettel klebte daran. Neugierig las Jasmin, was darauf stand.

Sammelbesichtigung, Dienstag, 16:30 Uhr. Bitte warten Sie vor der Garage, bis der Makler erscheint. Nicht eigenständig das Grundstück oder das Gebäude betreten.

»Sieh mal«, sagte sie zu Leon. »Vielleicht wird es endlich verkauft.«

Leon stellte sich neben sie und las ebenfalls den Zettel. »Na toll«, murmelte er.

Jasmin legte die Hand auf seine Schulter und drückte sie aufmunternd. »Ich kann mir vorstellen, dass es sich seltsam anfühlt. Du bist hier aufgewachsen und verbindest neben den schlechten auch jede Menge gute Erinnerungen mit diesem Ort. Aber im Endeffekt wird dir eine Last genommen, wenn hier neues Leben einkehrt.«

»Meine Familie bringt es nicht zurück, bloß weil hier plötzlich wieder jemand wohnt.« Er trat nach vorne und steckte seinen Schlüssel ins Schloss. Als sich die Tür öffnete, atmete er auf. »Passt zum Glück noch.«

Sie betraten den Flur. Ein Schauer lief über Jasmins Rücken. Es war dunkel, überall im Haus waren die Läden heruntergelassen. Die Luft war abgestanden und roch modrig. Der Makler würde mindestens eine Stunde früher erscheinen müssen, um zu lüften, wenn er eine Chance haben wollte, das Haus zu verkaufen. Bei dem Geruch würde den Interessenten schon an der Haustür die Lust auf die Besichtigung vergehen. Immerhin war es dank der geschlossenen Läden im Vergleich zu draußen angenehm kühl. Leon war den Flur entlanggegangen und stand im Schatten zum Eingang ins Wohnzimmer. Jasmin betätigte den Lichtschalter neben der Haustür. Es blieb dunkel. Natürlich gab es keinen Strom.

»Was ist? Kommen Sie?«, fragte Leon und schaute zwischen ihr und dem Wohnzimmer hin und her.

»Eigentlich würde ich lieber hier warten«, sagte Jasmin. »Du hast mir außerdem immer noch nicht gesagt, worum es geht.«

»Das sehen Sie dann schon gleich. Bitte, ich will da nicht alleine reingehen.«

Jasmin seufzte, setzte sich aber in Bewegung. »Also gut«, murmelte sie. Sie fühlte sich hier ohne Licht überhaupt nicht wohl. Bis zum letzten Samstag war sie kein ängstlicher Typ gewesen. Jetzt vermutete sie in jeder dunklen Ecke einen Angreifer. Was, wenn Christian im Wohnzimmer wartete, um zu Ende zu bringen, was er am Samstag nicht geschafft hatte? Langsam ging sie durch den Flur, bis sie neben Leon stand. Das Wohnzimmer war bis auf einige Möbelstücke leer. Unwillkürlich atmete Jasmin auf. Christian schien nicht hier zu sein.

»Da hinten. In der Schrankwand.«

Jasmin schaute ihn fragend an. »Was ist dort?«

»Schauen Sie einfach nach.« Seine Stimme klang nervös. Was wollte er von ihr? Manchmal war der Junge einfach unergründlich. »Bitte.« Er deutete in den Raum, wo sich der Schatten eines wuchtigen Schranks abzeichnete.

»Also gut. Ich möchte dann aber eine Erklärung dafür, was das alles hier soll«, sagte sie und setzte einen Fuß auf den ausgetretenen Teppichboden. Plötzlich schoss ihr ein seltsamer Gedanke durch den Kopf. Wie hatte Leon überhaupt ihre Adresse herausgefunden? Bisher hatten sie sich stets in der Wohnung von Christian oder auf dem Jugendamt getroffen, niemals aber bei ihr, und sie konnte sich auch nicht erinnern, ihm ihre Adresse gegeben zu haben. Sie blieb stehen. »Sag mal, Leon …«

»Mh?«, presste er hervor.

Jasmin merkte, wie sich ihr Magen zusammenzog. Sie hatte einen Fehler begangen. »Woher weißt du eigentlich, wo ich wohne?«

»Rate mal!« Leons Stimme war ihr plötzlich ganz nah. Jasmin spürte einen Luftzug hinter sich. Sie fuhr herum. Leon stand vor ihr, einen Baseballschläger in der Hand. Ehe sie reagieren konnte, holte er aus und schlug damit nach ihr. Sie versuchte noch auszuweichen, doch das Holz traf sie hart am Kopf. Ein dumpfer Schmerz zwang sie in die Knie, ihr wurde schwarz vor Augen. Leon schlug erneut nach ihr. Sie warf sich auf die Seite, doch er traf ihren Hinterkopf. Der Schmerz explodierte in ihrem Schädel, raubte ihr die Sicht. Sie versuchte von ihm wegzukriechen und belastete dabei die verletzte Hand. Verzweifelt schrie sie auf. Sie krümmte sich zusammen, als Leon auf sie zukam. Noch einmal holte er aus, zielte mit dem Schläger auf ihren Kopf. Das Letzte, was sie sah, war das irre Grinsen in seinem Gesicht.

27. Kapitel

Leon hievte Jasmin hoch und setzte sie auf einen Mauervorsprung. Er legte ihre Arme um die Stahlstrebe in ihrem Rücken und verband ihre Hände mit dem Panzerklebeband, das er aus dem Keller von Brandes' Nachbarn hatte mitgehen lassen. So konnte sie nicht aufstehen und versuchen abzuhauen, wenn sie später aufwachte. Danach umwickelte er noch ihre Knöchel mit dem Klebeband und fixierte sie aneinander. Sie war noch immer bewusstlos, ihr Kopf ruhte auf der Brust. Ein wenig Blut war ihr in die Stirn gelaufen, der Rest war in ihren Haaren getrocknet.

Zuerst hatte er sich erschreckt und geglaubt, dass er sie bereits mit seinen Schlägen umgebracht hatte, als er die starke Blutung gesehen hatte. Es war geradezu aus ihrem Kopf herausgesprudelt. Dann aber hatte er sich erinnert, dass er als Kind einmal rücklings vom Schaukelpferd gefallen und gegen den Heizkörper geknallt war. Auch da waren Unmengen von Blut gewesen und er hatte geschrien wie am Spieß, bis seine Mutter ihm erklärt hatte, dass sich am Kopf besonders viele kleine Adern befanden, die das Gehirn versorgten, und deshalb Wunden dort immer besonders schlimm aussahen, auch wenn sie es nicht waren. Erst da war er wieder ruhig geworden.

Leon seufzte. Damals war die Welt noch in Ordnung gewesen. Seine Mutter hatte sich um ihn gekümmert, die Familie beisammengehalten. Bis sie plötzlich entschieden hatte, alles kaputtzumachen. Nur wegen ihrer Niederträchtigkeit war sein Vater damals so ausgerastet. Es war ihre Schuld, dass er im Gefängnis saß und Leon alleine war. Er hatte doch nur die Familie beschützen wollen. Warum hatte sie das nur getan? Hatte sie ihn nicht geliebt? Alles nur vorgespielt, während sie alle hintergangen hatte? So musste es sein! Sie war eine ebenso hinterhältige Schlampe gewesen, als die Jasmin sich herausgestellt hatte. Diese Frauen zerstörten Familien, ohne sich überhaupt darüber bewusst zu sein.

Zum Glück hatte sie seiner Bitte direkt zugestimmt. Viel Zeit wäre ihm auch nicht mehr geblieben. Die Polizei war ihm anscheinend schon auf der Spur. Heute war schon wieder einer dieser Kommissare bei ihnen zu Hause aufgetaucht. Zum Glück war Marianne mittwochs immer bei der Aquagymnastik und Christian ging morgens oft ins Studio, weil um diese Uhrzeit noch nicht so viel los war. Er hatte den Kommissar schnell an der Tür abgewimmelt und dann direkt bei Jasmin angerufen.

Ohne das Klebeband abzureißen, ließ Leon von Jasmin ab, begutachtete sein Werk. Das sah gut aus. So schnell würde sie sich nicht befreien können. Er näherte sich ihrem Gesicht mit seinem und flüsterte: »Das hast du jetzt davon!«

Als ob sie ihn verstanden hätte, begannen ihre Augen hinter den Lidern wild hin und her zu zucken. Wenn er nicht wüsste, was sie getan hatte, würde sie ihm fast leidtun. Eigentlich hatte er sie immer gemocht. Ihre geduldige Art, ihre Gutmütigkeit. Wie sie immer ein offenes Ohr für ihn gehabt und versucht hatte, ihm ein den Umständen entsprechend gutes Leben zu ermöglichen.

Und dann hatte er sie in Christians Auto gesehen. Er wollte zu ihr rennen und sie begrüßen, aber die Schlampe hatte sich zu Christian gebeugt und sich abknutschen lassen. Zuerst hatte er seinen Augen nicht getraut, geglaubt, er habe sich getäuscht und es wäre gar nicht sein Pflegevater dort auf dem Fahrersitz. Er war nach Hause gegangen, hatte sich in sein Bett gelegt und versucht, die Sache zu vergessen. In dieser Nacht hatte er immer wieder an seine Mutter denken müssen. Daran, was mit Frauen passierte, die Familien zerstörten.

Da ihm die Sache keine Ruhe ließ, hatte er Christian von diesem Zeitpunkt an beobachtet. Und seine Befürchtungen hatten sich bestätigt. Er und Jasmin trafen sich regelmäßig. Einmal hatte er sie sogar in der Wohnung der Brandes erwischt. Er war früher von der Schule nach Hause gekommen und hatte Jasmins Auto gesehen. Also hatte er sich in die Wohnung geschlichen und im Flur gewartet. Aus dem Schlafzimmer war leises Stöhnen gekommen. Jasmin hatte gequiekt wie ein Schwein, während sein Pflegevater sie gefickt hatte. Er hatte gewartet, bis die beiden fertig waren, war dann wieder in den Hausflur gegangen, um fünf Minuten später die Wohnung zu betreten.

Die beiden waren nicht mal schockiert gewesen. Nicht der Hauch eines schlechten Gewissens. Sie hatten ihn begrüßt, als sei nichts gewesen. Und er hatte das Spiel mitgespielt. Bis es ihm zu viel wurde und er entschied, der Sache selbst ein Ende zu setzen. Leider hatte Christian nicht auf seinen Brief reagiert. Bis zum nächsten Treffen waren keine zwei Tage vergangen. Sie hatten ihn quasi dazu gezwungen, zu anderen Mitteln zu greifen.

Eigentlich hatte er Jasmin töten wollen. Er war in die Hütte gestürmt und direkt auf sie losgegangen. Doch ihr bescheuerter Freund musste ja den Helden spielen und dazwischengehen, bevor er ihr das Messer in die Brust rammen konnte. Jetzt war er tot und Jasmin hatte wie durch ein Wunder den Angriff überlebt. Dabei war er sich so sicher gewesen, fest genug zugestochen zu haben. Sie hatte doch reglos am Boden gelegen. Wie hatte sie ihn nur so täuschen können? Warum war er so dumm gewesen, nicht zu überprüfen, ob sie tatsächlich tot war?

Die Panik, sagte er sich. Sie hatte nach ihrer Freundin gerufen, die im Nebenraum geschlafen hatte. Deswegen war er so schnell wie möglich verschwunden. Als er hörte, dass sie den Angriff überlebt hatte, war er nach dem ersten Schrecken davon ausgegangen, dass dieses traumatische Erlebnis zumindest dafür sorgen würde, dass sie das Interesse an Christian verlor.

Leider hatte er sich getäuscht. Denn obwohl ihr Lebensgefährte umgebracht worden war, hatte Jasmin nichts Besseres im Sinn gehabt, als sich erneut mit seinem Pflegevater zu treffen. Seine neue Familie weiterhin zu zerstören. Dabei wusste sie doch, was ihm geschehen war. Wie konnte sie nur so egoistisch sein? So gemein und niederträchtig? Doch das war vorbei. Jetzt würde sie endgültig die Konsequenzen für ihr Handeln zu spüren bekommen.

Leon überlegte, ob er ein Foto von Jasmin schießen sollte. Er könnte es Christian schicken, damit er sah, was die Folge seiner Niederträchtigkeit war. Sollten sie doch wissen, was Leon getan hatte. Die Familie war ohnehin auseinandergebrochen. Wenn er ins Gefängnis kam, wäre er vielleicht endlich wieder mit seinem Vater vereint.

Er tastete seine Hosentasche nach seinem Handy ab. Es war nicht da. Hatte er es in Jasmins Wagen verloren? Oder etwa im Wohnzimmer? Jasmin wäre wahrscheinlich noch eine Weile bewusstlos. Er hatte also genug Zeit, es zu holen. Und das musste er auch, wenn es wirklich im Wohnzimmer lag. So schnell wollte er sich dann doch nicht verraten.

28. Kapitel

»Den Pfeiffer können wir von der Liste nehmen«, sagte Helgas Kollege Tillmann Schwarzkopf und legte ein Blatt Papier vor ihr ab. Vermutlich die Aussage des Fahrers. »Das Taxiunternehmen hat bestätigt, dass einer ihrer Fahrer Samstagnacht einen sturzbetrunkenen Mann in die Ludwigstraße gefahren hat. Der Weg war wohl eine ziemliche Qual und er musste mehrere Male anhalten, damit sich der Fahrgast am Straßenrand übergeben konnte. Der Fahrer hat ihn jedenfalls zu Hause abgesetzt und noch gewartet, bis er nach drinnen gegangen war. Er glaubt nicht, dass Pfeiffer in der Lage gewesen wäre, das Haus noch einmal zu verlassen. Und wenn, hätte er sicher nicht gecheckt, wo er hingeht.«

Helga nickte und schob das Blatt ungelesen in den Klemmhefter mit den Unterlagen zum Fall. »Danke dir, Tillmann. Damit ist er ziemlich sicher raus.« Gedanklich hatte sie Thomas Pfeiffer ohnehin längst von der äußerst kurzen Liste der Verdächtigen gestrichen. Wie Horst von Anfang an vermutet hatte, war auch sie sich mittlerweile sicher, dass die Brutalität der Tat auf sehr viel aufgestaute Wut hinwies. Eifersucht zum Beispiel. Die Sache hing irgendwie mit der Affäre von Jasmin Berger zusammen. Der Drohbrief war nur ein weiteres Indiz, das diese Theorie bestätigte. In diesem Punkt würde sie vielleicht gleich mehr herausfinden, denn nachdem sie Dieter über die neuen Entwicklungen in Kenntnis gesetzt hatte, wollte der auf dem Weg ins Büro bei den Brandes vorbeischauen.

»Wenn man vom Teufel spricht …«, sagte Helga, als Dieter das Büro betrat.

»Ihr habt über mich gesprochen?«, fragte der und ließ sich auf einen der Schreibtischstühle fallen. »Nur Gutes, hoffe ich.«

»Gesprochen jetzt nicht direkt. Aber an dich gedacht habe ich.«

Dieter grinste. »Du wirst dich doch auf deine alten Tage nicht etwa noch mit Männern anfreunden?«

Obwohl sie zugeben musste, dass der Spruch für Dieters Verhältnisse gut war und sie ihm die passende Vorlage geliefert hatte, hob Helga ihre Tasse an und tat so, als würde sie damit nach Dieter werfen. »Du kannst mich mal, meine alten Tage. Wer von uns beiden ist denn hier der Grufti? Außerdem solltest du mal verstehen, dass ich per se nichts gegen Männer habe. Ich will sie nur einfach nicht *in mir* haben.«

Dieter zwinkerte. »Schon gut, reg dich ab, Heinrich. War ja nur Spaß. Leider muss ich sagen, dass du mich umsonst sehnsüchtig erwartet hast. Der Besuch bei den Brandes war nicht gerade erfolgreich. Es war nur der Sohn zu Hause und der hatte natürlich keine Ahnung, wovon ich spreche. Er sagt seinem Vater aber Bescheid, dass er sich melden soll.«

»Pflegevater«, korrigierte Helga.

»Ja, mir doch Wurst, wie die genauen Verhältnisse sind.«

»Hast du ihn gefragt, ob er das Alibi bestätigen kann, das Frau Brandes ihrem Mann gegeben hat?«

Dieter verzog das Gesicht. »Ach, Mist. Sorry, das habe ich völlig verdrängt.«

Helga schaute ihren Kollegen fassungslos an. Wie konnte er eine so wichtige Information vergessen? Wenn Marianne

Brandes gelogen hatte, würde das die beiden in den Fokus der Ermittlungen rücken. Manchmal hatte sie das Gefühl, dass Dieter bis zu seiner Rente noch möglichst wenig Fälle bearbeiten wollte und sich deshalb extra viel Zeit bei den Ermittlungen ließ, wenn nicht gerade Gefahr in Verzug war. Um des lieben Frieden willens unterdrückte Helga allerdings den Drang, ihn zurechtzuweisen, und fragte stattdessen: »Warum war der überhaupt zu Hause? Müsste er nicht in der Schule sitzen?«

»Gut aufgepasst, Frau Kommissarin. Das habe ich ihn natürlich auch sofort gefragt. Er war freigestellt, weil er die letzte Fahrstunde vor seiner praktischen Prüfung hatte.« Dieter hob die Arme und fächerte sich Luft zu. Hier im Büro stand die Luft. Unter seinen Achseln waren dunkle Schweißflecken zu erkennen.

»Apropos der Junge, Jasmin Berger hat da vorhin etwas erwähnt, das mich neugierig gemacht hat. Der Pflegesohn von den Brandes ist offenbar mehr oder weniger ein Problemfall.«

»Inwiefern?«

»Genau das habe ich mich auch gefragt. Sie durfte natürlich nicht so genau darüber sprechen, aber es scheint ein ziemlich traumatisches Erlebnis gewesen zu sein.«

»Das klingt nicht gut, aber wir sind nicht hier, um irgendwelchen Klatsch zu betreiben. Wir müssen uns auf das Wesentliche fokussieren. Und für mich sieht es so aus, als wäre das Christian Brandes.«

Dann hättest du dich vorhin mal besser darum gekümmert, sein Alibi auseinanderzunehmen, dachte Helga. Aber sie musste Dieter recht geben. Sie durften sich jetzt nicht von irgendwelchen Nebensächlichkeiten ablenken lassen, sondern mussten sich auf die Fakten konzentrieren. »Was glaubst du, wer den Brief verfasst hat? Marianne Brandes? Oder er selbst, um von sich abzulenken?«

»Die zweite Variante ist zumindest naheliegend.«

»Und warum hat seine Frau ihm das Alibi gegeben? Ich würde es verstehen, wenn Jasmin Berger als Leiche geendet hätte, aber doch nicht, wenn er ihren Lebensgefährten ersticht. Irgendwas passt doch da nicht zusammen.« Helga schüttelte den Kopf. Dieter verrannte sich schon wieder zu schnell in eine Sache.

»Okay, rollen wir das Ganze mal von hinten auf. Sie hat irgendwie spitzgekriegt, dass ihr Mann eine Affäre mit der Betreuerin vom Jugendamt hat. Da sie ihn nicht verlassen will, hat sie ihm den Brief geschrieben und gehofft, dass er sich eines Besseren besinnt. Er vermutet vielleicht Markus Esche dahinter und zieht daraufhin los, um seinen Nebenbuhler umzubringen, damit Jasmin Berger, die eigentlich Schluss machen wollte, frei für ihn ist. Er beobachtet die beiden, wie sie nach der Party beim Aufräumen herumturteln, sieht seine Felle davonschwimmen und greift sie statt ihn an, als er in die Hütte stürmt. Da er auch auf Jasmin losgegangen ist, hat seine Frau die Gelegenheit beim Schopf gepackt, hat ihm gezeigt, wie loyal sie ist, und hofft nun auf die ewige Dankbarkeit ihres Gatten. And then they lived happily ever after«, schloss Dieter seinen Vortrag.

»Schon besser«, gestand Helga ihm zu. »Aber immer noch nicht ausgereift. Irgendein Puzzleteil fehlt uns noch.«

»Das finden wir vielleicht, wenn wir den Brief analysieren können.«

»Hoffentlich«, murmelte Helga. »So langsam könnten wir einen Durchbruch gebrauchen.«

29. Kapitel

Nervös zupfte Christian an einem Hautfetzen am Nagelbett seines Daumens herum. Der Brief lag auf dem Küchentisch bereit und Christian wartete darauf, dass Marianne endlich aus dem Sportkurs kam. Er hatte beschlossen, ab jetzt mit völlig offenen Karten zu spielen. Ein Mörder lief da draußen frei herum und vielleicht hatte er es weiterhin auf Jasmin abgesehen. Wenn er Marianne mit dem Brief konfrontierte, fiel vielleicht ihre Fassade und sie rückte mit der Wahrheit raus. Eigentlich glaubte er nicht daran, dass seine Frau hinter der Sache steckte, doch womöglich täuschte er sich. Er wusste genau, wie sie sich verhielt, wenn sie log, und hoffte es auch dieses Mal zu erkennen.

Endlich hörte er das Klappern ihres Schlüssels. Die Tür wurde geöffnet und kurz darauf wieder zugeschlagen. Ihre Schritte näherten sich und verstummten dann.

»Hallo«, sagte sie mürrisch, warf ihm einen abweisenden Blick zu und ging zum Kühlschrank.

»Können wir einen Moment reden?«, fragte er.

Sie schnaufte durch die Nase. »Jetzt willst du reden, ja? Wo schon alles vor die Hunde gegangen ist? Wo du das, was wir uns vor dem Altar geschworen haben, mit Füßen getreten hast?«

»Bitte, darum geht es ja. Es ist wichtig.« Er stand auf und machte einen Schritt in ihre Richtung. Marianne warf die Kühlschranktür zu und wich vor ihm zurück. Die Wut in ihren Augen sprang ihn nahezu an.

»Nein, Christian. Ich kann das momentan einfach nicht. Was glaubst du, wie es mir die letzten Tage ging? Monatelang habe ich geahnt, dass etwas nicht stimmt. Habe mit mir gehadert, ob ich mir den Parfümgeruch nur einbilde, ob ich zur paranoiden Hausfrau geworden bin, weil ich deine Sportklamotten kontrolliere. Mich für eine eifersüchtige Ziege gehalten, die nicht damit klarkommt, dass eine Beziehung sich im Laufe der Jahre verändert. Und dann habe ich euch gesehen. Wie ihr euch geküsst habt. Mir ist schlecht geworden in diesem Augenblick, kannst du dir das vorstellen?«

Christian senkte den Kopf. »Es tut mir leid«, flüsterte er, weil er nicht wusste, was er sonst sagen sollte. Es gab keine Worte, die wiedergutmachen konnten, was er seiner Frau mit seinem Verhalten angetan hatte.

»Zuerst wollte ich einfach nach Hause fahren und meine Sachen packen. Verschwunden sein, wenn du von deinem Techtelmechtel kommst.« Ihre Lippen zitterten und Christian sah, dass sie sich zusammenreißen musste, um nicht loszuheulen. Am liebsten hätte er sie in den Arm genommen. Dieses Bedürfnis hatte er zuvor schon lange nicht mehr verspürt.

»Ich hätte es verstanden.«

»Oh, du glaubst nicht, wie egal es mir gewesen wäre, ob du es verstanden hättest oder nicht. Aber das konnte ich Leon einfach nicht antun. Du weißt genau, was mit seiner Mutter passiert ist. Wie kannst du nur ...«, sie zog ihre Lippen nach oben, als würde sie sich vor etwas ekeln, »... so gedankenlos und egoistisch sein? Hast du dir mal überlegt, wie er sich dabei fühlt, wenn er erfährt, dass sein Pflegevater und seine Betreuerin ... Pfui Teufel! Wenn du dir schon keine Gedanken darüber gemacht hast, wie es mir damit geht, warum hast du nicht wenigstens eine Sekunde daran gedacht?«

Hilflos zuckte Christian mit den Achseln. Sie hatte ja recht. Recht mit allem, was sie gegen ihn vorbrachte. All seine Rechtfertigungen, die ihm auf der Zunge lagen, waren nichts als Ausreden dafür, dass er sich und seine Gefühle nicht im Griff gehabt hatte.

»Natürlich hast du keine Antwort darauf. Was habe ich auch erwartet?« Ihr Blick fiel auf den Küchentisch. »Was ist das?«, fragte sie.

»Darüber wollte ich eigentlich mit dir sprechen.«

Marianne ging zum Tisch und beugte sich über den Zettel. »Was zur Hölle …?« In ihrem Blick lag Entsetzen. Entweder wusste sie wirklich nichts darüber oder sie verstellte sich besser, als sie es jemals zuvor getan hatte. »Woher kommt das?«

»Aus dem Briefkasten. Es war an mich adressiert.«

»Wann hast du …«, sie hob den Brief mit spitzen Fingern an, hielt ihn in seine Richtung und begutachtete dessen Rückseite wie auch Jasmin zuvor, »… ihn bekommen?«

»Vor vielleicht drei Wochen. Nachdem du mir offenbart hast, dass du von Jasmin und mir wusstest, habe ich ehrlich gesagt gedacht, dass du ihn vielleicht geschrieben hättest.« Jasmin und ihm. Es war seltsam, dies vor seiner Frau auszusprechen, fühlte sich falsch an.

Marianne lachte abfällig. »Ist das dein Ernst? Ich? Wie um alles in der Welt sollte ich auf die bescheuerte Idee kommen, dir so einen Schwachsinn zu schreiben? Mit Zeitungsbuchstaben. Ein Erpresserbrief, wie ihn ein Teenager basteln würde. Für wie einfallslos hältst du mich bitte?«

»So war das nicht gemeint. Wenn du es nicht warst …«

»Was soll das bitte heißen?«, unterbrach sie ihn. »Wenn? Mit diesem Quatsch habe ich nichts zu tun, und wenn du daran auch nur den geringsten Zweifel hegst, dann kennst du mich wirklich gar nicht.« Sie zerknüllte den Brief und warf ihn auf den Tisch. Dann drängte sie sich an ihm vorbei, stieß ihn mit der Schulter an.

»Warte bitte«, sagte er, wollte nach ihr greifen, doch sie war schon aus seiner Reichweite.

»Nein, Christian. Es reicht. Ich kann dich gerade nicht sehen. Momentan brauche ich meine Ruhe vor dir.« Bevor Christian noch etwas sagen konnte, war sie im Hausflur und knallte die Wohnungstür hinter sich zu.

»Das hat ja großartig funktioniert«, murmelte Christian. Er nahm den Brief vom Küchentisch und versuchte, das Papier zu glätten. Vielleicht war es wirklich besser, er ging damit zur Polizei, wie Jasmin es vorgeschlagen hatte. Die könnten ihn analysieren und vielleicht darüber den Verfasser finden. Da Marianne ihn offensichtlich nicht geschrieben hatte, war es möglicherweise der Täter gewesen. Das konnte doch kein Zufall sein, dass in dem Brief Konsequenzen angedroht wurden. Die Rede war von etwas Schlimmem, das passieren sollte, und kurze Zeit später wurde Jasmin angegriffen.

Plötzlich kam ihm ein beängstigender Gedanke. Was hatte Marianne gesagt? Der Brief wirkte wie das Werk eines Teenagers? Und sie hatte Leons Vergangenheit angesprochen. Was mit seiner Mutter geschehen war. Christian starrte die Buchstaben auf dem Papier an, bis sie vor seinen Augen verschwammen.

ICH HABE EUCH GESEHN. WEN DU NICHT WILLST DAS DEINE FAMILIE ETWAS ERFÄHRT BEENDE DAS. SOFORT! SONST PASSIERT WAS SCHLIMMES.

Diese Rechtschreibfehler. Hatte seine Frau nicht mal etwas davon gesagt, dass Leon eine Lese- und Schreibschwäche hatte? Er stand auf und ging in Leons Zimmer. Auf sein Klopfen hin reagierte niemand. Natürlich nicht, es war gerade mal halb eins. Langsam öffnete er die Tür. Obwohl Leon eigentlich in der Schule sein müsste, stand sein Rucksack neben dem

Schreibtisch. Christian ging in die Knie, zog den Reißverschluss auf und nahm den Collegeblock heraus. Es dauerte nicht lange, bis er gefunden hatte, wonach er suchte. Eine Deutschaufgabe. Der Text war voller Fehler. Eine bestimmte Art fiel ihm besonders ins Auge. Leon verwechselte vor allem den und denn, wen und wenn.

Christian merkte, wie ihm der Schweiß ausbrach. Das durfte nicht stimmen. Er musste sich da gerade in etwas verrennen. So wie er fälschlicherweise geglaubt hatte, dass Marianne den Brief verfasst hatte. Aber es sprach so vieles dafür. Am Samstag war Leon früh ins Bett gegangen. Angeblich hatte er Kopfschmerzen gehabt. Christian hatte gegen elf noch einmal an seine Tür geklopft, aber keine Antwort bekommen. Da er geglaubt hatte, Leon würde schon schlafen, und ihn nicht stören wollte, hatte er die Tür nicht aufgemacht.

Und gestern, als er ihm auf die Schulter geklopft hatte. Leon war vor seiner Berührung zurückgeschreckt. Als hätte er Schmerzen. Das hatte Christian sich nicht nur eingebildet. Hatte er sich beim Kampf mit Jasmin und ihrem Freund verletzt? War er in die Fußstapfen seines Vaters getreten und hatte Jasmin angegriffen, weil sie in seinen Augen seine Familie zerstörte? Christian war immer dagegen gewesen, dass Leon sich mit seinem Vater im Gefängnis traf, aber Jasmin hatte gesagt, es sei wichtig für seine Entwicklung. Damit er die Tat reflektieren konnte. Welche kranken Ansichten hatte sein Vater ihm bei diesen Gelegenheiten ins Hirn gepflanzt?

Christian schüttelte den Kopf. All das konnte einfach nur Zufall sein. Es war mit Sicherheit nur Zufall. Warum sollte Leon ihm so etwas antun? Er war überhaupt nicht aggressiv. Eher zurückhaltend. Verschwand in seinem Zimmer, wenn ihm etwas nicht passte, und wollte mit niemandem reden. Ein Mord? Nein, das war ihm nicht zuzutrauen. Oder etwa doch? War es seine Aufgabe, darüber zu entscheiden? Sollte er einfach zur Polizei gehen und ihnen die Beurteilung überlassen? Er konnte doch nicht seinen Pflegesohn ans Messer liefern. Wenn Leon überhaupt nichts getan hatte, würde er ihm das nie verzeihen. Christian verstaute den Collegeblock wieder dort, wo er ihn hergenommen hatte, und verließ das Zimmer. Er musste mit Jasmin darüber reden. Sie musste von seinem Verdacht wissen. Bestimmt konnte sie es besser einschätzen, immerhin betreute sie Leon schon, seit er in die Obhut des Jugendamts gekommen war.

Unruhig lauschte er dem Freizeichen. Nach einer gefühlten Ewigkeit meldete sich die Mailbox. Er versuchte es noch einmal mit demselben Ergebnis. Danach versuchte er es auf ihrem Festnetztelefon. Auch dort nahm sie nicht ab. Natürlich nicht. Sie hatte ihm gestern noch einmal unmissverständlich klargemacht, dass sie nichts mehr mit ihm zu tun haben wollte und er sie in Ruhe zu lassen hatte. Aber jetzt war es wichtig. Er schrieb ihr eine Nachricht über WhatsApp.

Bitte melde dich bei mir. Es ist dringend. Es geht um Leon. Ich brauche deinen Rat.

Dann schickte er direkt eine weitere hinterher.

Ich mache mir Sorgen. Ruf mich sofort an, wenn du das liest.

Es dauerte keine Viertelstunde, bis sein Telefon piepte. Er hatte eine neue Nachricht.

30. KAPITEL

Das Handy lag wie vermutet auf dem Teppich im Wohnzimmer. Genau an der Stelle, wo Leon gerade eben Jasmin niedergeschlagen hatte. Erleichtert atmete er auf und bückte sich danach, als es in seiner Hosentasche vibrierte. Jasmins Handy. Er hatte es ihr abgenommen und eingesteckt. Nur für den Fall, dass sie es irgendwie schaffen sollte, ihre Hände zu befreien, sollte sie keine Möglichkeit haben, Hilfe zu rufen. Außerdem wusste er nicht, welchen Sprachsteuerungsquatsch sie auf ihrem iPhone eingestellt hatte. Dieser Siri war alles zuzutrauen, sogar dass sie für einen das Telefonieren übernahm. Leon kannte die Computerstimme auf dem Gerät nur von seinen Klassenkameraden, er selbst besaß nicht so ein teures Handy. Das Vibrieren in seiner Hosentasche verstummte.

Neugierig holte er es heraus und schaute auf das Display. Ein Anruf in Abwesenheit. Von Christian. Leon konnte es nicht fassen. Dieser verdammte Wichser gab noch immer nicht auf. Was sollte er denn noch tun? Musste er auch ihn umbringen? Dann wäre zwar auch diese Familie zerstört, aber was machte es schon? Lieber ein Ende mit Schrecken als ein Schrecken ohne

Ende, das hatte ihm sein leiblicher Vater oft genug eingebläut. Dann könnte zumindest Marianne mit der Sache abschließen und ein neues, glückliches Leben beginnen. Das Handy klingelte noch einmal. Christian war hartnäckig. Der Hass in Leon breitete sich schmerzhaft in seiner Magengegend aus. Alles, was er gewollt hatte, war eine Familie. Eine, die sich nicht gegenseitig zerstörte. Warum waren alle Menschen auf der Welt nur auf ihren eigenen Spaß aus und traten dabei die Gefühle der anderen mit Füßen? Die Vibration verstummte. Hatte er es endlich aufgegeben?

»Verabschiede dich besser von dem Gedanken, sie jemals wiederzusehen«, sagte Leon zu dem Telefon.

Als wolle es ihm antworten, vibrierte es erneut. Dieses Mal hatte Christian eine Nachricht geschrieben. Leider kannte Leon die PIN zum Entsperren des Displays nicht, doch er konnte den Anfang der Nachricht lesen. Christian bettelte geradezu darum, dass Jasmin sich bei ihm meldete. Angeblich war es wichtig. Kurz darauf kam noch eine, in der er behauptete, dass er sich Sorgen mache. Leon lachte heiser. Schade, dass er ihm nicht über Jasmins Handy antworten konnte. Es hätte ihn brennend interessiert, wie sein Pflegevater reagiert hätte.

Aber er konnte Christian seine Unbelehrbarkeit auch nicht einfach durchgehen lassen. Was musste Leon denn noch tun, damit er endlich aufgab, Jasmin hinterherzustellen, und sich stattdessen auf das besann, was wirklich wichtig war? Leider befürchtete er, dass jegliche Hoffnung vergebens war. Christian würde sich nicht ändern. Leon selbst würde also dafür sorgen müssen, dass so etwas nicht mehr passierte.

Nachdem er Christian von seinem Handy aus eine Nachricht geschrieben hatte, ging er nach oben ins Schlafzimmer seiner Eltern. Nichts mehr erinnerte an die schreckliche Tat, die sich vor sechs Jahren hier abgespielt hatte. Der Schrank war entfernt worden, das Bett stand nicht mehr an seinem Platz und war mit einer neuen Matratze ausgestattet worden und auch den Teppich hatte man rausgerissen. Kein Wunder. Das Blut seiner Mutter hätte man vermutlich nie wieder rausbekommen. Er seufzte. In diesem Moment ertönte draußen die Kirchenglocke. Leon schloss die Augen und saß plötzlich wieder im Schrank.

31. KAPITEL

Sechs Jahre zuvor

Die Tür gab ein leises Quietschen von sich, als er sie öffnete. Leon schaute sich um und kroch dann schnell ins Innere des Kleiderschranks seiner Mutter. Als er unter den Kleidern auf den Bügeln durchgetaucht war und sich in die Ecke mit den T-Shirts kauerte, kicherte er leise. Er war oft hier. Der Schrank war etwas Besonderes für ihn. Er konnte sich hier vor der Welt verstecken, niemand wusste, wo er war. Es war still hier drin, still und dunkel. Das wenige Licht, das durch die Ritzen drang, glitzerte, wenn sich darin Staub verfing. Außerdem mochte er den Geruch von frisch gewaschener Wäsche. Es roch wie seine Mama, wenn sie ihn umarmte.

Manchmal nahm er sich einen Schal von ihr und drückte seine Nase in die Wolle. Er spürte den weichen Stoff auf seinen Lippen, schloss die Augen und stellte sich vor, wie es wäre, den ganzen Tag mit ihr zu spielen, anstatt alleine in seinem Zimmer zu sein, während sie Besuch von dem Nachbarn bekam. Er wickelte sich dann den Schal um die Ohren, sodass er nichts mehr hören konnte, schloss die Augen und wünschte es sich ganz fest. Einmal war er dabei sogar eingeschlafen.

Heute würde er jedoch nicht die Augen zumachen. Er hatte zwei seiner Lieblingsautos aus dem Disney-Film *Cars* mit in den Schrank genommen und fuhr damit über die Falten der Shirts, die im Spiel Berge darstellten. Lightning sprang mit Sally über eine Schlucht, sie war etwas langsamer und schaffte es nur mit den Vorderreifen auf den nächsten Abhang. Aber Lightning wäre nicht der Held, wenn er seine Freundin nicht retten könnte. In allerletzter Sekunde schaffte er es, den blauen Wagen hochzuziehen und seine Freundin so vor dem Abstürzen zu retten.

Leon lächelte und ließ die Spielzeugautos auf dem T-Shirt liegen. Seine Mama hatte den Fernseher leiser gestellt. Anscheinend war sein Vater nach Hause gekommen. Er hörte ihre Stimmen, doch er verstand nicht, was die beiden sagten. Als er sich mit dem Ohr an die Tür lehnte, um zu lauschen, hörte er ein lautes Poltern.

»... hat es mir gesagt«, hörte er. Leon zuckte zurück. Ging es um ihn? Er versuchte, sich zu erinnern, über was er in den letzten Tagen mit Karl gesprochen hatte. Sein Vater hatte diese Woche Urlaub gehabt und war mit ihm tagsüber zu Hause gewesen. Sie hatten gemeinsam Mittag gegessen und sich dabei über die Schule unterhalten. Eigentlich hatte er nur erzählt, was gerade so anlag, während er sich das Mittagessen reinstopfte, um schnell in sein Zimmer verschwinden zu können.

»Was? Musst du ihn jetzt wieder mit reinziehen?« Seine Mutter wurde leiser, sodass er sie kaum noch verstehen konnte. Anscheinend ging es doch um ihn. War es wegen seiner Vier in Mathe? Warum war er auch bloß so dumm? Die anderen Kinder aus der Klasse begriffen alles viel schneller und waren bei den Klassenarbeiten eher fertig. Die letzten drei Fragen hatte er nicht mehr beantworten können. Sein Vater verstand nicht, wie ein Junge in Mathe schlecht sein konnte. Deutsch, Kunst, das waren seine Lieblingsstunden, doch sein Vater bezeichnete sie als Mädchenfächer. Mathe war im Gegensatz zu den anderen ein wichtiges Schulfach, sagte er immer.

Gerade als er aus dem Schrank kriechen und in sein Bett schleichen wollte, schepperte es. Es klang, als würde jemand Geschirr durch die Gegend werfen.

»Verflucht noch mal. Lüg mich nicht an. Du weißt, dass ich das hasse«, brüllte sein Vater. Seine Mutter weinte. Jetzt traute er sich nicht mehr, sein Versteck zu verlassen. Was wäre, wenn sein Vater ihn schlagen würde? Er hatte das schon einmal gemacht. Damals, als er so krank gewesen war und deshalb nachts in sein Bett gepinkelt hatte. Seine Mutter war nicht zu Hause gewesen und sein Vater hatte ihn gezwungen, die restliche Nacht in seinem nassen Schlafanzug in dem Bett zu schlafen. Vorher hatte er ihm eine gescheuert.

Als er es am nächsten Tag seiner Mutter erzählt hatte, war es zum Streit zwischen ihr und seinem Vater gekommen, an dessen Ende er hoch und heilig versprochen hatte, nie wieder seine Hand gegen die Familie zu erheben.

»Hör auf, Karl. Bitte hör doch auf.« Seine Mutter weinte, das hörte er an ihrer zitternden Stimme.

»Was? Darf ich mich in meinen eigenen vier Wänden nicht mal darüber aufregen? Darf ich das nicht?«

Ein lautes Krachen ließ ihn zusammenzucken und er rückte von der Tür weg. Die Stimmen klangen mit einem Mal ganz nah, so als wären sie hier im Schlafzimmer.

»War es hier?«

»Karl. Lass mich los. Du tust mir weh.« Seine Mutter hatte Angst und er wurde nun auch nervös. Der Schrank fühlte sich nicht mehr so sicher an wie noch vorhin. Er war wie erstarrt. Dann schrie seine Mutter. Es waren keine Worte, sie brüllte einfach. Er nahm sich ihren Schal und presste ihn sich auf die Ohren, doch es half nichts.

Als die Glocken der Kirche von gegenüber ertönten, verstummte seine Mutter. Auch sein Vater sagte nichts mehr. Bis auf das durchdringende Wummern der Glocken, das durch das gekippte Fenster im Schlafzimmer noch lauter erschien, war nichts mehr zu hören.

Erst als die Kirchenglocken verstummten und es so still in der Wohnung war, dass er seinen eigenen Herzschlag hörte, wagte er sich zu bewegen und die Tür des Schranks zu öffnen.

Sein Blick fiel auf den Teppichboden. Vor dem Bett war ein großer Fleck zu sehen. Dunkelrote Farbe. Sie schien überall zu sein. Selbst auf dem kleinen Tisch neben dem Bett klebte sie.

Erst als er komplett aus dem Schrank heraustrat, realisierte er, worum es sich bei der Farbe wirklich handelte. Es war Blut. Das Blut seiner Mutter.

32. KAPITEL

Helga verzog das Gesicht. Der Kaffee in ihrer Tasse war kalt geworden. Die letzte Stunde hatte sie versucht, etwas über das Pflegekind der Brandes herauszufinden, war ohne dessen Nachnamen aber nicht weit gekommen. Jasmins Andeutung bezüglich der Vergangenheit des Jungen war einfach zu vage gewesen. Vermutlich verrannte sie sich da in etwas, doch ohne den Brief hatten sie momentan keinen weiteren Anhaltspunkt, bei dem sie ansetzen konnten. Sie nahm den Hörer ihres Diensttelefons ab und wählte die Nummer von Familie Brandes. Vielleicht war ja endlich jemand zu Hause.

Es dauerte nicht lang, bis sich eine Frauenstimme meldete.

»Ah, Frau Brandes, gut, dass ich Sie erwische. Kannengießer vom K-Elf hier. Ich müsste dringend mit Ihrem Mann sprechen«, sagte sie.

Sie hörte die Frau am anderen Ende der Leitung schnaufen. »Tut mir leid, da kann ich Ihnen nicht helfen. Der ist nicht da und ich weiß auch nicht, wo er steckt.«

»Schade. Mein Kollege hat vorhin schon Ihrem Pflegesohn Bescheid gesagt, dass …«

»So? Der sollte eigentlich in der Schule sitzen. Zu Hause ist er jedenfalls auch nicht.«

»Ja, nun. Vorhin war er es und sagte uns, er sei freigestellt für die Fahrstunde. Wie dem auch sei, würden Sie Ihrem Mann bitte ausrichten, dass wir dringend mit ihm sprechen müssen?«

»Wenn ich ihn sehe.«

»Gut, danke. Auf Wiederh…«

»Frau Kannengießer? Da wäre noch etwas. Ich würde gerne meine Aussage revidieren. Am Samstagabend war ich überhaupt nicht zu Hause, ich habe also keine Ahnung, wo mein Mann wirklich war.«

Helga nickte. Deswegen hatte Brandes also so überrascht gewirkt, als seine Frau ihm sofort ein Alibi gegeben hatte.

»Ich war mit Freundinnen im Kino. Das können Sie gerne überprüfen.«

»Warum haben Sie uns dann etwas anderes erzählt?« Statt einer Antwort folgte Schweigen. »Frau Brandes?«

»Das weiß ich ehrlich gesagt nicht. Ich wusste, dass er mich betrügt, und ich fand irgendwann auch heraus, mit wem. Als ich am Sonntag dann gehört habe, was an dieser Hütte passiert ist und ich Christians Reaktion darauf gesehen habe, hatte ich einfach Angst. Ich wusste nicht, was ich glauben soll. Dann sind Sie aufgetaucht und plötzlich wollte ich einfach meine Familie schützen. Aber das ist es nicht wert. Er hat mir heute diesen Brief gezeigt und mich verdächtigt, etwas damit zu tun zu haben.«

»Einen Brief? Genau deswegen rufe ich an. Haben Sie das Schreiben zufällig bei sich?«

»Moment.« Ein kurzes Rascheln. »Ja, der liegt hier noch. Und außerdem ein Zettel von Christian. Er ist mit Leon unterwegs. In seinem Elternhaus. Was zur Hölle wollen die beiden denn dort? Egal. Anscheinend hatten Sie recht und er ist wirklich nicht in der Schule …«

Helgas Diensthandy klingelte, die Nummer der Kriminaltechnik stand auf ihrem Display. Sie bedeutete Dieter,

221

den Anruf für sie anzunehmen. »Frau Brandes, ich schicke jemanden vorbei, der den Drohbrief abholt. Bitte fassen Sie ihn ab jetzt nicht mehr an, in Ordnung?« Sie verabschiedete sich hastig und beendete das Gespräch, um Dieter das Handy aus der Hand zu nehmen.

»Es ist Drosten«, flüsterte der.

»Was gibt es?«, fragte Helga in ihr Handy.

»Ach, Frau Kannengießer, da sind Sie ja doch. Ich habe da etwas, das Sie interessieren könnte.«

»Schießen Sie los. Der Kollege hört mit.«

»Sicher haben Sie mitbekommen, dass in der Nacht zum Montag der Goetheturm abgebrannt ist.«

Dieter stand jetzt neben ihr und stützte sich mit einer Hand auf ihrem Schreibtisch ab. »Wer in Frankfurt und Umgebung hat bitte nichts davon gehört?«, fragte er.

»Mir wurde da heute Morgen etwas Interessantes eingeliefert, das bei den Löscharbeiten zutage kam. Ein Messer. Und ich weiß, dass Sie noch immer auf der Suche nach einem sind.«

Helgas Herz schlug schneller. »Sagen Sie mir bitte, dass es eines mit einer verdammt langen Klinge ist.«

»Das ist es. Ich habe mir schon den Obduktionsbericht Ihrer Leiche angeschaut und würde sagen, auf den ersten Blick passt es.«

Helga ballte eine Siegesfaust und grinste Dieter zu. »Das klingt wie Musik in meinen Ohren.«

»Es wird noch besser«, sagte Wolfgang Drosten. »Obwohl es anscheinend verbuddelt und durch das Löschwasser wieder freigespült wurde, konnte ich noch einen winzigen Rest Blut und ein paar Hautfetzen finden. Es war aber eine Sisyphos-Arbeit, das kann ich Ihnen sagen. Die Proben sind schon bei der Analyse, in ein paar Tagen werden Sie das Ergebnis bekommen.«

»Perfekt. Sie sind für heute mein absoluter Lieblingskollege.«

»Dafür habe ich aber leider keine Fingerabdrücke für Sie. Löschwasser und Erde haben dafür gesorgt, dass nur Teilabdrücke zu finden sind, die nicht für einen Vergleich ausreichen.«

»Schade, aber nicht zu ändern. Wir müssen mit dem arbeiten, was wir haben. Können Sie mir ein paar Fotos von dem Messer machen und sie mir per Mail rüberschicken?«

»Die Dateien werden bereits hochgeladen.«

»Gibt es eigentlich etwas, an das Sie nicht gedacht haben?«

»Hm«, brummte Drosten. »Lassen Sie mich überlegen. An unseren Hochzeitstag im letzten Jahr zum Beispiel. Ich kann Ihnen versichern, meine Frau war nicht begeistert.«

Helga lachte. »Bei mir haben Sie jetzt auf jeden Fall einen riesigen Äppler gut.«

»Oh, darauf komme ich sicher zurück. Den kann ich bei diesem Wetter bestens gebrauchen. Ich fühle mich schon völlig vertrocknet.«

»Ich freu mich. Wir hören voneinander.« Helga drückte den Anruf weg und tippte die Maus an, damit der Bildschirm aus dem Ruhezustand erwachte. Ungeduldig aktualisierte sie ihr Mailfach, bis endlich die Nachricht von Drosten erschien. Sie öffnete die Dateien und wartete, bis sich das Bild aufgebaut hatte. Manchmal hatte sie das Gefühl, die Internetverbindung des Kommissariats wäre die schlechteste in ganz Frankfurt.

»Ziemlich großes Teil«, sagte Dieter und ging näher an den Monitor. »Das ist ein Nicker.«

»Ein was bitte?«

»Nicker. Genickfänger, wenn es dir besser gefällt. Jäger benutzen das Messer, um verletztes Wild mit einem Stich in den Nacken zu töten, daher der Name.«

Helga stieß einen Pfiff aus. »Was du nicht alles weißt. Ich dachte bisher, Jäger würden eher schießen.«

»Die Situation erlaubt das aber nicht immer. Man will ja keine anderen Tiere aufschrecken.«

»Damit man sie später heimtückisch erschießen kann.« Helga war beileibe keine Vegetarierin, doch sie fand, dass Menschen, die Tiere freiwillig erlegten, schon seltsam sein mussten. Wem zur Hölle machte so etwas Spaß? »Bleibt noch die Frage, woher du so etwas weißt.«

»Mein Vater war Jäger und hat uns als Kinder ständig mit seinem Wissen genervt. Er hatte die Hoffnung, dass wir auch mal sein Hobby ergreifen. Bei meiner Schwester hat es dazu geführt, dass sie überhaupt kein Fleisch mehr essen wollte, und ich ... Na ja, sagen wir so, ich trage die Waffe im Dienst, das reicht mir.«

Helga machte einen Doppelklick auf das Bild, um es in voller Größe zu sehen. Auf dem Foto war ein Jagdmesser mit einer feststehenden, einschneidigen Klinge. Der angelegte Maßstab zeigte eine Länge von zwanzig Zentimetern an. Der Griff war aus dunklem Holz, das von hellen Nieten zusammengehalten wurde. An einer der Nieten war ein kleiner bräunlicher Fleck zu sehen. Vermutlich hatte Drosten dort die Blutprobe genommen.

»Wenn das mal nicht unsere Tatwaffe ist«, murmelte Dieter. »Hätte mich jemand aufgefordert zu malen, wonach wir suchen, es hätte genau so ausgesehen.«

Helga klickte das nächste Bild an, welches das Messer von der anderen Seite zeigte. »Sieh mal da, im Griff fehlt ein Stück«, sagte sie und zoomte noch weiter in das Bild.

»Das sieht so aus, als wäre die Macke schon älter«, sagte Dieter und legte den Zeigefinger auf das Foto. Wenn man genau hinsah, erkannte man, dass die Ränder des Holzes schwarz verfärbt waren.

»Jetzt müssen wir nur noch hoffen, dass die Blutprobe eine Übereinstimmung ergibt.«

Helga nickte. Sie brauchte jetzt dringend eine Zigarette und verabschiedete sich für ein paar Minuten. Als wären sie verabredet gewesen, stand Horst im Innenhof und zupfte das Unkraut aus den Fugen der Betonplatten.

»Hey, wir haben einen Erfolg! Die Tatwaffe wurde gefunden«, platzte sie raus, auch wenn sie noch gar nicht sicher sein konnte, dass das Messer wirklich zu ihrem Fall gehörte.

Horst richtete sich auf und rieb sich stöhnend den Rücken. »So langsam werd ich zu alt für den Job«, sagte er und lächelte gequält. »Aber Glückwunsch. Wie kommt's? Wo ist das gute Stück so plötzlich aufgetaucht?«

»Du wirst lachen«, sagte Helga und pustete den Rauch aus ihrer Lunge. »Beim abgebrannten Goetheturm. Der Täter hat es wohl dort vergraben und dank der Löscharbeiten ist es gefunden worden.«

»Oh, das ist nicht gut für die Spuren«, gab Horst zu bedenken und griff fragend nach ihrer Packung Zigaretten. »Ich darf doch? Habe meine im Büro vergessen.«

»Bedien dich ruhig. Spuren haben wir trotzdem gefunden. Etwas Blut und ein paar Hautfetzen. Ist alles bereits im Labor.«

»Meine Daumen sind gedrückt, dass es euch den Fall löst.«

»Danke. Willst du es mal sehen?« Helga wischte auf ihrem Handy herum, um die Mail dort aufzurufen, und merkte, dass sie sich gerade wie eine Mutter verhielt, die stolz ihr Baby herumzeigte.

»Aber klar, immer her damit«, sagte Horst und lächelte sie aufmunternd an.

»Hier.« Sie hielt ihm das Handy entgegen. Horst lehnte sich nach vorn und schaute mit zusammengekniffenen Augen auf das Display.

»Interessant«, murmelte er. »Ein Nicker. Kein gewöhnliches Küchenmesser.«

225

Helga schaute ihn fassungslos an. »Sag mir nicht, dass du auch gerne Tiere in den Nacken stichst.«

Horst lachte glucksend. »Himmel bewahre. Ganz bestimmt nicht. Ich interessiere mich einfach für Messer. Aber das hier ist interessant.« Er deutete auf die Stelle im Griff, an der das Holz abgeplatzt war. »Ich meine, ich hätte letztens erst etwas Ähnliches gelesen.«

»Was meinst du?«

»Lass mich kurz nachdenken, ob ich es noch zusammenbekomme.«

»Mach mich nicht schwach, Horst«, sagte Helga nervös.

Horst reichte ihr das Handy und rieb sich über die Augen. »Es gab da mal einen Fall. Ist schon etwas älter. Ein Familiendrama war es, glaube ich. Die Tatwaffe wurde nicht gefunden, lediglich ein Teil davon. Ein Holzstück, das mutmaßlich vom Griff des Messers stammte, mit dem die Frau erstochen worden war.«

Helga starrte den Hausmeister sprachlos an. Wenn er recht hatte, schmälerte das die Wahrscheinlichkeit enorm, dass das gefundene Messer zu ihrem Fall gehörte.

»Die Sache liegt schon einige Jahre zurück. Sechs oder sieben, meine ich. Kannst ja mal im Computer nachsehen. Brutaler Mord in Dietzenbach. Ein Mann hat seine Frau erstochen, während sich der elfjährige Sohn im Kleiderschrank der Eltern versteckt hatte.«

»Moment mal, Moment mal.« Helga fuchtelte hektisch mit den Händen in der Luft herum. »Woher um alles in der Welt weißt du solche Details? In der Zeitung wurde bestimmt nicht so genau darüber berichtet. Vor allem nicht nach so einer Zeit.«

»Vielleicht stöbere ich, wenn mir langweilig ist, manchmal im Archiv«, sagte er kleinlaut. »Ich weiß, das ist verboten. Du musst mir jetzt keine Standpauke halten. Was ich da zu lesen bekomme, behalte ich alles für mich. Die Ermittlungsgeheimnisse sind bei mir sicher.«

»Du weißt, dass jeder Zugriff auf das digitale Archiv aufgezeichnet wird?« An Horsts hochgezogenen Augenbrauen erkannte sie, dass er keine Ahnung gehabt hatte. »Oh Mann, Horst. Riskier auf deine alten Tage nicht deinen Job wegen so etwas.«

»Na komm, mach mir mal keine Angst. Bisher scheint es ja auch niemand gemerkt zu haben. Solange nichts davon nach draußen dringt, gibt es ja überhaupt keinen Anlass, die Zugriffe zu überprüfen.«

»Dann hoffe du lieber mal, dass keiner der Kollegen Geheimnisse an die Presse ausplaudert. Du wirst der Erste sein, den sie an den Pranger stellen.« Helga wollte Horst gegenüber nicht so barsch sein, aber er war auf dem Kommissariat für sie wie eine Anlaufstelle für ihre Sorgen. Nicht auszudenken, wenn er wegen einer solchen Dummheit gefeuert wurde.

»Und jetzt? Willst du mich verhaften?« Wie ein reuiger Straftäter streckte er ihr seine Handgelenke entgegen.

»Unsinn. Aber du musst vorsichtiger sein. Wenn du Langeweile hast, geh ins analoge Archiv. Da kommst du mit deinem Schlüssel rein und musst dich nicht eintragen. So hinterlässt du keine Spuren.«

Horsts Miene hellte sich sichtbar auf. »Weißt du, wie man das nennt?«

»Beihilfe zu einer Straftat?«

»Ganz genau.« Horst lachte laut auf und Helga stimmte mit ein.

»Nun ja«, murmelte sie, nachdem sie sich wieder beruhigt hatte. »Die Kriminaltechnik wird sicher darauf stoßen, wenn das Messer zu diesem Fall gehört. Damit würde es für unseren Mord vermutlich ausfallen.«

»Tut mir leid, wenn ich deine Euphorie gebremst habe«, sagte Horst.

»Schon gut. So bin ich wenigstens vorbereitet.« Sie warf ihre Zigarette in den Aschenbecher. »Ich muss dann mal weiterarbeiten.«

»Du berichtest mir?«, fragte Horst.

Helga nickte. »Klar. Dann musst du nicht die Datenbank bemühen.« Sie zwinkerte ihm zu, damit er merkte, dass sie es nicht ganz ernst meinte.

Er winkte grinsend ab. »Nun hör schon auf. Da fällt mir noch was ein.«

Helga schielte auf die Uhr an ihrem Handy. »Mach schnell, bevor Dieter anfängt, Buch darüber zu führen, wie viel meiner Arbeitszeit ich mit Rauchen verbringe.«

»Mona hat sich nach dir erkundigt. Sie wartet sehnsüchtig auf deinen Anruf.«

Helga runzelte die Stirn. In ihrem Hirn kramte sie nach einem Bild zu dem Namen. Schließlich ging ihr ein Licht auf. Die hübsche Privatdetektivin. Sie grinste. »Sehnsüchtig sagst du?«

»Das war möglicherweise ein Zusatz von mir. Aber ist nicht so weit hergeholt.«

»Na so was. Leider wird sie sich noch ein wenig gedulden müssen. Du siehst ja, was hier momentan los ist. Aber richte ihr doch bitte liebe Grüße aus, wenn du sie siehst. Ich melde mich, sobald ich etwas Luft habe.«

In ihrem Büro angekommen, öffnete Helga die Datenbank. Horst hatte sie mit seinem Gerede über den Fall neugierig gemacht. Sie würde zwar auf die Ergebnisse der Blutproben warten müssen, um ganz sicher zu sein, aber sie wollte immerhin wissen, wovon er gesprochen hatte. Da Dieter sich gerade nicht am Platz befand, war die Gelegenheit günstig.

Sie gab die Parameter *Dietzenbach, scharfe Gewalt* und *Familiendrama* ein und begrenzte die Suchergebnisse auf die letzten acht Jahre. Neben einem Ehrenmord in einer türkischen Großfamilie spuckte ihr der PC genau ein weiteres Ergebnis aus. Als Helga die Details las, stellten sich ihr die Nackenhaare auf.

Horst hatte recht gehabt. Das Stück der Tatwaffe, das am Tatort gefunden worden war, passte auf den ersten Blick eins zu eins zu dem nun beim Goetheturm aufgetauchten Messer. Der verurteilte Täter, Karl Möbinger, saß eine lebenslange Haftstrafe im Gefängnis ab. Er hatte gestanden, seine Frau ermordet zu haben, weil diese angeblich eine Affäre mit dem Nachbarn gehabt hatte. Der Sohn – Leon – war in die Obhut des Jugendamtes gekommen, da die einzigen noch lebenden Verwandten in den USA wohnten und ihn nicht aufnehmen konnten oder wollten. Sogar die Betreuerin des Jungen war in den Akten vermerkt. Ihr Name war Jasmin Berger.

33. Kapitel

Obwohl die Klimaanlage im Wagen auf Hochtouren lief, stand Christian der Schweiß auf der Stirn. Was wollte Leon im Haus seiner leiblichen Eltern? Wie war er überhaupt dorthin gekommen? Er hatte schon ein paar Mal darum gebeten, dass Christian mit ihm zu dem Haus fuhr, aber der hatte sich bisher immer geweigert. Ihm war einfach nicht wohl dabei, in das Haus zu gehen, wo Leons leiblicher Vater seine Frau quasi vor Leons Augen brutal ermordet hatte, und er verstand auch nicht, warum der Junge unbedingt dorthin wollte.

Der Verkehr war zäh und die Fahrt bis nach Dietzenbach kam Christian vor wie eine Ewigkeit. Als er in die Waldstraße einbog, blieb sein Herz für einen Moment stehen. Dort vor dem letzten Haus in der Reihe parkte ein Mini. Jasmins Mini. Sie war bei Leon. Warum hatte sie dann nicht auf seine Nachrichten geantwortet? Christian hielt den Wagen am Straßenrand und stieg aus. Nur für den Fall, dass er mit seinem schrecklichen Verdacht recht behielt, war es besser, wenn Leon nicht direkt mitbekam, dass er schon hier war.

Red dir nicht so einen Humbug ein. Leon ist ein guter Junge, sagte er sich, während er auf das Haus zuging. Ein guter Junge, der Drohbriefe schrieb? An allen Fenstern im Gebäude waren die

Läden heruntergelassen. Jasmins Auto stand vor der Garage, die mit Efeu überwuchert war. Als er daran vorbeiging, schielte er durch die Seitenscheibe ins Wageninnere. Am Rückspiegel baumelte der kleine Sugar Skull, den sie aus ihrem Mexikourlaub mitgebracht hatte. Ständig hatte sie Christian von den weißen Stränden und dem kristallblauen Meer vorgeschwärmt, sodass er am liebsten sofort eine Reise für sich und Jasmin gebucht hätte.

Er wandte seinen Blick ab und näherte sich der Tür. Sie stand ein Stück offen. Ein Zettel mit einer Benachrichtigung über eine Besichtigung war mit Tesafilm auf Augenhöhe festgeklebt. Leise drückte er die Tür auf. Im Haus war es düster. Nur wenig Licht fand den Weg durch die Schlitze in den Rollläden nach innen. Die Luft, die ihm entgegenströmte, war kühl und roch muffig. Bis auf die Autos, die in der Nähe vorbeifuhren, war kein Geräusch zu hören. Wenn Jasmin und Leon hier waren, warum sagten sie dann nichts?

Christian betrat den Flur und lehnte die Tür hinter sich wieder an. Regungslos wartete er, bis seine Augen sich an die Dunkelheit gewöhnt hatten. Als er einigermaßen sehen konnte, machte er ein paar Schritte über den Flur. Vor ihm lag das Wohnzimmer. Im Dämmerlicht erkannte er schemenhaft eine Person, die in der Mitte des Raumes saß.

»Jasmin?«, rief er und ging auf den Schatten zu. Die Person zeigte keine Reaktion. Warum antwortete sie nicht? War sie verletzt? Und wo um alles in der Welt steckte Leon?

Gerade hatte er den Schatten erreicht, da sprang dieser plötzlich mit einem Satz auf. Christian zuckte vor Schreck zusammen. Das war nicht Jasmin!

»Mensch, Leon. Musst du mir so eine Angst einjagen? Was ist passiert? Ist Jasmin auch hier?«

»Jasmin, Jasmin, Jasmin! Das ist wohl alles, woran du denken kannst.«

»Ihr Auto steht vor der Tür, deswegen frage ich. Warum sitzt du hier im Dunkeln rum?« Christian schaute sich um. Nirgends war eine Spur von Jasmin zu entdecken. Was hatte Leon mit ihr gemacht? War er wirklich ein Mörder wie sein Vater? Am liebsten hätte er den Jungen gepackt und geschüttelt, doch er musste sich zusammenreißen. Überstürztes Handeln würde ihn jetzt nicht weiterbringen, sondern eher dazu führen, dass Leon komplett dichtmachte.

»Warum bist du so schwer von Begriff?«, antwortete Leon mit einer Gegenfrage.

»Wie redest du denn mit mir?«

»Wie redest du denn mit mir?«, äffte Leon ihn nach. »So, wie du es verdient hast. Glaubst, alle um dich herum verarschen zu können, du verdammtes Arschloch. Willst mir alles nehmen. Alles! Dabei habe ich noch versucht, dich zu warnen. Es lag in deiner Hand, all das zu verhindern. Doch du bist dir selbst der Nächste. Machst einfach weiter. Aber damit ist jetzt Schluss!«

Christian fragte sich, wer dieser Junge da vor ihm war. Seine Stimme klang vollkommen anders als sonst. Herablassend und voller Hass war der Ton. »Leon, komm runter. Wir können über alles reden.«

Leon lachte heiser. Dann spürte Christian einen dumpfen Schlag gegen seinen Kopf. Erst jetzt sah er den Knüppel in Leons Hand, den er bis gerade eben hinter seinem Bein verborgen gehalten hatte. Er hob seine Hand zu der Stelle, wo der Junge ihn getroffen hatte. An seinen Fingerspitzen spürte er eine warme Feuchtigkeit. Anscheinend blutete er.

»Es wurde genug geredet. Ab jetzt treffe ich die Entscheidungen«, sagte Leon und tippte mit dem Schläger gegen seinen Fuß.

»Was ist denn bloß in dich gefahren?«, fragte Christian und bemühte sich, dem Klang seiner Stimme etwas Väterliches zu geben. Seine Sicht verschwamm. Das Blut aus der Kopfwunde lief ihm in die Augen. Er wischte sich mit dem Handrücken darüber. Leon lachte trocken auf.

»Leon, es tut mir leid, wenn ich dich verletzt habe. So weit habe ich da einfach nicht gedacht. Aber es gibt doch für alles eine Lösung. Es müssen nicht noch mehr Menschen sterben.«

»Es hätte überhaupt niemand sterben müssen«, brüllte Leon und schlug erneut nach Christian. Der wich aus, verlor dabei aber das Gleichgewicht und stürzte auf den Boden. Leon trat nach ihm und traf ihn am Oberschenkel nur knapp neben der empfindlichsten Stelle.

»Es gibt für nichts eine Lösung«, presste Leon zwischen den Zähnen hervor. Seine Stimme überschlug sich leicht. »Die einzige Lösung ist, dem ein Ende zu machen, weil ihr es alleine nicht hinbekommt.«

»Leon, beruhige dich …«, versuchte Christian ihn zu beschwichtigen.

»Ich werde mich einen Scheißdreck beruhigen!« Leon traf Christian schmerzhaft in die Niere. Für einen Moment blieb ihm die Luft weg und er hatte das Gefühl, als würden seine Eingeweide reißen.

»Du bist keinen Deut besser als meine Mama! Sie hat auch alles kaputtgemacht«, schrie Leon.

»Das … das war doch nicht deine Mutter«, stammelte Christian atemlos. »Dein Vater hat eure Familie zerstört, er hat sie umgebracht. Egal was ein Mensch getan hat, so etwas hat niemand verdient.«

»Du hast doch überhaupt keine Ahnung. Die Sache ist eine Familienangelegenheit gewesen. Mein Vater hat immer alles für sie getan. Sich aufgeopfert. Sein gesamtes Leben hart gearbeitet, damit er die Familie ernähren kann, und sie? Sie hat nichts anderes zu tun gehabt, als ihn zu hintergehen, diese verdammte Schlampe.«

Christian starrte Leon schockiert an. Glaubte er wirklich selbst, was er da gerade von sich gab? »Wer hat dir diesen Unsinn denn eingeredet? Dein Vater? Ich habe dir immer gesagt, dass es keine gute Idee ist, ihn im Gefängnis zu besuchen.«

»Weil du mich von ihm fernhalten wolltest. Du wolltest mich für dich haben, nur um mich dann zu enttäuschen!« Leon holte mit dem Schläger aus und donnerte ihn mit voller Wucht gegen Christians Kopf. Ihm wurde schwarz vor Augen.

»Hör auf!«, flüsterte er. »Du bringst mich noch um.«

»Ich hoffe doch. Noch einmal werde ich nicht so nachlässig sein wie bei Jasmin.«

Bei dem Namen schoss Adrenalin durch Christians Körper. »Was hast du mit ihr gemacht?«, fragte er. In seinem Kopf drehte sich alles und die Worte kamen zäh wie Kaugummi aus seinem Mund. Er versuchte sich aufzurappeln, doch Leon stellte den Fuß auf seine Brust und drückte ihn wieder nach unten.

»Und schon wieder. Streich sie einfach aus deinem Gedächtnis. Hätte ich doch bloß nicht ihren beschissenen Freund abgestochen. Warum musste er sich auch einmischen? Wenn er gewusst hätte, dass sie seit Monaten mit einem anderen Mann fickt, hätte er sich bestimmt nicht vor sie geworfen. Ihr macht mich so wütend. Ihr glaubt, niemand entdeckt euch. Ihr denkt, es interessiert niemanden, was ihr anderen antut. Aber solche Menschen, wie ihr es seid, sind daran schuld, dass alles vor die Hunde geht. Dass Kinder alleine aufwachsen müssen, weil ihre Eltern sich trennen.« Mit einem Mal klang Leon verzweifelt.

»Daran, dass du ohne Eltern aufwachsen musstest, ist nur dein Vater schuld.«

Es war still. Leon sagte nichts mehr. Er hörte nur seinen Atem, der stoßweise ging. Weinte er? »Wir bekommen das wieder hin. Lass mich einen Krankenwagen rufen. Sag mir, wo Jasmin ist, und Marianne und ich werden dir helfen. Wir verstoßen dich nicht. Gemeinsam finden wir einen Weg, versprochen.«

»Pah. Helfen. Wobei denn? Glaubst du, ich bin so naiv? Im Knast werde ich landen. Weil ihr mich dazu gebracht habt. Du und deine Jasmin, die sich angeblich um mein Wohlergehen sorgt. Stattdessen hat sie einfach dort weitergemacht, wo meine Mutter aufgehört hat.«

Ein stechender Schmerz fuhr in Christians Schulter. »Hör … auf«, stammelte er, doch Leon hörte nicht auf. Er schlug immer weiter auf ihn ein. Instinktiv rollte Christian sich zusammen und hob die Arme, um sich vor den Schlägen zu schützen. Er spürte, wie seine Knochen unter der Wucht zerbarsten. Seine Zähne splitterten und er schmeckte Blut. Gegen die Wut des Jungen hatte er keine Chance. Irgendwann ließ er sich in die dankbare Schwärze der Bewusstlosigkeit hinabsinken.

34. Kapitel

»Hol deine Dienstwaffe, wir fahren nach Dietzenbach«, rief Helga, als Dieter das Büro betrat.

»Was sollen wir denn dort?«, fragte der perplex.

»Unseren Täter fassen! Nun mach schon!« Sie stand an der Tür und klopfte nervös mit den Fingern gegen das Holz.

»Okay. Immer langsam. Klär mich doch erst mal auf.«

Helga fasste möglichst kurz zusammen, was sie gerade herausgefunden hatte. Erwartungsgemäß war Dieter nicht überzeugt.

»Versteh mich nicht falsch, aber das ist doch alles etwas weit hergeholt. Mag sein, dass dieses abgeplatzte Stück Holz von dem Familienmord zu unserer Waffe passt. Dann ist es eben nicht die Tatwaffe unseres Falls.«

»Aber Leon wird doch von Jasmin betreut. Sie hatte ein Verhältnis mit seinem Pflegevater«, wiederholte Helga die Zusammenhänge. Sie konnte nicht fassen, dass Dieter die offensichtliche Verbindung nicht einleuchten wollte.

»Der Junge war doch völlig verstört, als er von der Polizei aufgegriffen wurde. Dass er die Ermordung seiner Mutter tatenlos mit ansehen musste, hat ihn traumatisiert. Da geht er doch nicht ein paar Jahre später hin und ahmt seinen Vater nach. Außerdem wurde nicht Jasmin Berger, sondern ihr Lebensgefährte abgestochen. Was ist aus der Eifersuchtstheorie geworden?«

»Jasmin wurde ebenfalls angegriffen. Vermutlich ging ihr Freund dazwischen und musste deswegen sterben. Lass es uns einfach auf einen Versuch ankommen.«

Dieter schüttelte stirnrunzelnd den Kopf. »Für mich ist immer noch Brandes die wahrscheinlichere Variante. Er wollte seinen Nebenbuhler aus dem Weg räumen und …«

»Na fein. Ich hab's verstanden. Bleibt die Frage, was mit dem Tatmesser ist. Wenn es vor Jahren oben am Goetheturm so nachlässig vergraben wurde, dass es jetzt vom Löschwasser freigelegt werden konnte, warum hat es vorher niemand gefunden? Da sind doch ständig irgendwelche Schatzsucher mit Metalldetektoren auf der Suche nach dem geheimen Nazi-Gold oder so. Zufälle gibt es nicht, das weißt du selbst. Und selbst wenn … Brandes befindet sich höchstwahrscheinlich gemeinsam mit Leon in dem Haus.«

»Also gut. In dem Punkt mit dem Zufall gebe ich dir recht.« Er stand auf und nahm den Schlüssel für den Waffenschrank. »Wir fahren los.«

Sie brauchten knapp dreißig Minuten, bis sie die Adresse am Rand der Kleinstadt erreichten. Die Waldstraße war eine schmale Gasse, die zu beiden Seiten von Reihenhäusern gesäumt war und – wie der Name vermuten ließ – in einem Wald mündete. Das Haus von Leons Eltern war das Letzte in der Reihe. Auf dem Nachbargrundstück war ein älterer Mann gerade dabei, seinen Rasen zu mähen. Neugierig beäugte er die beiden, als sie an seinem Garten vorbeikamen, und wischte sich mit dem Saum seines weißen Feinrippunterhemds den Schweiß von der Stirn. Helga nickte ihm zu und er grüßte zurück.

»Sie sind noch zu früh«, rief er ihnen zu. »Erst um halb fünf!«

»Kein Problem«, antwortete Helga, obwohl sie keine Ahnung hatte, wovon er redete. Sie gingen weiter den Weg entlang zu dem Haus, bei dem ein Mini vor der Garage geparkt hatte. Anscheinend waren Brandes und Leon noch im Haus. Helga ging um den Wagen und schaute durch die Fenster. Ein mexikanischer Totenkopf hing am Rückspiegel, vorne auf der Ablage lag eine Sonnenbrille, daneben ein Klemmausweis.

»Entweder hat Brandes den Dienstausweis von Jasmin Berger in seinem Auto oder das ist ihr Mini«, sagte sie zu Dieter und tippte mit dem Finger gegen die Scheibe.

Er trat neben sie. »Nee, das ist das von der Berger. Den Totenkopf da habe ich schon mal gesehen. Am Samstag bei der Hütte.«

»Interessant«, sagte Helga. Sie zog ihre Dienstwaffe und trat an die Tür. Jemand hatte eine Nachricht dort angebracht.

Sammelbesichtigung, Dienstag, 16:30 Uhr. Bitte warten Sie vor der Garage, bis der Makler erscheint. Nicht eigenständig das Grundstück betreten.

Darunter stand die Adresse eines Maklers. Eine Firmengruppe aus Mörfelden.

»Ah, das meinte er wohl damit, dass wir zu früh sind«, kommentierte sie mit einem Blick auf die Uhr.

Dieter klopfte forsch an die Tür. Sie gab unter seiner Hand nach und glitt nach innen auf. Drinnen im Haus schien alles ruhig zu sein, es wirkte verlassen. Davon würden sie sich nicht täuschen lassen. Das Knattern des Rasenmähers hatte aufgehört, und als Helga sich umwandte, sah sie den Nachbarn, wie er neugierig am Gartenzaun zu ihnen herüberschaute.

»Frau Berger, Herr Brandes? Hier ist Joachimstaler von der Kripo Frankfurt.« Im Haus blieb alles still. »Sind Sie da? Frau Berger?«

Helga nahm ihr Handy aus der Hosentasche und schaltete die Taschenlampe ein. Hätten sie doch bloß eine Maglite aus dem Kommissariat mitgenommen. Aber wer konnte schon ahnen, dass sie am helllichten Tag eine Lampe brauchen würden? Sie warf Dieter einen Blick zu. Der nickte und sie betraten gemeinsam den Flur.

Helga stieß die Tür zu ihrer Linken auf. Dahinter befand sich ein enges Gästebad. Der nächste Raum war die Küche. Sie war ordentlich und bis auf etwas Staub sauber, aber leer. Gegenüber von ihr ging eine Treppe nach oben ab und am Ende des Flurs befand sich ein weiterer Raum, vermutlich das Wohnzimmer.

»Du sicherst hier ab, ich sehe hinten nach«, flüsterte Helga Dieter zu. Damit ihr das Handy nicht im Weg war, steckte sie es in die Brusttasche ihres Poloshirts. Das schwache Licht der Lampe drang durch den Stoff. Es war bei Weitem nicht genug, um etwas erkennen zu können, deshalb schaltete sie es aus, damit es nicht ihre Position verriet. Mit erhobener Waffe ging sie den Flur entlang. Je näher sie dem Wohnzimmer kam, desto mehr nahm sie einen unverkennbaren Gestank wahr. Süßlich und metallen. Es roch eindeutig nach Blut.

Als sie den Raum betrat, fiel ihr Blick sofort auf einen Schatten, der rechts an der Wand zu kauern schien. Sie zielte mit ihrer Waffe darauf. »Keine Bewegung«, sagte sie und ging langsam darauf zu. Der Schatten blieb völlig regungslos. Als sie davorstand, erkannte sie, dass eine Person auf dem Boden lag. Unter ihr waren dunkle Flecken zu sehen. Vermutlich das Blut, das sie gerochen hatte. Mit einem schnellen Blick überprüfte sie, dass sonst niemand im Raum war. Dann sicherte sie ihre Waffe, steckte sie ins Holster und zog den Rollladen an der Terrassentür ein Stück nach oben.

Die Person auf dem Boden war fürchterlich zugerichtet. Auf dem Kopf waren etliche Platzwunden, das Gesicht war über und über mit Blut verschmiert. Aus einem der Arme, die der Mann wohl schützend vor seinen Kopf gehalten hatte, ragte ein Knochen hervor. Helga tastete nach dem Puls des Mannes. Sie konnte keinen finden.

»Hey, alles in Ordnung dadrin?«, rief Dieter aus dem Flur.

»Wir haben hier eine männliche Leiche. Könnte Brandes sein. Sichere du die Treppen, ich rufe Verstärkung«, antwortete Helga und zückte ihr Handy. Nachdem sie ein Team angefordert hatte, zog sie sich ein paar Latexhandschuhe über und suchte die Taschen des Toten ab. Sie fand einen Geldbeutel und öffnete ihn. Sie hatte mit ihrer Vermutung richtiggelegen.

»Das ist Brandes«, informierte sie Dieter.

»Selbstmord?«, fragte der.

»Glaube ich kaum«, sagte sie und ging zu ihm in den Flur. »Schau es dir selbst an.«

Während sie mit der Waffe im Anschlag an der Treppe wartete, ging Dieter ins Wohnzimmer.

»Scheiße noch eins«, rief er wenige Sekunden später. »Nein, du hast recht. Selbstmord war das nicht.« Er kam zurück in den Flur.

»Du gehst in den Keller, ich schaue oben nach. Er hat noch die Berger in seiner Gewalt.«

Dieter nickte und verschwand die Treppe nach unten, während Helga Stufe für Stufe nach oben ging. Die Treppe machte einen Knick nach rechts, sodass sie keinen wirklichen Überblick hatte. Sie bewegte sich vorsichtig, um keinen Lärm zu machen und Leon so ihre Position zu verraten. Auf der Treppe war sie besonders angreifbar.

Oben angekommen orientierte sie sich zunächst. Es gab drei Türen. Ein Badezimmer und zwei Schlafzimmer, so vermutete sie. Alle waren geschlossen. Helga atmete tief ein, hielt die Luft an und lauschte. Bis auf das Rauschen ihres eigenen Blutes konnte sie nichts hören.

Sie ging auf die erste Tür zu, stellte sich rechts daneben, drückte die Klinke herunter und stieß sie auf. Ein kleines Bett, Schreibtisch, ein paar Kuscheltiere, die zu neu aussahen, als dass sie aus Leons Kindheit stammen könnten. Der Raum wirkte hergerichtet, vermutlich hatte sich der Makler für die Besichtigung ins Zeug gelegt. Weder Leon noch Jasmin Berger waren zu sehen.

Draußen wurde der Rasenmäher des Nachbarn wieder angeworfen. Verdammte Scheiße, hätte der Kerl keinen besseren Zeitpunkt dafür finden können?

Helga zog leise die Tür wieder zu und stellte sich neben die nächste, wiederholte den Vorgang. Das Badezimmer war ebenfalls leer.

»Der Keller ist sauber, ich komme hoch«, rief Dieter von unten. Kurz darauf hörte sie Schritte auf der Treppe. Als sein Kopf über den Stufen auftauchte, legte sie den Zeigefinger an den Mund und deutete auf die letzte der drei Türen. Dieter nickte und stellte sich rechts daneben. Helga zählte stumm bis drei und stieß die Tür auf.

Auch dieser Raum war leer.

»Scheiße, Mann, wo stecken die?«, fluchte sie. »Hast du im Keller auch wirklich nichts übersehen? Einen versteckten Raum oder so?«

»Hältst du mich für einen Anfänger?«

»Man kann ja wohl mal fragen.«

Gemeinsam traten sie wieder auf den Flur. Helgas Blick fiel auf eine Klappe in der Decke. Sie stieß Dieter mit dem Ellenbogen an und deutete mit dem Kopf in die Richtung. Er nickte und schaute sich um. Helga hatte im Bad einen langen Stab mit einem Haken daran gesehen. Sie beeilte sich, ihn zu holen, und reichte ihn Dieter, der ihn in die Öse an der Klappe pfriemelte. Dann zog er mit einem Ruck daran und öffnete so die Luke.

In Erwartung, jeden Moment Leons Kopf zu erspähen, starrte Helga mit gezogener Waffe auf die Öffnung. Nichts passierte.

»Leon? Wenn du da oben bist, komm raus. Du kommst hier nicht weg!«

Es rührte sich nichts. Dieter streckte sich, um an die Leiter zu kommen. Er erreichte die unterste Sprosse und zog daran. Die Leiter sauste mit einem lauten Quietschen nach unten.

Helga stieg darauf. Warme abgestandene Luft strömte ihr vom Dachboden entgegen. Je höher sie stieg, desto stickiger wurde es. Als sie ihre Hand auf die oberste Sprosse der Leiter legte, griff sie in etwas Klebriges. Sie zog ihre Hand zurück. Ein dünner Faden hing daran. Eine große schwarze Spinne flüchtete in eine Bodenritze.

Helga schüttelte sich angeekelt. Eigentlich hatte sie mit diesen kleinen Biestern kein Problem. Zumindest nicht, wenn sie gebührenden Abstand von ihr hielten, was in diesem Fall keineswegs erfüllt war. Nachdem sie das Spinnennetz an ihrer Hose abgewischt hatte, erklomm sie den Rest der Leiter.

Oben fiel dumpfes Licht durch ein verdrecktes Fenster im Dach. Der Abstand zwischen dem Giebel und der Decke darunter war nicht groß und sie konnte auf den ersten Blick sagen, dass sich hier weder Leon noch Jasmin aufhielten.

»Negativ«, sagte sie und stieg rückwärts von der Leiter. Draußen heulten die Sirenen der herbeigerufenen Verstärkung.

Als sie ins Erdgeschoss kamen, liefen ihnen bereits einige Kollegen mit zwei Sanitätern entgegen.

»Im Wohnzimmer liegt eine Leiche. Der Täter ist nicht mehr im Haus. Wir müssen davon ausgehen, dass er eine Geisel hat«, brachte Helga sie auf den aktuellen Stand.

»Ich schreibe Leon zur Fahndung aus«, sagte Dieter und drängte sich an den Kollegen vorbei nach draußen.

Helgas Gehirn arbeitete auf Hochtouren. Wenn Jasmins Auto noch vor der Tür stand, konnten die beiden nicht weit sein. Sie trat ins Freie und schaute rüber zu dem Nachbarn, der mittlerweile seinen Rasenmäher stehen gelassen hatte und stattdessen mit seiner Frau am Gartenzaun lehnte.

»Was ist da los?«, rief er, als sie auf ihn zuging.

»Sind Sie schon den ganzen Tag im Garten?«, ließ Helga seine Frage unbeantwortet.

»Um Himmels willen, doch nicht bei diesem Wetter«, antwortete seine Frau anstelle von ihm.

Verflucht. Wozu waren neugierige Nachbarn gut, wenn sie im entscheidenden Moment nicht da waren? »Dann haben Sie auch nicht mitbekommen, ob in der letzten Zeit jemand das Haus verlassen hat?«

Die Frau schüttelte bedauernd den Kopf.

»Hab nur bemerkt, wie die junge Frau mit dem Mini da vorhin angefahren kam. Hatte einen Heranwachsenden dabei. Dachte mir sofort, dass das doch bestimmt der Sprössling von den Möbingers ist, die da früher gewohnt haben. Der Mann hat seine Frau …«

»Eduard! Lass das doch!« Seine Frau hatte ihm die Hand auf die Schulter gelegt. »Die Dame da ist sicher von der Polizei und wird wissen, was geschehen ist.«

»Hast ja recht. Die beiden sind ins Haus und kurz darauf hab ich das Auto wieder wegfahren sehen.«

Helga schaute sich um und zeigte auf Jasmins Mini. »Aber es steht ja wieder da. Sie müssen also zurückgekommen sein.«

»Sehr richtig. Das Auto fuhr nur knappe zehn Minuten später wieder vor. Nur mit dem Bengel drin. Ich hab mich noch gefragt, ob der wohl schon einen Führerschein hat. Wenn mich nicht alles täuscht, dürfte der noch gar nicht volljährig sein.«

»Vielen Dank, Sie haben mir sehr geholfen«, sagte Helga. Leon war also gar nicht mit Brandes hierhergefahren. Stattdessen war er mit Jasmin gekommen. Hatte er sie im Haus überwältigt und sie dann mit ihrem eigenen Wagen weggebracht? Aber warum war er noch mal zurückgekommen? Vielleicht hatte er den Wagen vor der Garage abgestellt, um Brandes auf eine falsche Fährte zu locken. Der hatte geglaubt, Jasmin sei bei Leon, und war arglos in eine Falle gelaufen. Eine Falle, die ihn das Leben gekostet hatte.

Blieb die Frage, wo Leon und Jasmin steckten. Im Kopf ging Helga den Bericht durch, den sie vorhin zum Mord an Leons Mutter gelesen hatte. Plötzlich fiel ihr etwas ein. Sie zog ihr Handy aus der Brusttasche und tippte etwas ein.

Dieter kam vom Dienstwagen zurück. »Fahndung ist raus«, sagte er. »Tut mir leid, dass ich nicht sofort auf dich gehört habe. Vielleicht wären wir noch rechtzeitig gekommen, hätte ich mich nicht so quergestellt.«

Helga nickte abwesend.

»Hörst du mir überhaupt zu?«

»Ja doch! Ich glaube, ich weiß, wo Leon ist.«

»Und das hat dir Google verraten oder wie?«, fragte er spöttisch.

»Hast du dir nicht gerade vorgenommen, mehr auf mich zu hören?«

»Schon gut. Ich sag nichts mehr. Also, wie lautet deine Vermutung?«

»Nachdem Leon damals seine Mutter gefunden hat, alarmierte er noch einen Krankenwagen und ist dann aus dem Haus geflüchtet. Die Polizei hat mehrere Stunden nach ihm gesucht und ihn schließlich in einem verlassenen Bauwagen gefunden. Bei der Waldorfschule. Früher hatte den ein Waldkindergarten genutzt und Leon hatte sich dort versteckt.« Sie hielt Dieter das

Handy hin. »Hier, schau. Die Schule befindet sich am anderen Ende des Waldstücks, das da vorne beginnt. Er hätte es ohne Probleme zu Fuß mit Jasmin schaffen können.«

»So dumm kann ja nicht mal ein Teenager sein«, sagte Dieter skeptisch. Ehe Helga jedoch etwas erwidern konnte, fügte er hinzu: »Bevor ich wieder derjenige bin, an dem es scheitert, fahren wir jetzt dahin.«

35. Kapitel

Nur mit Mühe schaffte es Jasmin, die Augen zu öffnen. Ein dumpfer Schmerz zog sich durch ihren Kopf. Das Licht blendete sie. Sie versuchte, ihre Hand zu heben, um ihre Augen vor der Helligkeit abzuschirmen, doch sie konnte ihre Arme nicht bewegen. Irgendetwas hielt sie hinter ihrem Körper fest. Ein Krampf in ihrer Schulter beendete den Versuch, sie zu lösen.

Der stechende Schmerz in dem Muskel lichtete den Nebel in ihrem Kopf ein wenig. Jetzt erinnerte sie sich. Sie war mit Leon zum Haus seiner Eltern gefahren. Er hatte sie gebeten, ihn dorthin zu begleiten, und meinte, vor Ort alles zu erklären. Obwohl sie sich gefragt hatte, was dies nach all den Jahren wohl sein könnte, hatte sie ihm die Bitte nicht abschlagen können. Ein fataler Fehler. Leon hatte sie im Wohnzimmer völlig unvermittelt angegriffen.

Aber wo war sie jetzt? Langsam klärte sich ihr Blick und sie schaute sich um. Anscheinend befand sie sich in einer Art Rohbau. Die Wände um sie herum waren aus weißen Ytong-Steinen, der Boden aus Beton. Sie selbst saß wohl auf einem Mauervorsprung, in ihrem Rücken war eine Säule, an die er sie gefesselt hatte. Wie zur Hölle hatte er es geschafft, sie im bewusstlosen Zustand hierherzubringen? Es war mitten am Tag. Hatte niemand bemerkt, dass sie verletzt war und er sie gerade entführte?

Jasmin bewegte ihren Unterkiefer und versuchte, das Klebeband loszuwerden, das Leon ihr offensichtlich über die Lippen gezurrt hatte, damit sie nicht schreien konnte. Die Enden waren mehrere Male um ihren Kopf gewickelt und die Ränder schnitten ihr unangenehm in die Haut.

Sie hielt inne, als sie ein Geräusch hörte. Schritte. Jemand war in der Nähe. So laut sie konnte, brüllte sie gegen das Klebeband an, zerrte an ihren Fesseln, die dadurch nur noch enger zu werden schienen. Bei jeder Bewegung fühlte sich ihr Kopf an, als tobte darin ein Erdbeben. Vor Schmerz wurde ihr schwindelig und sie hörte auf zu zappeln. Die Schritte näherten sich, waren schon fast bei ihr. Hatte man sie gehört?

Eine Gestalt kam durch das Loch in der Mauer, das später mal eine Tür werden würde. Es war Leon. Seine Haare standen wild in alle Richtungen ab. In der Hand hielt er den Baseballschläger, mit dem er sie vorhin niedergeschlagen hatte. Das Holz war mit Blut beschmiert und auch auf Leons Händen, seinem Shirt und in seinem Gesicht fanden sich rote Flecken. War das alles ihres? Blendete ihr Körper im Schockzustand die Schmerzen einfach aus und sie war in Wirklichkeit schwer verletzt? Oder hatte er etwa noch jemanden angegriffen? In seinen Augen lag ein irrer Blick. In diesem Zustand war ihm alles zuzutrauen.

»Was hast du getan?«, nuschelte Jasmin in das Klebeband.

Er kam zu ihr rüber und kniete sich vor sie auf den Boden. »Oh, du bist aufgewacht. Wie schön. Dann muss ich ja gar nicht so lange darauf warten, bis ich mich mit dir unterhalten

247

kann.« Leon hob den Schläger an und ließ das blutverschmierte obere Ende auf seiner Handfläche aufschlagen. Ein Stück des Holzes war herausgebrochen. Er holte aus und zielte damit auf ihren Kopf. Kurz bevor der Schläger sie traf, zog er ihn zurück und lachte.

Jasmin starrte ihn angsterfüllt an.

»Fühlt sich scheiße an, wenn man verarscht wird, oder?«

Jasmin nickte, obwohl sie in diesem Fall eher erleichtert war, dass er nicht ernst gemacht hatte.

»Das wird unsere Basis. Die Zombies können hier nicht rein«, sagte eine Jungenstimme ganz in der Nähe.

Leon hob ruckartig den Kopf in die Richtung, aus der die Stimme gekommen war.

»Und was, wenn Jan mit seiner Crew kommt und die Basis für sich benutzen will?« Das hatte nach einem Mädchen geklungen.

»Dann werden wir sie verteidigen«, sagte der Junge, der den Platz zum Hauptquartier von was auch immer auserkoren hatte. »Hier gibt es genügend Material zum Abbauen. Wir können uns hammergeile Fallen erstellen.«

Jasmin wagte kaum zu atmen. Was sollte sie tun? Irgendwie versuchen, sich bemerkbar zu machen? Aber die Stimmen klangen wie die von Kindern. Leon war imstande, auch sie anzugreifen, wenn er seinen Plan von ihnen bedroht sah. Sie konnte nicht irgendwelche Unbeteiligten in ihre Situation reinziehen. Mit Markus waren genug Unschuldige gestorben. Sie verhielt sich still.

»Der Penner hat sich aber tausend V-Bucks gekauft«, sagte eine dritte Stimme.

Verschwindet, rief Jasmin ihnen in ihren Gedanken zu. Vor Angst war sie wie gelähmt.

Das Mädchen kicherte. »Jan ist echt so doof.«

Ein roter Lockenkopf erschien in der Tür. Das Mädchen blieb stehen und starrte erst Leon, dann Jasmin an. Sie runzelte die Stirn. »Hey, was macht ihr hier? Das ist unsere Basis!«

Zu Jasmins Erleichterung erkannte sie ein Lächeln auf Leons Gesicht. »Wir spielen«, sagte er und hielt den Baseballschläger hinter seinem Rücken verborgen.

Nun bogen auch die beiden Jungen um die Ecke. Einer von ihnen hochgewachsen und strohblond, der andere kleiner und dunkelhaarig. Ähnlich wie bei dem Mädchen wechselten die Blicke zwischen Jasmin und Leon hin und her.

»Können wir mitspielen?«, fragte das Mädchen.

»Kommt darauf an, ob euer Spiel zu unserem passt. Wie heißt es denn?«

»Fortnite. Und eures?«, entgegnete der Blonde.

»He, die blutet ja«, stellte der andere Junge fest und starrte Jasmin mit großen Augen an. Sie nickte ruckartig mit dem Kopf, um ihm zu bedeuten, dass sie die Beine in die Hand nehmen sollten.

»Ja, und du auch«, quiekte das Mädchen und zeigte auf Leon.

»Oh, schade«, sagte Leon und machte einen Schritt auf die Kinder zu. »Das ist ja mit Zombies, was leider gar nicht zu uns passt. Die da«, er wies auf Jasmin, »spielt nämlich einen Vampir. Deswegen das ganze Blut. Vampire kommen in Fortnite leider gar nicht vor.«

»Sie könnte aber auch ein Zombie sein, den du gefesselt hast«, schlug das Mädchen vor.

»So funktioniert unser Spiel aber nicht.« Leons Stimme klang nun weniger freundlich als gerade eben. Er schien langsam die Geduld zu verlieren. »Also ich schlage vor, ihr lasst uns jetzt in Ruhe und sucht euch eine andere Basis. Geht doch in den Wald, da könnt ihr viel Holz abbauen. Das eignet sich auch für Fallen.«

»Wir waren aber zuerst hier. Gestern nämlich schon«, sagte der dickere Junge schnippisch. »Und außerdem ist Stein viel besser.«

»Jetzt sind wir aber hier. Außerdem ist das eine Baustelle. Kinder dürfen die nicht betreten, steht auf dem Schild am Zaun vorne. Habt ihr das nicht gelesen?«

»Aber ihr seid ja auch hier.«

»Ich hab es gelesen«, sagte das Mädchen stolz.

»Du bist also ein Schlaumeier, hm? Wir sind erwachsen, das ist etwas völlig anderes. Erwachsene dürfen auf die Baustelle. Und jetzt seht zu, dass ihr Land gewinnt, sonst mache ich euch Beine.« Leon holte den Baseballschläger hervor und ließ ihn vor seinen Füßen auf die Erde titschen. »Habt ihr das verstanden?«

»Kommt, wir verpissen uns«, sagte das Mädchen und zupfte an dem Ärmel des Jungen, der neben ihr stand.

»Jetzt haut schon ab«, presste Jasmin unter dem Klebeband hervor. »Geht!«

»Ja, wir suchen uns einfach eine neue Basis«, gab der Blonde klein bei und setzte sich mit dem Mädchen in Bewegung.

»Aber das war unsere Basis«, motzte der Dicke, folgte aber seinen Freunden.

»So ein Mist«, hörte Jasmin noch, als die Stimmen sich entfernten.

»Glaubt ihr, das war echtes Blut?«

»Meinst du?«

Jasmin zitterte. Der Junge hatte das Blut bemerkt. Vielleicht würden sie zu ihren Eltern gehen. Hilfe holen. Die Eltern würden die Polizei rufen und sie würden auf die Baustelle kommen, um nachzusehen, was hier los war. Wenn sie doch nur mit Leon reden könnte, um etwas Zeit zu schinden.

Als die Stimmen verstummt waren, drehte sich Leon zu Jasmin.

»Geht doch. Das wäre ja beinahe ins Auge gegangen, hm?«, sagte er und kam langsam auf sie zu. »Jetzt wird uns hoffentlich niemand mehr stören.«

36. Kapitel

Leon verspürte eine gewisse Erleichterung, als die Kinder endlich nachgaben und um die Ecke verschwanden. Jasmin und Christian für ihr Verhalten büßen zu lassen, war schon eine andere Nummer, als unschuldigen Kindern etwas anzutun. Er *wollte* sie nicht verletzen, aber er hätte es verdammt noch mal getan, wenn sie nicht abgezogen wären. Unglaublich, wie aufsässig die Kinder heutzutage waren. Hätte ihm als Kind ein Erwachsener gesagt, dass er das Weite suchen sollte, er hätte ohne einen Moment zu zögern auf ihn gehört. Jetzt konnte er nur hoffen, dass sie nicht zu ihren Eltern rannten und petzten. Der fette Junge hatte außerordentliches Interesse an Jasmin gezeigt. Besser, er beeilte sich, bevor hier die Polizei auftauchte. Ob sie Christian schon gefunden hatten?

Leon schüttelte den Kopf. Wie sollten sie? Vermutlich würde der Makler nachher einen ordentlichen Schreck bekommen, wenn er die Leiche im Wohnzimmer fand.

Als Jasmin leise aufstöhnte, besann er sich. Die Stimmen der Kinder waren nicht mehr zu hören, also konnte er sich jetzt ihr widmen. Nicht in aller Ruhe, wie er es eigentlich geplant hatte, aber er würde es ihr sicher auch nicht leichtmachen und ihr ein schnelles Ende bereiten.

»Wo waren wir stehen geblieben? Ach ja! Es ging ums Verarschen. Darin bist du ja besonders gut.«

Jasmin schüttelte den Kopf und nuschelte irgendetwas in das Klebeband hinein. Leon verstand kein Wort, aber das war auch nicht nötig. Ihre Ausreden würden nicht kreativer als die von Christian sein.

Ich wollte dich nicht verletzen!
Ich hab nicht nachgedacht!
Tut mir leid, alles wird wieder gut!
Denk doch an deine Mutter!

Ja, an die musste er dank Jasmin und Christian in letzter Zeit sehr häufig denken. Die hatte er die ersten Jahre nach ihrem Tod schrecklich vermisst. Seinen Vater verwünscht, weil der sie ihm genommen hatte. Wie dumm er doch gewesen war. Zum Glück hatte sein Vater vor zwei Jahren ihm über einen Anwalt mitteilen lassen, dass er sich wünschte, Leon würde ihn im Gefängnis besuchen. Zuerst hatte er nicht gewollt, doch Jasmin hatte ihm dazu geraten. Die Gespräche mit seinem Vater hatten ihm die Augen geöffnet. Ihm die Wahrheit darüber gezeigt, wie falsch seine Mutter doch gewesen war. Wie niederträchtig und hinterhältig und dass er froh sein konnte, dass sein Vater ihn von ihr erlöst hatte.

Leon wusste, dass er und sein Vater nie wieder eine Familie sein konnten, aber damit hatte er sich abgefunden. Die Brandes hatten sich gut um ihn gekümmert und er war mit ihnen ausgekommen. Irgendwann hatte es sich angefühlt, als seien sie seine Familie. Bis er diese schreckliche Entdeckung gemacht hatte, dass Christian dabei war, sein neues Zuhause ebenso zu zerstören, wie Leons Mutter es damals getan hatte.

Er bemerkte, dass Jasmin den Schläger in seiner Hand anstarrte. »Na, du fragst dich sicher, von wem das Blut stammt, hm?« Er holte aus und drosch mit dem Schläger auf ihren Oberarm. Ein gedämpfter Schrei kam aus ihrem verklebten

Mund. Tränen bildeten sich in ihren Augen und rannen ihr die Wangen hinunter. Grinsend beugte er sich zu ihr und flüsterte: »Von deinem Liebsten.« Dann lachte er. »Ach so, das ist ja gar nicht so einfach, hm? Welchen Liebsten meine ich denn genau? Ich verrate es dir. Der eine atmet schon seit Samstag nicht mehr. Der, von dem das Blut stammt, hat erst vor einer halben Stunde den Löffel abgegeben. Und du wirst ihm folgen.«

Leon hielt inne, als er eine Stimme hörte. »Kommst du?« Sie klang leise, leiser als die Kinder vorhin, aber sie schien von der Baustelle zu kommen.

Er schloss die Augen. Das konnte nicht wahr sein. Diese verdammten Dreckskinder hatten ihre Eltern geholt. Er hatte zu lange getrödelt. Zögernd hob er den Baseballschläger an. Sollte er es nun doch schnell zu Ende bringen? Aber was, wenn Jasmin es dann wieder überlebte? Dieses Mal wollte er ganz sicher gehen, dass sie nicht am Leben blieb. Er ließ den Schläger sinken. »Du bleibst hier«, flüsterte er Jasmin unnötigerweise zu, denn sie konnte ohnehin nicht weg. Dann drehte er sich um und verschwand hinter der Wand, die gegenüber der Tür lag, aus der die Kinder gekommen waren.

Jasmin würde einen wunderbaren Köder abgeben. Während die schockierten Eltern sich um sie kümmerten, würde er sich an sie heranschleichen und ihnen den Schädel einschlagen. Dann hätte er endlich genug Zeit für sich und Jasmin.

37. Kapitel

»So ein verfluchter Mist!«, rief Helga aus. Anstelle einer Lichtung mit einem Bauwagen befand sich an der Stelle neben der Schule eine Baustelle. Der Wald war verschwunden und ein dreistöckiger Rohbau ragte vor ihnen in den Himmel.

Sie sprang aus dem Auto und stürmte auf den Bauzaun zu. Der trockene Staub wurde vom Boden aufgewirbelt und brachte sie zum Husten. Nirgendwo konnte sie Arbeiter entdecken. Vielleicht war Leon ja doch hier irgendwo und hatte Jasmin in dem Haus versteckt. Sie hob das Gitter eines Zaunstücks aus dem Betonfuß und zwängte sich durch die Lücke.

»Kommst du?«, rief sie Dieter zu, der unentschlossen auf dem Sandweg stand.

»Das ist viel zu unübersichtlich. Wir müssen Verstärkung anfordern«, sagte Dieter und nestelte an seinem Funkgerät herum.

»Dafür haben wir keine Zeit! Du hast doch gesehen, was er mit Brandes angestellt hat. Wir können nicht riskieren, dass er Jasmin auch noch umbringt.«

»Während wir nach ihm dadrin suchen, verschwindet er auf der anderen Seite und haut ab. Wir müssen das Gelände erst sichern.« Dieter war mittlerweile ebenfalls an den Bauzaun gekommen und sprach leise.

»Dann finden wir ihn. Es geht hier um ein Menschenleben«, antwortete Helga flüsternd. »Ich geh rein, ist mir egal, was du machst.« Sie wusste, dass ihre Reaktion dumm war, aber sie konnte auch nicht einfach hier stehen und abwarten, während Leon in der Zeit weiß Gott was mit Jasmin anstellte. Sie würde es nicht ertragen, wenn sie ein weiteres Mal zu spät kamen.

»Also gut, Miss Holzkopf. Lass mich wenigstens die Verstärkung anfordern, dann komme ich.«

Er setzte sich in Bewegung und Helga balancierte über eine Holzplanke, die über den Graben um das Fundament führte. Die Hand an der Waffe betrat sie den Rohbau und lauschte. Von irgendwoher schienen Stimmen zu kommen. Leon! Er war hier! Sie hatte recht gehabt. Und wenn er redete, war Jasmin auch noch am Leben. Sie würden sie retten.

Helga versuchte die Stimme zu orten, doch sie hallte an den hohen Betonwänden wider und es war nahezu unmöglich zu sagen, woher genau sie kam. Dieter hatte recht, das Gelände war zu unübersichtlich.

»Leon? Komm raus! Es ist vorbei!«, rief sie, als Dieter ebenfalls über die Planke balanciert kam. Vor ihnen lag ein Labyrinth aus Mauern. Der Raum, in dem sie sich befanden, war vermutlich das Treppenhaus. Links und rechts gingen jeweils zwei Gänge ab.

»Polizei!«, rief Dieter. »Waffe weg und rauskommen!«

Er bekam prompt eine Antwort. Irgendwo polterte es. Das Geräusch war ein ganzes Stück entfernt, doch dieses Mal kam es eindeutig von rechts. Helga stürmte los zum ersten Gang und schaute hinein. Wo zum Teufel steckte Leon?

»Gib auf, Leon. Es müssen nicht noch mehr Leute sterben!« Sie zog ihre Waffe, hielt sie im Anschlag und machte einen Schritt durch die Tür. Ihr Blick zuckte zwischen den Wänden hin und her, während sie mit schnellen Schritten den Gang entlanglief. Adrenalin pumpte durch ihre Adern und machte sie hellwach. Sämtliche Räume, die von dem Flur abgingen, waren leer. Im Staub auf dem Boden waren kleine Fußabdrücke zu sehen. Kinder! Wo waren die? Hatte Leon sie auch in seiner Gewalt?

»Komm raus! Lass deine Geiseln frei, Leon«, rief Helga. »Zieh nicht auch noch Unschuldige mit rein!«

»Verschwindet! Es ist zu spät, ihr könnt sie nicht retten!« Die Stimme kam aus dem hinteren Teil des Rohbaus.

»Verdammte Scheiße«, murmelte Helga. Was hatte Leon getan? Sie drehte sich um und rannte gegen Dieter, der ihr gefolgt war. »Hier ist niemand«, sagte sie leise und deutete zurück in die Richtung, aus der sie gekommen waren.

Dieter ging voraus zum zweiten Gang. Während er die abgehenden Räume überprüfte, rannte Helga über den Betonboden zum hinteren Ende der Baustelle. Sie erreichte einen großen Raum und entdeckte Jasmin.

Sie saß zusammengesunken auf einem Mauervorsprung und war an einen Stahlträger gefesselt. Ihre Fußgelenke und ihr Kopf waren mit Gaffer Tape umwickelt. An ihren Haaren klebte verkrustetes Blut und eine Platzwunde zog sich über ihre Stirn. Von Leon war keine Spur zu sehen.

»Du deckst mich«, wies Helga Dieter an, der mittlerweile neben ihr stand, und stürmte auf die Frau zu. Sie steckte ihre Waffe zurück ins Holster und ging vor ihr auf die Knie.

Dieter sprach in sein Funkgerät: »Wir brauchen hier einen Krankenwagen an der Baustelle gegenüber der Rudolf-Steiner-Schule. Der Täter ist flüchtig.«

»Leon hat ihn umgebracht. Er war es! Er hat mich hierhergebracht«, rief Jasmin, nachdem Helga sie mithilfe ihres Leathermans von dem Klebeband befreit hatte.

»Wo sind die Kinder?«

»Welche Kinder?«

»Hier müssen irgendwo Kinder sein!« Helgas Herz raste, ihre Nerven waren bis zum Zerreißen gespannt.

»Die sind längst weg, Aber Leon! Er ist hier noch irgendwo. Er wird mich umbringen!«

»Er kann Ihnen nichts mehr tun, Frau Berger.« Vorsichtig half sie der Frau aufzustehen.

»Sie müssen ihn finden. Er ist völlig durchgedreht!«

In diesem Moment nahm Helga aus dem Augenwinkel eine Bewegung wahr. Leon stürmte schreiend durch eine der Türen. Über seinen Kopf hielt er einen Baseballschläger ausgeholt. Er rannte auf sie zu. Helga stellte sich schützend vor Jasmin. Jeder Muskel in ihrem Körper war angespannt.

»Stehen bleiben!«, rief Dieter und zielte auf Leon. »Stehen bleiben oder ich schieße!«

Leon ließ sich nicht beirren. Er hatte Helga und Jasmin schon beinahe erreicht. Ein Schuss löste sich aus Dieters Pistole. Leon strauchelte und fiel.

38. Kapitel

Helga lehnte an Dieters BMW und zog an ihrer Zigarette, während die Sanitäter Leon in Handschellen aus dem Rohbau führten. Sie hatten ihn unter den Schultern gepackt, stützten ihn. Der Junge hüpfte eher auf seinem unverletzten Bein, als dass er ging. Dieter hatte ihn in den Unterschenkel getroffen, woraufhin er sofort zusammengesackt und liegen geblieben war. Zuerst hatte Helga befürchtet, dass er nicht mehr aufstehen würde, doch nach den ersten Schrecksekunden hatte er gebrüllt wie ein kleines Baby.

Jasmin war bereits versorgt und mit dem anderen Krankenwagen zum zweiten Mal innerhalb weniger Tage auf dem Weg in die Unfallklinik, aus der sie erst am Sonntag entlassen worden war. Erneut war sie glimpflich davongekommen, als hätte Leon irgendetwas in seinem Unterbewusstsein daran gehindert, sie tödlich zu verletzen, wie schon in der Hütte. Für Brandes allerdings war jede Hilfe zu spät gekommen. Seine Frau musste noch informiert werden, dass sie nicht nur ihren Pflegesohn, sondern auch ihren Mann verloren hatte. Helga graute vor diesem Teil ihres Jobs und sie hoffte, dass es Dieter oder einer der Kollegen übernehmen würde.

Dieter kam hinter den Sanitätern über die Planke und trat durch die Lücke im Bauzaun. Er war blass um die Nase und ließ die Schultern hängen. Der Anblick war ungewohnt, normalerweise konnte ihn nichts so schnell umhauen. Egal was für einen harten Hund er sonst spielte, der Schuss hatte ihn mitgenommen und das konnte er nicht verbergen.

»Alles okay bei dir?«, fragte sie und hielt ihm eine Flasche Wasser hin, die ihr ein Sanitäter in die Hand gedrückt hatte.

Dieter nahm sie entgegen und lehnte sich seufzend neben sie ans Auto. »Verdammt«, fluchte er und stieß sich sofort wieder ab. »Das ist scheiße heiß. Wie kannst du den Lack berühren?«

Helga zuckte mit den Achseln. »Nur wer heiß anfassen kann, kann auch heiß lieben. Hat schon meine Oma gesagt.«

Dieter verzog das Gesicht. »Das ist einfach nur Masochismus. Aber ich wusste ja schon immer, dass du etwas seltsame Vorlieben hast.«

In Anbetracht seines Zustandes verkniff sich Helga jeglichen Kommentar und ließ ihm die Spitze durchgehen. Einen Macho konnte man vermutlich niemals davon überzeugen, dass es etwas völlig Normales war, lesbisch zu sein, weit entfernt von einer seltsamen Vorliebe. Man suchte es sich eben nicht aus, so wie man hetero war oder als Mann geboren wurde.

Dieter griff nach Helgas Arm und drückte ihn. Vermutlich sollte die Geste vertraut sein, doch sie wirkte nur unbeholfen. »Das hast du gut gemacht«, sagte er und lächelte sie an. »Wenn wir auf mich gehört hätten, wäre Jasmin Berger jetzt vermutlich ebenfalls tot und Leon weiterhin auf der Flucht.«

Helga winkte ab. »Das hatten wir doch schon. Du hörst ab jetzt einfach mehr auf mich und alles wird gut.«

Dieter grinste. So langsam kehrte Farbe in sein Gesicht zurück. »Das kann ich nicht versprechen. Aber ich werde es mir überlegen. Das verspreche ich.«

39. Kapitel

»Wie der Vater so der Sohn also«, sagte Horst. Er saß neben Helga im Auto und sie waren auf dem Weg zu ihrem Vater, der zum Grillen in seinem Schrebergarten eingeladen hatte. Da es für Helga eine Art Tradition war, sich nach dem Abschluss eines Falls mit Horst auf ein Bier zu treffen, hatte sie ihn kurzerhand mit eingeladen.

»Ein bisschen schon. Nur dass es in dem Fall nichts mit einer genetischen Disposition zu tun hat. Eher mit einer Art Gehirnwäsche. Der Vater muss ihm bei seinen Besuchen im Gefängnis so lange eingeredet haben, dass seine Mutter an allem schuld war, bis er es geglaubt hat.«

Horst hängte seinen Arm aus dem geöffneten Fenster. Die Hitze hatte nach einem Sommergewitter etwas nachgelassen und der August war endlich erträglich. »Trotzdem wird man doch nicht so einfach zum Mörder. Eine gewisse Anlage muss meiner Meinung nach schon vorhanden sein. Außerdem werden die Gespräche doch überwacht.«

»Was du nicht alles weißt«, sagte Helga mit einem Seitenblick auf Horst.

»Hörensagen.«

»Nun, strafbar ist es nicht, wenn man seine Tat vor seinem Sohn rechtfertigt, und anscheinend hat sich auch niemand dafür zuständig gefühlt, den Jungen vor dem Einfluss seines Vaters zu schützen, solange er sich während der Gespräche im Bereich der Legalität bewegte.«

»Man sieht, was dabei rausgekommen ist.«

»Wie dem auch sei. Der Junge hatte eine Odyssee durch verschiedene Pflegefamilien hinter sich. Meist kam er nicht mit den leiblichen Kindern der Familie klar, ist ausgerastet und auf sie losgegangen, wenn etwas nicht nach seiner Schnauze lief. Vor etwa zwei Jahren kam er zu den Brandes, die keine eigenen Kinder hatten. Sein leiblicher Vater blieb trotz allem die ganze Zeit über eine wichtige Bezugsperson für ihn, weil er nach dem Tod der Mutter einfach nur Halt suchte und jede Erklärung annahm, die man ihm vorlegte. In diesem Alter ist man noch sehr leicht beeinflussbar, weshalb der Vater es nicht besonders schwer hatte, ihm diese Gedanken in den Schädel zu pflanzen.«

»Er hat seinen Sohn zu seinem Nachfolger erzogen.«

»So in der Art. Als Leon dann seinen Pflegevater erwischt hat, wie der sich mit Jasmin vergnügt hat, kamen all die eingeschlossenen Emotionen wieder hoch. All seinen aufgestauten Hass, den er eigentlich auf den Mörder seiner Mutter haben sollte, hat er auf die beiden projiziert. Er hat seine neue Familie in Gefahr gesehen und wollte Jasmin aus dem Weg räumen, da sie in seinen Augen eine Zerstörerin war. Dabei kam ihm der Lebensgefährte dazwischen, weswegen er sterben musste.«

»Aber warum hat er so viel Zeit verstreichen lassen, bis er den nächsten Versuch gewagt hat? Ist er zwischenzeitlich zur Besinnung gekommen?«

Helga lenkte den Käfer in eine Parklücke am Rand der Kleingartenanlage. »Laut seiner Aussage hatte er gehofft, dass Jasmin durch den Schock zur Besinnung gekommen sei. Dann hat sie sich aber noch einmal mit Brandes getroffen. Eigentlich haben sie nur über den Drohbrief gesprochen. Dass die Affäre längst beendet war, wusste Leon nicht. Er dachte, dass sie einfach weitermachten wie zuvor, und ist durchgedreht.«

Die beiden stiegen aus und Helga schloss den Wagen ab.

»Und Jasmin? Wie geht es ihr jetzt?«

Helga zuckte die Achseln. »Sie liegt im Krankenhaus, es hat sie ziemlich übel erwischt. Ein Bruch im Oberarmknochen, eine Gehirnerschütterung und immer noch die Verletzung des vorherigen Angriffs. Ihre Hand wird für immer etwas steif bleiben und sie plagt sich mit dem Gedanken, dass sie für den Tod zweier Männer verantwortlich ist.«

»Armes Ding. Einen solchen Ausgang kann doch niemand vorhersehen. Verantwortlich ist ganz allein der Junge.«

»So ist es. Aber genug jetzt davon. Ich will einfach nur meinen freien Abend genießen und nicht an die Arbeit denken.«

»Das hast du dir verdient«, sagte Horst.

Gemeinsam betraten sie die Kleingartenanlage. Eine Frau mit schwarzen Haaren kam ihnen entgegen.

»Das nenne ich mal einen angenehmen Zufall«, sagte Horst und ging mit geöffneten Armen auf sie zu. Helga erkannte Mona, die ihnen entgegengrinste.

»Was machst du denn hier?«, fragte Horst, nachdem sie sich begrüßt hatten. »Sag mir nicht, dass du so spießig bist und hier eine Parzelle gemietet hast.«

»Hey«, rief Helga. Spaßeshalber schlug sie leicht mit der Faust nach Horsts Schulter. »Beleidige mal meinen Vater nicht. Immerhin wirst du gleich in den Genuss seiner weltberühmten Steaks kommen.«

»Oh, so ein Steak zum Feierabend könnte ich auch vertragen«, sagte Mona.

»Feierabend? Du bist also beruflich hier? So ein Leben möchte ich auch haben.«

Die Detektivin nickte. »Ein Klient von mir hat Probleme mit Einbrüchen. Er brennt in seiner Gartenhütte Schnaps und immer wieder wird seine Ausrüstung gestohlen.« Sie schaute Helga an. »Keine Sorge, er hat eine Lizenz. Es geht alles mit rechten Dingen zu. Auf jeden Fall ist er ziemlich verzweifelt und jetzt sogar so weit gegangen, seiner Katze, die hier lebt, eine Kamera um den Hals zu hängen, in der Hoffnung, dass sie sich irgendwo in der Nähe herumtreibt, wenn die Einbrecher mal wieder zuschlagen. Meine Installationen an der Hütte haben die Kerle nämlich immer aufgespürt und zerstört, sodass ich keine Aufnahmen von ihnen bekommen konnte.«

»Kamera an einer Katze? So etwas hab ich ja noch nie gehört.«

»Ja, lustig, nicht wahr? Ich musste auch erst mal grinsen, aber das ist gar nicht so abwegig. Das Tier trägt ohnehin ein Flohhalsband und es gibt wohl einige Leute, die das machen, um zu sehen, wo sich ihre Katze so herumtreibt. Gibt eine ganz interessante Reportage darüber. Kannst ja mal bei YouTube reinschauen.«

»Vielleicht kannst du es mir bei Gelegenheit mal zeigen«, sagte Helga und fühlte sich augenblicklich furchtbar. Im Flirten war sie einfach eine Niete und dieser Spruch war so flach gewesen, dass man ihn unter der Tür hätte durchschieben können. Aus dem Augenwinkel sah sie Horsts Grinsen und ärgerte sich gleich doppelt, dass er ihr rausgerutscht war.

»Aber klar«, sagte Mona völlig ernst, als hätte Helga nicht die dümmste Anmache der Welt gebracht. »Ich muss dann mal auch weiter. Meld dich einfach bei mir, meine Nummer hast du ja.«

Helga merkte, wie sie rot anlief. Wenn sich doch nur ein Loch im Kiesweg unter ihr auftun würde, damit sie auf Nimmerwiedersehen darin verschwinden konnte.

»So was Peinliches«, stieß sie hervor, als Mona außer Hörweite war.

»Na komm, so schlimm war es nicht.« Horst lachte und Helga warf ihm einen strafenden Blick zu. »Wenn man aus einer so langen Beziehung kommt, muss man ja auch erst mal wieder warm werden.«

»In diesen Dingen war ich noch nie sonderlich warm. Eher so kalt wie Tiefkühlfisch.«

Horsts Lachen wurde heftiger und er hielt sich den Bauch. »Mona ist eine ganz Unkomplizierte. Du wirst sehen. Bald lacht ihr bestimmt zusammen über den Spruch.«

FSC
www.fsc.org

MIX

Papier | Fördert
gute Waldnutzung

FSC® C083411

Zeitfracht Medien GmbH
Ferdinand-Jühlke-Straße 7
99095 Erfurt, Deutschland
produktsicherheit@kolibri360.de

Druck:
CPI Druckdienstleistungen GmbH
im Auftrag der
Zeitfracht Medien GmbH
Ein Unternehmen der Zeitfracht - Gruppe
Ferdinand-Jühlke-Str. 7
99095 Erfurt